FOCUS
The ASML Way

芯片制造

光刻巨头 ASML
传奇之路

[荷] 马克·海金克——著
许明武——译

Marc Hijink

长江出版传媒　长江文艺出版社

Enjoy the read!

Marc H

目　录

中文版序 / 1

原序：星空 / 3

第一篇　妙想拙计

1. 重复曝光光刻机 / 4
2. 敢想敢做 / 7
3. 出类拔萃 / 14
4. 漏水的帽子 / 19
5. Mega 项目 / 25
6. 4022 网络 / 29
7. 来自南部的拍档 / 34

第二篇　光刻机的领头人

8. 移山之志 / 41
9. 半导体业的"印钞机" / 46

10. 一点即通 / 52

11. 道格的铁腕之治 / 56

12. 收购风云 / 61

13. ASML 的两大摇钱树 / 67

14. 日本的致命回击 / 72

15. 蔡司之智 / 76

16. 生命有机体 / 82

17. ASML 的"护理天团" / 89

第三篇　创造不可能

18. 隐形垄断 / 99

19. 不可把鸡蛋都放在一个篮子里 / 104

20. 三个火枪手 / 110

21. 乔安的手 / 117

22. 阴和阳 / 123

23. 问题没解决，就不回家 / 133

24. 与张忠谋同行 / 140

25. 从未面世的相机 / 146

26. 把高尔夫球打到月球上 / 153

27. ASML 的神秘力量 / 159

第四篇　聚光灯下

28. 先开枪，后瞄准 / 173

29. 商人本色 / 178

30. 华盛顿的死亡之握 / 186

31. 忘记取的代号 / 195

32. 钱如雨下 / 207

33. 五角大楼之殇 / 216

第五篇　痛苦加倍

34. 唇亡齿寒 / 231

35. 欢迎来到 5L 地狱 / 238

36. 请先阅读细则 / 246

37. 别停在我家后院 / 257

38. 一块拼图 / 269

39. 马丁的法则 / 277

40. 别坐右边 / 285

尾声　ASML 之道 / 293

后记 / 302

致谢 / 304

中文版序

亲爱的中文版读者：

我们所处的这个世界，可以说是在芯片的驱动下运转的。每当一辆现代电动汽车在深圳或上海的街头疾驰而过，其背后运作着大约 4000 个半导体芯片，每一个轮子都"承载"了数千个芯片。

本书将带领您踏上探索芯片制造这一隐秘世界的旅程，在这里，科技不断挑战着人类智慧的极限。而这项科技创新的核心正是光刻机，每台高达 4 亿美元的造价让它成为了世界上最复杂且最昂贵的机器之一。

这台改变世界的光刻机诞生于荷兰的一个小镇，是由一家曾经毫不起眼的公司 ASML 所研制出来的。40 年前，这家"固执"的初创公司似乎随时都可能失败，但如今，全球约 90% 的芯片都是通过 ASML 的系统制造出来的。

半导体芯片驱动着我们的智能手机、汽车、现代工业和人工智能，中国的科技创新也与 ASML 光刻机制造的芯片紧密相连。作为全球科技竞争的关键企业，ASML 正处于一场技术博弈的中心。然而，这家公司背后的故事更为精彩。

虽然 ASML 的故事始于荷兰，但它的成功是全球杰出人才密切合作的结果。只有通过这种合作，我们才能解决最具挑战性的问题。

ASML 成功的秘诀是什么？基于作者多年的独立研究、世界各地的探访和三百余次人物访谈，本书将为您逐步揭示其中奥秘，力求以简洁易懂的语言还原故事本貌。深入阅读本书，您会发现驱动这个现代世界的秘密，以及围绕这些秘密的地缘政治角力。

现在，让我们一起探访 ASML 背后的秘密，走进全球最大芯片工厂的无尘室，亲临那些试图掌控 ASML 核心技术的机密"外交会议"。

祝您阅读愉快。

马克·海金克

2024 年 10 月于荷兰

原序：星空

乐队示意将场内灯光调暗，迎接今晚最奇妙的时刻。

"大家能为我们亮起灯吗？"

眨眼间，场内的每个角落都亮起了手机的灯光，来回挥舞着，如同一片浩瀚的星空。

全球 85% 的人都拥有手机。想象一下，如果乐队让世界上所有的智能手机（近 70 亿部）同时亮起灯来，那将会多么璀璨迷人！由此可以想象，本书所描述的公司的影响力有多么大！

现在，无论你有什么想法，都可以往大了想。想象乐队让世界上所有设备上的每一块芯片都亮起来，更广阔的星空在眼前铺开。

"每个人都亮起你们手中的灯！"

一切都亮起来了：每台笔记本电脑、每个 Wi-Fi 路由器和每个手机信号塔中的每个芯片；所有汽车、交通灯、洗衣机和智能手表中的芯片；世界上每副耳机、咖啡机、摄像头和电视监视器中的芯片；所有数据中心、工厂、医院、控制塔、飞机、火车、发电厂和风车中的芯片；正搜索目标的巡航导弹中所装备的芯片，以及雷达中试图拦截导弹的芯片；超级计算机中正在破译一种新型传染性病毒的芯片，数据中心的服务器中正在制造疫苗来对抗这种病毒的芯片，全都亮起来了。

还有那些追踪你的上网行为、执行你的搜索查询、为你报税和播放你最喜欢的音乐和视频的芯片。那些预测天气、告诉你走了多少步、错过了多少条信息、女儿此时身处何方的芯片，也亮起来了。

最后，存储芯片亮起来了。这是一个无限大的数字存储器，储存着你过去十年或二十年所有的电子邮件、应用程序、照片和视频。从千字节变成兆字节、兆字节变成千兆字节、千兆字节再变成万兆字节，数据呈爆炸式增长。

删除照片或清理邮箱对此影响甚微，因为这个世界有足够多的芯片来存储你所有的数据。对吧？

英特尔、台积电和三星等制造商每年生产数十亿个芯片，每个芯片都由数十亿个开关组成。这些开关都是半导体，是建立在硅盘或硅片上的微型结构。像沙子般未经加工的硅也许不足以引起你的注意。然而，一旦经过加工，它就能改变导电性能，这意味着你可以用它来打开或关闭电流。换句话说，就是把"0"变成"1"。硅谷是芯片产业的发源地，其名字和声誉都归功于这种独特的材料。

如今，绝大多数芯片都是由一家公司的机器制造出来的：ASML（阿斯麦）。但不要被吓到，因为40年前，这家荷兰公司只有40名员工、1台实验设备和1个成功无望的商业计划。他们根本没想到，这项发明如今会在年产值超6000亿美元的行业中举足轻重。

全球对芯片的需求还在不断增长。到2030年，芯片业的产值预计将超 1 万亿美元。届时，ASML 的年收入也将翻一番：从 2023 年的 270 亿欧元增至 400 亿、500 亿欧元，或最乐观预估可达 600 亿欧元。

截至 2023 年，ASML 已然成为欧洲最具价值的高科技公司。该公司在 16 个国家设有 60 多个办公室，共计拥有 42,500 名员工。其全球运营的目标只有一个：维持 ASML 在光刻机市场的绝对主导地位。光刻机是芯片制造商用来生产芯片的超复杂设备，ASML 不仅在这个半导体光刻市场占据超 90% 的市场份额，还垄断了最尖端的技术。为了让你对该规模有个概念，可以把这些机器看作是一个庞大的体系，需要 7 架波音 747 才能把 ASML 最先进的设备运到芯片工厂。这些设备虽然庞大，却非常脆弱。拆分运输的机器需要用到为其专门设计的金属恒温箱，以便在运输途中将敏感设备保持在恰当的温度范围之内。

但这台机器到底是什么，又是如何工作的呢？简而言之，光刻机就是在感光硅晶圆上打印复杂图案的机器，基本上相当于一台超级精密的投影仪，能以闪电般的速度将相同的图像数十万次投射到同一个晶圆上，一步一步、一张接一张的照片开始形成一个装满芯片的晶圆。每个芯片可能由数百层组成，容纳着数十亿个微小的集成电路，所以这个"艰难"的过程可能会持续几个月的时间。每一层都需要完美对齐，稍有偏差，就足以毁掉整条芯片生产线。可能一眨眼，在机器灯光闪烁的一瞬，数十万美元就变成了一块毫无价值的硅片。

这种机器所能投射的光线越精细，在同一表面上就能安装越多的晶体管（芯片中的微型电子开关）。晶体管越多，芯片的速度就越快，效率就越高，性能也就越强大。早在 20 世纪 60 年代，芯片制造商英特尔公司的联合创始人戈登·摩尔（Gordon Moore）就在密切关注芯片的发展。他注意到了一个循环规律：大约每2年，芯片上可容纳的晶体管数量就会增加1倍。多年来，摩尔不断调整自己的预测，但芯片的发展势不可挡。他的发现如星星之火，点燃了全世界科学家和工程师的想象力，这个发现被称为摩尔定律。随着计算能力和数字存储变得更便宜更节能，芯片的应用也随之增加。从计算机、服务器到手机、无线装置，再到几乎所有能想到的设备里所装载的传感器，芯片无处不在。不论你将摩尔定律当作物理规律、自证预言抑或是有点离奇的科幻故事，这个定律就在真真切切地发生着。

如果你仔细观察，就能发现摩尔定律在今天依然适用：你口袋里的手机只要几百美元，但其处理能力却超过了美国国家航空航天局（NASA）用于首次登月的所有计算机的处理能力的总和。2013年，苹果公司最快的笔记本电脑，其中央处理器仅有10亿多个晶体管。到2023年底，这一数字会达到920亿个。虽然戈登·摩尔已经去世了，他的定律却依然经久不衰。

芯片上电路在不断缩小，而生产这些电路的机器却越来越大。一台现代光刻机由超过10万个部件组成，所有部件在紧密的配合与协调中共同工作。《纽约时报》2021年的报道称："ASML的机器是世界上最复杂的机器"，其大小相当于一辆城市公交车。

而这些只是2021年的景况。ASML最新系列的机器更加令人惊叹，它们只有蒸汽机车大小，却能够以1纳米的精确度（即百万分之一毫米）瞄准一束微小的不可见光。机器的最新版本还尚未问世，但第一批机器已经以近4亿欧元的价格售出。即使你阅遍关于这些机器的说明和描述，当你真正进入ASML的无尘洁净室，近距离观察它们的时候，你还是会觉得大开眼界。数米高的金属框架、闪闪发光的管道、拳头粗的电缆、沉重的磁铁和复杂的机电一体化装置，这些独立模块的巨大尺寸足以让你屏住呼吸，让你感觉就像走在科幻电影的场景中，但有一点不同的是，这台机器是真实存在的。

尽管尼康和佳能等竞争对手竭尽全力，但依然无人能追赶上 ASML 在荷兰小镇费尔德霍芬（Veldhoven）所创造的技术奇迹。光刻机是所有芯片厂中最重要也是耗资最多的设备，其建造成本高达 150 亿美元。这一切使得芯片产业十分依赖这家技术先进的荷兰公司，也就不难理解为什么在 ASML 工作会有一些压力了。

由于能源转型、节能减排的需求，以及对更健全的医疗保障和更强大的军事武器的追求，全球数字化持续进行，对芯片的需求呈爆炸性增长，ASML 也必须以同样的速度进行爆炸性地发展。公司需要不断补充新鲜血液，每月要培训数百名新员工，处理不断增加的物流需求以及管理由数百家供应商组成的供应链，为日益复杂的设备提供更多适配的组件。这也提醒我们，即使是最复杂的技术，也要依靠人来实现。

在很长一段时间里，ASML 都没有出现在大众的视野之中，它只是一家默默无闻的高科技公司，忙于挑战不可能，开发那些令人不可思议的机器。为了利用光刻机释放出的自然力，需要用到光学、机械电子学、物理学、化学等所有能想到的科学学科知识。除此之外，这些技术需要复杂算法的辅助，而算法本身又需要巨大的计算能力。这里是科学家和极客们的天堂，他们无须在各大头媒体版头条上抛头露面。而政客们的出现和参与改变了这种局面。

芯片产业的战略利益显而易见。在微处理器问世后的 60 年里，芯片成为现代社会不可或缺的资源,整个世界依靠芯片来运行。尤其是受疫情的影响,美国和欧盟现在都清楚地意识到,他们的繁荣和安定是多么依赖芯片。芯片一旦失灵,你的生活和工作会立刻受到影响。

微软荷兰数据中心的电脑在整齐划一地唱着歌。它们奇异可怖的嗡嗡声充斥着米登梅尔围垦地(the Middenmeer polder),回荡在装满服务器的机架上。满机架的服务器发出的嗡嗡声,将机身发出的热气吹向你的脸庞。当你再走近一些,声音就变得清晰起来。这是一个音准完美的高音 B。

"这是 GPU① 的声音,它是运行人工智能软件的图形芯片。"维修工人说道。

在下一个装满数据服务器的大厅里,音调降低了。在这里,嗡嗡声更接近低沉的 E 音,耳之所闻,都是计算机的大合唱。

仅在这个数据中心,微软公司每个月就要为 3000 台服务器更换新设备。这是一项昂贵却必要的预防措施:如果这些服务器瘫痪,云服务器也会崩塌。这项云服务依赖于用户的信任,相信这个由最大的数据中心(被称为超大规模云服务)组成的全球网络全天候 24 小时都正常运行着,所以不能让它们出现故障。

虽然被称为"云",但这个"云"比你想象的更接近地面。作为用户,我们在屏幕上看到的就只是一个神奇的小图标,点击它就可以开始游戏、下载应用程序或向同事发送电子邮件。没有多少人会想到,"云"其实就藏在荷兰土褐色的围垦地里。而长久以来,人们也无须去思考云服务是依靠什么运行的。一切都在按部就班地进行着,直到一种无形的病毒让整个世界停摆。

---

① GPU,即图形处理器。

2020年初，新冠病毒席卷全球，边境关闭，商店和公司不得不暂停营业。在等待疫苗的同时，戴上口罩、保持距离是唯一的防护措施。

公共生活陷入停顿，数字世界仍在继续运转，但也面临着一些新的难题。突然之间，所有人开始在家工作，同时也希望召开视频会议，这使得微软的云服务不断出现故障。人们原本陌生的 Zoom 和 Teams 等应用程序使用量激增，将"云"推到了聚光灯下。全球产生的数据量呈指数级增长，迫使微软位于米登梅尔的数据中心用卡车将数千台服务器机架运来。这是维持团队会议运行的唯一办法。有了这些额外的算力、内存和 GPU，机器发出的高音 B 渐强，达到最高。

芯片需求的突增产生了一系列不可预见的结果。受到冲击的不仅仅是数据中心的服务器，笔记本电脑、显示器、游戏机和 Wi-Fi 路由器也一夜脱销，销售速度远远超过了补货速度。数十亿学生和员工不得不在家学习或工作，这一切都需要连接网络，无论他们喜欢与否。疫情让全世界的人都只能窝在家里的沙发上，导致 Netflix 的使用率直线上升，游戏服务器昼夜运转，而所有的这些服务都基于云计算。

其他依赖处理器、传感器和存储芯片的行业也受到了冲击，其中影响最大的是汽车行业。汽车制造商预计新冠疫情会减少人们对汽车的需求，因此在 2020 年初就缩减了对芯片工厂的订单。但事实证明，这是一个巨大的错误决定。市场一恢复，就发现汽车行业实际上需要更多的芯片，以适应从内燃机汽车向电动汽车的过渡。每辆新车都需要一百多个处理器和数千个独立芯片，而仅电子部件在每辆汽车的生产成本中就占到了惊人的 40%。只能说，汽车制造商们"踩刹车"的时机不对。

疫情期间，芯片工厂满负荷运转，汽车制造商的新订单只能排在后面。到 2020 年底，用于数字仪表盘、驾驶助手和安全气囊传感器的芯片已经告急，汽车制造的部分生产线陷入停顿，芯片短缺的压力开始显现。丰田、大众、日产、雷诺、通用汽车都被迫暂停部分生产线。

订购新车的人也得等待一年以上，或者只能选择老款车型，摇下车窗得靠手柄，用肌肉力量来做从前芯片所做的事情，可谓是历史倒退。

就在 2020 年底，ASML 接到了一连串焦急的电话。马丁·范登布林克（Martin van den Brink）在他位于 20 层的办公室里，与他最大的客户中国台湾芯片制造商台积电，才结束了在微软办公软件 Teams 上的对话。很明确的一点是：台积电很生气。

自 ASML 初创起，范登布林克就一直在公司工作，担任技术总监。作为 ASML 的首席战略家和技术指导，范登布林克在过去的 40 年中为公司规划了发展道路。他处于问题层层汇报中的最顶端，是 ASML 最后一道防火墙，在十万火急的情况下，他就是那个救场的人。

电话那头的人是台积电研究发展资深副总经理罗唯仁。由于疫情的影响，他面临着一项不可能完成的任务：台积电要负责供应全球超半数的处理器，世界上速度最快的处理器有九成来自他们公司。各方深知自己对台积电芯片的依赖，在这个芯片告急的特殊时期，摩擦和冲突一触即发。

全世界都紧盯台积电不放。德国总理默克尔[①]打电话要求台积电优先向德国的汽车产业提供芯片，而美国总统拜登[②]则要求台积电优先考虑美国的汽车工厂。这些愤怒的政客们都希望自己国家的汽车产业能够正常运转。与此同时，台积电也在向 ASML 施压，要求 ASML 尽快帮助台积电扩大其工厂的产能，"马丁，我们急需更多的机器来提高生产力和芯片的产

---

①② 本书写作时间为 2023 年。

量，否则，我们就要关门大吉了。"

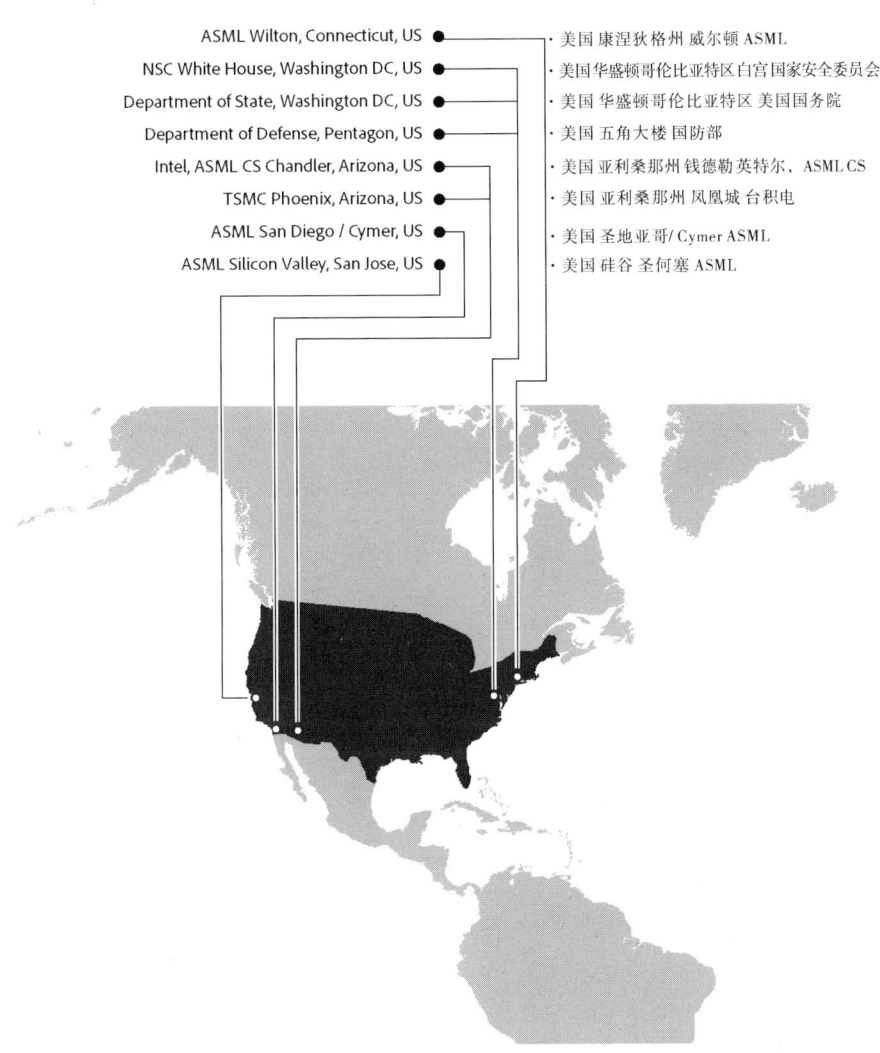

作者在美国的采访地点

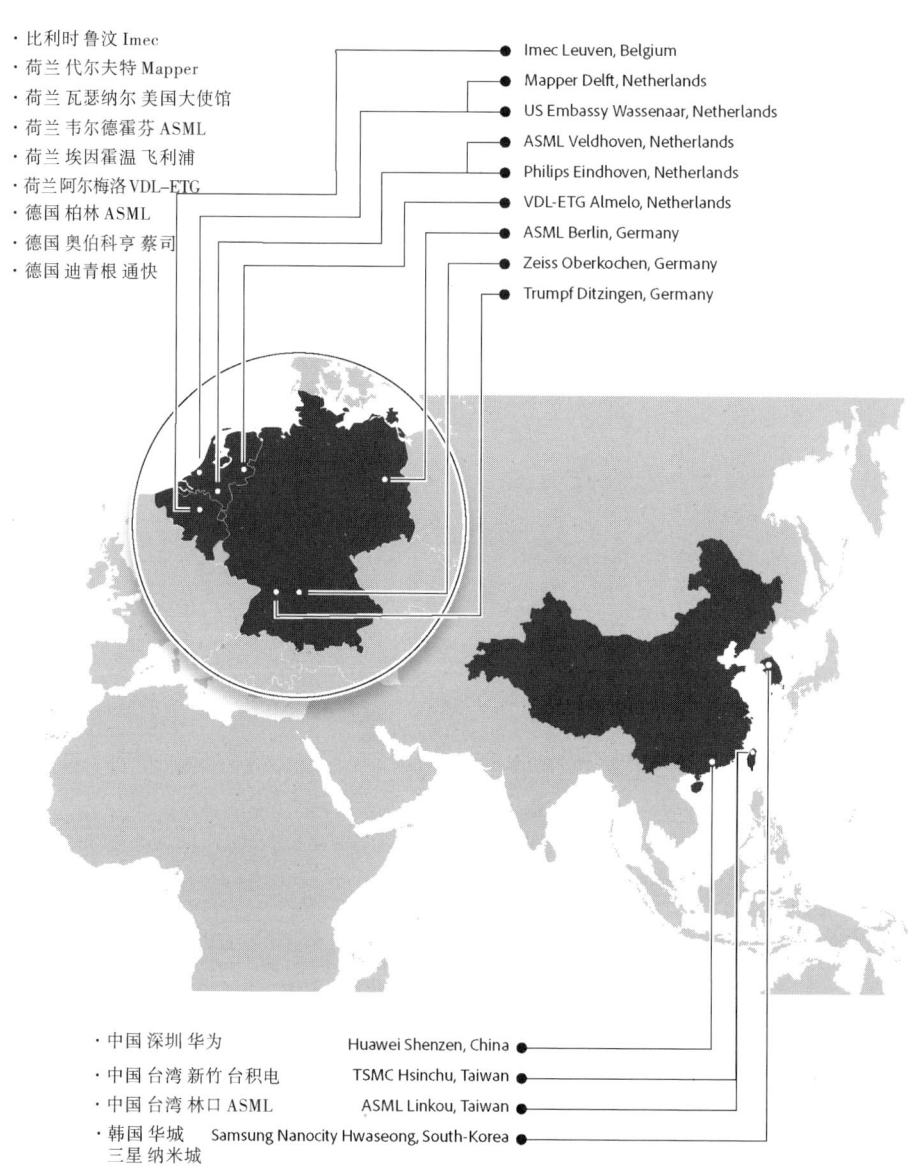

作者在亚洲及欧洲的采访地点

在范登布林克的生活中，像这般愤怒的芯片制造商比比皆是。范登布林克经历过芯片产业的无数次危机，几乎已经没有什么能让他感到害怕的了，但这次不一样。疫情让生产链陷入一片混乱，就连ASML及其供应商生产光刻机所需的芯片也供不应求，芯片短缺形成了一个恶性循环。

此外，ASML还被迫转向远程工作模式。在新冠疫情暴发之初，这家荷兰高科技公司就从微软公司额外订购了2万个Teams的付费账号，以此帮助其在全球各地的技术人员完成维持5000个光刻系统运行的繁重任务。整个世界都意识到：光刻机生产的芯片以及能够继续制造这些芯片的光刻机有多么重要。每个人都希望这些机器持续不断地生产芯片。

范登布林克对远程会议深恶痛绝："我需要知道员工们的想法，他们的举止、表情以及他们在看的东西，我想面对面地解读他们。"

彼得·温宁克的办公室就在范登布林克办公室的对面。在担任了14年的财务总监后，彼得于2013年成为ASML的首席执行官，并与范登布林克共同担任公司的董事会主席。两个性格截然相反的人，携手共同领导着公司。一位监事会成员说："他们就像太极里的阴和阳，完美互补。"

很长一段时间以来，ASML只需埋头发展技术。但自2018年以来，ASML迎来的是一个全新的局面：不可预测的地缘政治风暴。而温宁克对此却格外游刃有余。温宁克是ASML对外的招牌门面：如果你是股东或政界人士，你对ASML的第一印象肯定是他热情而坚定的握手。他的职责是保持公司的稳定，带领公司渡过这场地缘政治风暴，他在华盛顿游说政客，在海牙制订战略规划，在布鲁塞尔握手谈合作，在费尔德霍芬一次又一次地接待参观，完成着无休无止的任务。毕竟，用BBC记者的话说，ASML已不再是一家"相对默默无闻"的公司，它已登上全球头版新闻，举世瞩目。

中国也紧跟着西方世界的步伐，但美国想阻止中国使用 ASML 的机器独立生产芯片，从而在技术上遏制中国。美国人认为这直接威胁了他们的国家安全。

这家光刻机制造公司也许是在全球化的时代成长起来的，但那个时代早已过去。世界的断层很明显，ASML 别无选择，只能考虑自己的立场。在进行类似的战略调整时，没有任何手册或游戏规则可以参考借鉴。它必须自己做决定。

疫情暴露了西方供应链的脆弱性。人们的注意力转向了中国台湾，这是台积电的工厂所在地。全球科技行业都十分依赖台积电，这让美国和欧盟深感焦虑。近年来，美国和欧盟都投入了数十亿美元在本土发展芯片工厂，试图减少这种依赖。

彼得·温宁克深知，ASML 是这一战略的核心。仅在 2023 年，芯片制造商们就计划新建价值 3000 多亿美元的工厂，ASML 还帮助制定了《欧洲芯片法案》。台积电在美国亚利桑那州凤凰城的新工厂开业典礼上，温宁克作为主宾坐在前排。2022 年 12 月，当第一台光刻机被吊装进厂房时，即便体积如此庞大，它在外墙飘扬的"美国制造"旗帜面前也显得有些黯然失色。

然而，温宁克对自己是如何在世界舞台上戏耍两个超级大国的事迹轻描淡写："没有人真正不可或缺，只不过是所处职位的责任比较重大罢了。"

在亚利桑那州的沙漠里，温宁克与拜登总统和苹果公司首席执行官蒂姆·库克（也是台积电芯片最大的客户）握手时，他对自己脖子上挂着的名牌上写着的"温尼克"不以为意。"不管是温尼克、维宁克,还是什么别的写法,我都见过。"

美国媒体和政界人士似乎也对此毫不在意,但这是因为他们根本不知道温宁克是谁、有什么来头。每个人都对这个和总统握手的神秘高个子男人感到好奇,"ASML?这是一家什么公司?"

这本书讲的就是ASML的故事,详细讲述了ASML的两位高管是如何在数十年间带领公司攀升至难以想象的高度。首先是马丁·范登布林克,他是一位杰出的技术专家,他设计出了世界上最精密的机器,他的管理风格非常严苛、具有对抗性,经常对员工进行盘问,或采用"休克疗法"。

"马丁会让你感到害怕。"温宁克说。他甚至花了几年时间才适应马丁的这种风格。

另一位就是彼得·温宁克。"温宁克喜欢剪彩。"范登布林克调侃道,同为首席执行官的温宁克又在ASML总部接待了一批政界人士。范登布林克咧嘴一笑,说自己不适应这种正式场合,性格太直接了,不适合交际。

虽然领导着一家高科技公司,但彼得不是工程师,他是一个善于与人打交道的人。他尽力让ASML保持不拘一格的高科技文化,并维系着至关重要的供应网。他是每一张网络的中心,他只要一句话,就能左右这家世界上最有价值的科技公司的股价。也正是他,提出了与芯片制造商们共同投资ASML最大的技术飞跃——EUV光刻机,这也使得摩尔定律在未来数年将继续发挥作用。

在过去40年的时间里,ASML已经成长为市场的主导者,工业巨头。其成长速度之快,让它所处的费尔德霍芬,这个不起眼的荷兰小镇都难以适应。但ASML并不打算搬家,所以其他人和事就要想办法来跟上这个高科技巨头的前进步伐。ASML 很少听到否定的声音，更不用说接受反驳了。

2024 年初，ASML 迈入了一个新的阶段。温宁克和范登布林克的合同将到期，这两位年薪均为 594 万欧元（2023 年数据）的 67 岁高管将在合同到期时退任。尽管 ASML 多年来一直在幕后筹划他们的接班事宜，但要选人接班仍然是件困难的事。

马丁和彼得的性格也许一点也不像，甚至完全相反。但在无数次会议、谈判、旅行以及在费尔德霍芬坎皮纳（Kampina）自然保护区散步的时光里，他们对彼此的了解逐渐加深。他们相互尊重彼此的不同之处，如果他们将自身的长处和优势结合，就会势不可挡。

在他们的共同努力下，公司克服了一次又一次的危机，而这其中最关键的一点就是：专注。

因为在 ASML 的世界里，专注就是一切。一切始于此。

第一篇 妙想拙计

闪烁的灯光布满宾夕法尼亚大道。在六辆警用摩托车、八辆黑色轿车、一辆救护车和一辆载满武装警员巴士的护航下，美国第46任总统乔·拜登正在凝神思考。此刻正是2023年2月7日晚上8点半前夕，戒备森严的车队正护送拜登前往国会大厦，准备发表国情咨文。车队停稳时，一阵冷风吹过。要开始了。

出乎所有人意料的是，拜登迅速转而谈论疫情期间影响美国经济的芯片短缺问题。"汽车变贵了，冰箱和手机也涨价了。"他一边用双手食指敲击着面前的纸张，一边强调道。言下之意很明显：别碰美国的汽车和冰箱，更别碰美国的iPhone。

"这种情况不应该再发生。是我们发明了芯片，但近几十年，我们失去了这个优势。曾几何时，全球40%的芯片都是我们制造的，现在只有10%。我们要确保芯片供应链在美国重启。"

他抬起头说："芯片供应链的源头要在美国。"

在荷兰驻美国大使馆，分析师们密切关注着他的讲话。拜登在讲话中首先谈论的是美国芯片产业的状况。荷兰同样在期待着当晚的简报。有分析人士注意到：仅仅在讲话开始后10分15秒，拜登就谈到了美国芯片行业及其问题。也就是说，这已然成为了美国的头等大事。

共和党人纷纷起立鼓掌，掌声整整持续了13.5秒。拜登熟知其中的历史沿革，毕竟，美国是这项技术的发源地。1947年，在贝尔实验室发明并制造出了第一个晶体管。到50年代末，杰克·基尔比（Jack Kilby）和罗伯特·诺伊斯（Robert Noyce）开创性地研制出了他们的第一批集成电路。这些美国芯片行业的辉煌时刻，是建立在全美光刻技术上的。但好景不长，在一家主导光刻市场的公司帮助下，东方的竞争对手很快赶上了硅谷。这家公司就是 ASML。

在国会大厦的走廊里，人们窃窃称它为："那家公司。"

然而，40 年前，"那家公司"还未曾出现。当时只不过是一个前景黯淡的妙想。

1. 重复曝光光刻机

斯蒂夫·维特科克（Steef Wittekoek）感觉他已经无数次写下这些内容了。他叹了口气，为他的文章做最后的润色。题为《晶圆重复曝光光刻机的光学特性》的文章将刊登于 1983 年 9 月的《飞利浦技术评论》上。创刊于 1936 年的《飞利浦技术评论》，是人们了解飞利浦物理实验室（NatLab）最新发明的首选，刊登的文章均由科学家们亲自撰写。

维特科克在文章中写道，通过晶圆重复曝光光刻机，相较于传统的光刻机，可以更加精确和高效地生产芯片。从本质上讲，它就是一台大型复印机，一步一步地重复操作。首先，它通过一个高度专业化的镜头将一个图像场投射到一个覆盖有感光层的硅盘上。然后，这个圆形的硅盘（也称为晶圆）以最快的速度从一个曝光步骤移动到下一个，如此循环往复，直到整个晶圆都覆盖上图像，也就是微型晶体管的图案。重复曝光光刻机的调整和对焦也是完全自动化的，比其竞争对手要更快、更高效。归根结底，他的观点很简单：如果芯片行业想要实现下一次飞跃，这就是我们所需要的工具。当 NatLab 的顶尖科学家维特科克重读他对重复曝光光刻机"优秀规格"的赞美时，他不禁对这台机器产生了一种亲近感。十多年来，飞利浦一直在努力将这一想法转变为好的产品。最早的重复曝光光刻机可以追溯到 1973 年，甚至这也是基于两年前 NatLab 研究人员赫尔曼·范希克（Herman van Heek）和吉斯·布怀斯（Gijs Bouwhuis）所取得的突破。

但直至今日，这项技术仍未引起足够的关注。

吉斯·布怀斯是一位才华横溢的光学科学家，拥有很多项专利。他开发了 CD 播放器和鲜为人知的视频光盘播放器的基础技术。二战期间，布怀斯在荷兰北部生活。家里经营的农场不需要他帮忙后，布怀斯才得以继续其学业。他的女儿皮恩回忆道："我父亲是个谦逊的人，在 NatLab 工作对他来说是一种爱好。每当他思考时，总会抽着烟斗，这让我的母亲很是恼火。"在 2016 年去世前不久，布怀斯和他 NatLab 的前同事们受邀参观了 ASML，那是他最后一次看到他们昔日的爱好所产生的硕果。

CD 播放器对飞利浦公司来说是商业上的一个创举，在这些年来走进了无数家庭。但光刻机则是另一种完全不同的东西。光刻机比 CD 播放机复杂得多，而且对大众消费市场毫无吸引力，对于一家濒临衰落的电子巨头来说，无论从哪个角度看，光刻机都是一项极不划算的投资。

20 世纪 70 年代初，飞利浦拥有超过 40 万名员工，其中约 9 万人在荷兰工作。作为一家老牌的综合性企业，从电视机、收音机、医疗设备、家用电器到照明设备，所有产品都是自己设计和制造的。其中还包括生产这些电子产品所需的工业机器以及控制它们的集成电路。在当时，这使得飞利浦成为了世界第二大半导体制造商。但他们的芯片工厂厌倦了现有的机器，因为这些机器速度太慢，还生产出了很多无法使用的芯片。因此，应工厂的要求，NatLab 开始着手研发后来的晶圆重复曝光光刻机。

飞利浦的 NatLab 是思想自由的科学家和发明家的圣地，吸引了大量的专业技术人才。它很快就成为了孕育创新先锋的温床，比肩美国电信巨头美国电话电报公司（AT&T）旗下著名的贝尔实验室。然而，虽然 NatLab 不断涌现出新的想法和专利，但这个庞杂的组织却似乎也拥有官僚主义的"专利"。在飞利浦，推行新事物需要大量的会议讨论和行政流程，这种商业风格完全不适合驱动芯片行业的快速创新。速度就是一切，而飞利浦完全跟不上。

2. 敢想敢做

斯蒂夫·维特科克感觉自己像是在荒野中孤独地呐喊。他知道重复曝光光刻机（后来改名为"晶圆步进机"）在技术上超越了美国的竞争对手。但位于荷兰南部埃因霍温（Eindhoven）的飞利浦有其他的担忧。飞利浦的营业额主要依赖于消费类电子产品，而索尼、JVC 和东芝等日本公司的崛起让这家荷兰跨国公司陷入了困境。当索尼正想用随身听在全球掀起风潮时，飞利浦正忙着削减组织机构。飞利浦的策略是：通过建立合资企业来剥离公司成本较高的部分，然后逐步出售所持股份。

很快，飞利浦的目光落到了光刻机上。1978 年初，飞利浦公司萌生了为这项技术设立一个独立分支的想法，此举还可以将设备出售给外部客户。但管理层对此热情并不高，他们认为这只是空有一个模糊的想法，却没有真正的计划。只有科学与工业部门的副主任维姆·特鲁斯特（Wim Troost）举起了赞成的手。从事工业应用产品工作的他看到了这项技术的潜力，希望能够迎接挑战。在其他部门负责人看来，这项技术完全是个死胡同，无异于浪费时间。

他经常听到"维姆，别再浪费钱了"之类的话，但他丝毫不受影响，并且已经下定了决心。

一见到维姆·特鲁斯特，你马上就会感觉到他是另一个时代的人。特鲁斯特出生于 20 世纪 20 年代中期，在他成长的过程中，经历了第一台收音机问世、1929 年股市崩盘前夕。那时，第一次世界大战还被人们称为"伟大的战争"。

时间来到 20 世纪 80 年代初，特鲁斯特即将退休之际，他发现自己在创办光刻机制造商（后被称为 ASML）的过程中发挥了决定性作用。如果没有特鲁斯特，飞利浦可能会完全放弃晶圆步进机。事实上，他拿到的预算几乎不足以让他开始。他仍然用浓重的荷兰口音拼读"预算"这个词，仿佛是来自遥远过去的回声。

2022 年夏天，当特鲁斯特打开家门时，他已年近 97 岁。在他由农舍改建而成的花园里，他回忆起自己曾经每天从这座房子开车往返于飞利浦工厂的情景，一路笼罩在埃因霍温的烟雾下。尽管身体已经大不如前，但他的记忆依然清晰。他的手写笔记也同样清晰，详细记录了这些年发生的事情。

特鲁斯特回忆起美国领先的光刻系统制造商珀金埃尔默公司（PerkinElmer）的来访，该公司在 20 世纪 70 年代开发了自己的机器并取得了巨大的商业成功。20 世纪 80 年代初，这家公司对 NatLab 的发明报告产生了兴趣。一个由 10 名美国人组成的代表团被派往荷兰，他们对所见之物感到震惊，决定与飞利浦合作。然而，他们没有得到任何回应，飞利浦甚至没有回复他们。他们是如此目光短浅，在 40 多年后的今天仍然令特鲁斯特感到恼火。他哀叹道："管理层完全没有前瞻力，根本不知道自己错过了什么。"

特鲁斯特知道，仅为飞利浦自己的工厂生产芯片机器根本无法盈利。带着这个想法，他前往亚洲和美国，试图引起人们对飞利浦自动步进机（PAS 2000）的兴趣，这是第一款商用晶圆步进机。2000 这个数字在当时的飞利浦公司非常流行，因为距离千禧年还有二十年左右的时间。这个数字具有一种未来感，飞利浦希望这种未来感能给他们的产品增光添彩。谁不想拥有一台P2000家用电脑或视频2000系统呢？然而，现实却给了他们重重一击，这些飞利浦产品都未能成功问世。

PAS 2000也不例外，原因也显而易见。这款步进机配备了一个"油台"，即一些液压马达来驱动硅片所在的表面。但这些芯片生产需要高洁净的环境，因此油烟是非常致命的。洁净室必须绝对干净，如果充满着汽车修理厂里的那种气味，那就必败无疑。这台机器卖不出去。

是时候要做出一些改变了，NatLab开始研发步进机的电动马达版本。他们很快取得了成功，制造出了新的设备，因其前后运动而被称为线性马达。然而，开发这些马达的成本在急剧上升。经济事务部尽力支持飞利浦光刻技术的开发，但已经达到了极限，并威胁说公司必须集中更多的时间和精力来完成这个项目，否则将撤销对该项目的资金支持。高墙逼近，特鲁斯特别无选择。最后，经济事务部自己想出了一个解决方案——为什么不与成功的荷兰企业家阿瑟·德尔·普拉多（Arthur del Prado）合作呢？他的公司ASM也在研究光刻机，并且刚刚在美国纳斯达克证券交易所成功完成了首次公开募股（IPO）。他是帮助飞利浦公司渡过难关的最佳人选。

阿瑟·德尔·普拉多是荷兰芯片业的先驱，也是一位堪称传奇的商人。德尔·普拉多出生于巴达维亚（今雅加达），二战时，还是青少年的他被关押进日本的集中营。战争结束后，他回到荷兰，开始学习经济学和化学。随后，他在20世纪50年代游历硅谷，成为美国半导体技术的欧洲专家。到了20世纪70年代，ASM开始制造垂直炉。这些机器将薄层涂覆到晶圆上，随后在光刻机中曝光。一旦芯片图案在这层上显影，蚀刻机会使用气体和化学品去除多余的材料。晶圆再进入芯片工厂进行新一轮的加工，逐层构建包含晶体管和连接装置的芯片。

1983年，德尔·普拉多在海牙被评为荷兰年度企业家时，经济事务部邀请特鲁斯特一同出席。特鲁斯特认为德尔·普拉多是一个具有魅力和商业头脑的人，但他对德尔·普拉多还是有一些顾虑。ASM主要还是做贸易的公司，德尔·普拉多在董事会里没有可用的关系。光刻机是芯片生产的核心，而购买光刻机是芯片制造商最重要的战略决策，这一决策需要来自最高层的肯定，问题同时也需要提交董事会，而不是与采购部门讨论，特别是在探索应用新技术的时候。

飞利浦拒绝了这个方案，但德尔·普拉多和经济事务部却十分坚持。德尔·普拉多看中了NatLab晶圆步进机的潜力，并希望能够推进这个项目。飞利浦的这一宝贵技术将更有可能实现制造芯片生产线的梦想——将一片硅片制造成芯片所需的所有工具，拥有点石成金的能力。这个梦想虽然从未完全实现，不过德尔·普拉多想与飞利浦成立合资企业的愿望很快就会成真。

飞利浦没有别的办法来继续研发晶圆步进机，与ASM合作显然是唯一的出路。就这样，特鲁斯特和他的上司乔治·德克鲁伊夫（George de Kruiff）一起，敲响了德尔·普拉多的门。在不到一个小时的时间内，双方就达成了合资企业的协议，两家公司共出资750万荷兰盾（约合375万欧元），各获得其合资子公司ASM Lithography（飞利浦和ASM International的合资企业）百分之五十的股份。

一开始公司名为ALS，几个月后才意识到这也是一种严重的运动神经元疾病的名称，于是迅速更名为了"ASM Lithography"，又在1996年正式更名为ASML。如今，ASML这个名字已在全球范围内被广泛使用，并将贯穿本书。

成立合资企业的合同于1984年3月在埃因霍温签订，但没有时间用来庆祝，还有很多工作要做。特鲁斯特立即将原有的飞利浦晶圆步进机团队中的40人调往合资企业，无论他们是否愿意。这一举动引起了团队中许多人的强烈不满。

飞利浦的工程师们享有优厚的员工福利，可以在60岁时领取全额养老金，还可以从特定基金中拿到子女教育费用的补贴。但现在，工程师们发现自己被强制调到了一个他们认为大概率会破产的新公司中，就连斯蒂夫·维特科克也在心里打鼓。在NatLab向他保证两年后可以回归实验室的情况下，维特科克才同意转岗。尽管双方就此达成了一致，但维特科克自此就一直待在了ASML。

ASML的行政部门在飞利浦埃因霍温工厂之间的一栋临时建筑中安顿了下来。与此同时，技术工作也在附近一座通风不良的工厂里持续进行着。在这些工人里，有两位将决定ASML未来的年轻工程师：马丁·范登布林克和弗里茨·范霍特（Frits van Hout）。这两个年轻的男孩子没什么时间去关心那些闷闷不乐的同事们，他们像其他新人一样，接受了挑战，并一头扎进了新技术的研发中。

弗里茨是第一位加入ASML的新员工。马丁的情况则有所不同：1983年底，他应聘的还是飞利浦公司的工作，十多年后才正式与ASML签订合同。但那个时候，这不过是走个形式，马丁早已成为了公司立足的基石。

这两位年轻员工看起来是个奇怪的组合：马丁是一位专攻区域供暖的

物理学家，而弗里茨则毕业于低温物理学专业。然而，维特科克却认为二人是个很好的组合。"马丁在技术上无人可及，而弗里茨虽然懂技术，但他更善于与人打交道。他知道如何处理人际关系。"

特鲁斯特在公司成立之初就退休了，因此首席执行官一职由他在飞利浦时的前同事贾特·斯密特（Gjalt Smit）担任。斯密特拥有天体物理博士学位，曾在美国国家航空航天局（NASA）和欧洲航天局（European Space Agency）工作，最后担任了国际电话电报公司（ITT）荷兰分公司的总监。当他辞去稳定的工作，转而投向这个高风险的研究项目时，同事们都觉得他头脑不清醒。回顾他上任之初的经历，斯密特明白了其中的原因，"ASML从第一天起就是个'问题儿童'。老实说，一开始谁也不看好它。"

斯密特与飞利浦之间就此开启了旷日持久的爱恨交织。虽然他对在这家荷兰电子公司学到的东西心怀感激，还有他们那"令人垂涎的"技术，但他总觉得管理层"极度官僚化"。斯密特无法忍受这一点，他想以不同的方式行事。

斯密特本身就是一个与众不同的人。

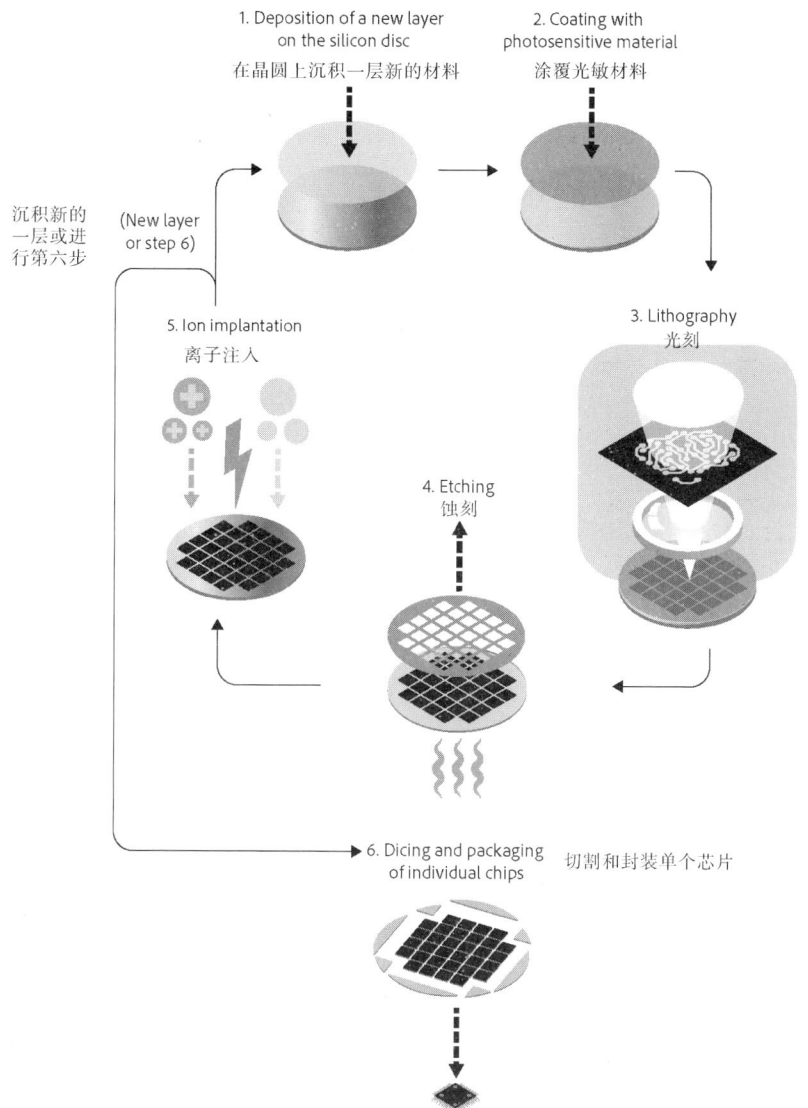

3. 出类拔萃

"猜猜这件大衣有多少年头了?"

这是 2023 年初,斯密特正走在蒙特勒(Montreux)的海滨大道上,这里离他在瑞士的家不远。斯密特总是别具一格,这次他戴了一顶深色的帽子,穿着一件几乎长及脚踝的意大利皮革外套。"这是我 1986 年在维也纳买的,"他笑着说道,"当我穿着它走进 ASML 办公室时,秘书都惊呆了。"仿佛便衣警察到这儿来了。

斯密特向来都坦率地表示不喜欢飞利浦的工作方式。也正因如此,1983 年阿瑟·德尔·普拉多在和他见面时对他颇有好感。因为德尔·普拉多对飞利浦也没有好感。飞利浦之前需要购买光刻机时,曾刻意避开过 ASM。斯密特和德尔·普拉多一见如故,一拍即合。尽管后来两人的关系破裂并最终导致了斯密特四年后的离职,但在这短短的时间里,斯密特成功地在 ASML 建立了一种赢家心态,这种心态在公司未来发展的岁月里发挥着决定性作用。

斯密特的商业敏锐度在他的业余爱好中展现得更为淋漓尽致。他是一名滑翔机飞行员。驾驶这种飞机需要有对飞行高度的监控能力以及对突发气流的响应能力,就像经营一家企业一样。用他的话来说,"当你驾驶滑翔机时,你必须清楚自己的方向。"同样的道理也适用于年轻的 ASML,而寻找方向的任务落在了斯密特的肩上。

在最初几个月里，斯密特一直在与飞利浦的内部员工和外部专家举行会谈，了解相关情况。他发现，没有人相信 ASML 这家公司有一丝成功的可能性，甚至连员工也不抱任何希望。要想成为一家能够立足于硅谷的光刻机制造商，既需要有杀伐决断的领导层，也需要拿出近乎无懈可击的机器产品。这样一家公司的初创阶段最需要的是时间和资金，而当下，缺乏的也恰恰是这两样东西。

但他也发现，行业标准机器已经无法满足需求了。目前需要在现有技术上实现飞跃，生产出分辨率更小的芯片，能够融入数千、乃至数十万个晶体管，这样才能执行更复杂的任务。唯一的问题是：生产这种芯片的光刻机必须能够投射出宽度接近 1 微米（千分之一毫米）的线条。但目前除了飞利浦，没有一家光刻机制造商拥有这样的技术。然而，芯片制造商对其供应商的苛刻要求超乎想象。

1984 年 5 月底，斯密特飞往硅谷中心的圣马特奥（San Mateo），参加半导体交易展览会。这是英特尔和德州仪器等芯片制造商与珀金埃尔默（PerkinElmer）、尼康（Nikon）和 GCA 等光刻机供应商会面的年度盛会。但没有一家制造商对斯密特表露出兴趣。在他们看来，不需要再有人来分这块蛋糕了，他们也并不想知道 ASML 今后能为他们带来什么好处。就这样，斯密特吃了闭门羹，拒绝的理由都是诸如"等你卖出五十台机器后再来找我们"之类的话。

这让斯密特感到有点儿意外。他乘飞机前往 ASM 位于美国亚利桑那州的分部，这里负责在美国市场的销售。然而，斯密特发现 ASM 显然并不了解光刻技术的最新发展，这让他开始对双方的合作产生怀疑。令他惊讶的是，ASM 的管理层同样也惴惴不安，担心 ASML 经验不足，会犯低级错误。

公司的备忘录上写得很清楚：大约有十家公司仍在这场角逐中竞争激烈、市场拥挤。心灰意冷的斯密特踏上了返回阿姆斯特丹的飞机，他瘫坐在座位上，考虑是否要放弃。没有人愿意领导一家注定要失败的公司。手中还握着一瓶红酒，斯密特昏昏沉沉地睡去，任由自己的思绪在睡意蒙眬的脑海中漂浮。过了一会儿，这些想法开始形成一幅画面。

斯密特猛然惊醒——"有了。"他低声自言自语道，眼前的道路逐渐明晰。老牌厂商对机器的投资规模十分庞大，所以他们要捍卫自己在市场上的地位。如果ASML能够推出一款拥有更精确的对准系统、电动马达和精密镜头的机器，他们就能一举成名、震撼市场，并尽早建立起一个任何公司都无法企及的标准。而ASML所掌握的技术飞跃会为他们打开这个局面。但他们必须争分夺秒，这样的设备必须做好投放市场的充分准备，而且要快。

风暴即将来临。斯密特返回ASM和飞利浦，提出需要2亿荷兰盾的投资。这远远超出了合资企业的预算，但这个数字并非凭空而来，飞利浦此前也曾向荷兰经济事务部申请相同数额的资金支持。尽管他们没拿到这笔钱，但斯密特所做的努力赢得了监事会的支持，他们相信ASML将火力全开，全力以赴。

斯密特的飞行员经历让他注意到了芯片制造业和飞机制造业之间的相似之处：两者都将不同的科学专业知识融合在一个设备的开发中。但为了将精力集中在复杂的飞机总体设计上，像波音和空客这样的飞机制造商所使用的大部分部件都是外包的。ASML也将这样的模式学为己用。光刻机就像飞机一样，都是小批量生产的，并且需要长期连续使用，尽量减少故障的发生，最大限度地利用其产能，而这就需要持续地维护。市场营销也需要与技术部门密切合作，因为技术部门知道客户该如何最大限度地利用他们售出的机器并让价值最大化。

这种策略彻底颠覆了飞利浦惯有的做法。对于 ASML 而言，现在的关键是贴近客户，并将尽可能多的生产外包给供应商。敲定计划后，斯密特聘请了管理咨询公司合益集团（Hay）来组建公司架构。他还从美国招来了员工，让这个小型荷兰公司看起来更像"硅谷"一些。

斯密特在 ASML 营造了一种自由的文化氛围，确保工程师们能按自己的想法来解决技术问题。他常常将自己的方法与 20 世纪 70 年代荷兰国家足球队的"全攻全守"战术相比较。这种战术要求每个球员都能同时掌握进攻和防守。斯密特的目标很明确：不管做什么，不管怎么做，最重要的是要赢。

ASML 的员工数量迅速增长。新的工程师招聘信息开始出现在行业杂志上。公司在费尔德霍芬设立了一条电话专线，供求职者与前飞利浦专家交谈，这些专家亲自和求职者交谈，选择适合的人加入这家年轻的初创公司。这一招果然奏效，成功吸引了光学、机电一体化、控制工程和软件等领域的专家纷纷加盟。他们利用报纸招募帮助测试机器的人员，也就是所谓的"测试员"。"一家有志领跑世界的超高科技公司"本身就有着令人无法抗拒的吸引力，人们纷纷闻讯而来。幸运的是，ASML 向来就不缺底气和自信。

ASML 首先把目标瞄准了美国的客户。在 20 世纪 80 年代，日本成功地从美国半导体公司手中夺取了市场份额，现在不太可能再从佳能和尼康手中把它们抢回来。因此，ASML 将自己定位为一家颇具美国风格的公司，配备着一个综合全面且随时可用的服务部门。强大的维修团队是保证工厂机器运行的关键。毕竟，每停机一秒都会导致经济损失。

斯密特的乐观态度极具感染力。虽然设计师们需要在紧迫的时间内完成工作，但没有了烦琐的层级制度，员工们也都能接受和适应。负责生产机器的项目经理掌握着很大的自由度，他们不需要担心钱的问题，不计成本地确保机器能够按时制作完成。

理查德·乔治（Richard George）是其中一位开创飞利浦晶圆步进机的工程师，他回忆当时的情景时，感到如释重负。ASML充满了热情洋溢的新员工，斯密特对公司的未来做出了增长的积极预测。突然之间，乔治发现自己的团队又增加了250人，其中有一个人让他尤其印象深刻：马丁·范登布林克。"马丁从一开始就非常出色，"他回忆道，"他用了不到两个月的时间，就用自己巧妙的发明改进了晶圆步进机的对准系统。我只能说：'天啊，真是太妙了！'"

这台机器要逐个对准晶圆上已经刻好的两个小网格图案。这些图案在添加新层时必须也保持清晰可见，以防出现偏差。范登布林克发明了一种改良系统，可以检测两种对齐模式。这台机器的工作效率比竞争对手高，偏差也小得多，于是他的发明很快就获得了专利。这对公司来说意义重大。用斯密特的话说，"ASML从无到有，就像宇宙大爆炸。但马丁的到来如同神来之笔。"

4. 漏水的帽子

1985年，从飞利浦脱离出来的ASML开始建造自己的总部大楼。不出1年，新建的大楼在费尔德霍芬的高速公路旁拔地而起，并配备了生产光刻机所需的无尘洁净室。费尔德霍芬的市政府也迅速批准了这家高科技企业的入驻申请，希望能够为当地带来更多的就业机会。然而，这让邻近的埃因霍温市和松恩市感到不太平衡，他们以费尔德霍芬未获得必要的许可证为由，向法院提出了诉讼。但ASML等不起，继续推进着总部大楼的建设。

第一个建成的总部处处都体现着贾特·斯密特的雄心壮志。为了让美国客户有宾至如归的感觉，公司从硅谷的未来主义中汲取灵感，投入高达3000万荷兰盾的预算来建设总部大楼，如此大胆的举措在年轻的公司中并不常见。尽管员工们不需要戴口罩，但为了保持工作场所的干净清洁，他们必须穿上特制的防尘服。这体现着严谨认真的工作态度。

ASML的员工，也被称为"ASML人"，并不喜欢繁文缛节。所以他们的第一座办公大楼就简单地命名为"1号楼"。很快，"2号楼"也随之而来。由此也不难猜出他们的第三栋楼叫什么名字。在这里，所有东西都有明确的编号，就连亚洲餐厅的外卖菜单都有自己的编号。应建筑师罗布·范·阿肯（Rob Van Aken）的要求，大楼的外墙上也没有ASML的标志。仅仅通过大楼的设计，你就知道即将要进入的是ASML的总部。

虽然1号楼后来被拆除了，但在1985年，它是一道不寻常的风景，看起来就像一个通往数字时代的门户，坐落在田园牧歌般的布拉班特（Brabant）中部。倾斜的白色墙壁，笼罩在蓝色镜面玻璃中，为这个金字塔形的大楼增添了一丝神秘感。一到晚上，当地的孩子们就会把这栋建筑想象成UFO，大楼射出的灯光则来自那些夜以继日工作的技术人员。范·阿肯曾把这个三角形外观想象成一顶大帽子，罩在生产区和办公室的上空，将所有部门都"收入囊中"。然而，尽管未来主义的工程设计得到了体现，但建筑上的施工缺陷却导致这顶"帽子"漏水。有时候，高科技不一定就是最好的：下雨的时候，你还是会在大厅里看到一两个水桶，用来接漏下来的雨水。

ASML跃跃欲试，想要马上与美国的GCA和日本的尼康等大公司同台竞技，挑战行业顶尖水平。在媒体面前，斯密特表现得自信满满。1985年5月，斯密特在接受荷兰国家报纸《新鹿特丹商报》（*NRC Handelsblad*）的采访时说："在这个行业中，只有一种策略，那就是专注于拿下第一，你得渴望那块金牌。如果你一开始就满足于铜牌，你很可能最后连第六名都拿不到，那就太可悲了。"技术总监尼科·赫尔曼斯（Nico Hermans）对此表示赞同："这些话听起来可能有些傲慢，但我们确实遥遥领先于竞争对手，完全就是提高了一个层级。"

那句经典的广告词"我们知道了，杰瑞"刊登在多家电子杂志上，这让ASML在美国的宣传活动一飞冲天、收效颇佳。这则广告词是对超威半导体公司（AMD, Advanced Micro Devices, Inc.）的老板杰里·桑德斯（Jerry Sanders）的调侃。桑德斯曾公开质疑美国光刻机的可靠性，并威胁要转向日产光刻机。

尽管如此，当时ASML所有自信满满的宣传实际上都是在虚张声势。他们唯一的一台机器是PAS 2400，这是一台匆忙组装起来的设备，用来向整个芯片产业展示——他们拥有的设备比传统的液压系统驱动的光刻机更为先进。虽然没有达到预期的精度，但根据广告的宣传所说，PAS 2400每小时能输出多达90块曝光晶圆，创下了当时的新纪录。

大胆的策略果然奏效，在斯蒂夫·维特科克的技术支持下，斯密特成功引起了AMD①的注意。他们的努力得到了回报，ASML得以和其他四家供应商一起参与测试。这是一场光刻机的"选美比赛"，胜出的机器即可拿下这份合同。

在比赛当周，ASML的一位技术人员只身一人到达测试现场。他决定先启动机器，在AMD的专家到来之前检查一下机器是否一切正常。令他害怕的事情发生了，他发现了一个故障：电动马达出现了变形，测试机器投射出的芯片图案产生了偏差。这台机器不可能通过测试，必败无疑。

ASML并未告知AMD，而是开始了修复工作。时间非常紧迫，他们只有36个小时的时间来解决。第二天，ASML的一名工程师带着改进过的马达部件飞往硅谷。他们手持"借来"的通行证，半夜潜入芯片工厂安装马达。故障成功排除，机器得以正常工作，ASML最终拿下了合同，并承诺在1987年之前交付25台机器。

ASML将目光投向了市场上中高端的芯片制造商。这些公司具有竞争力，也在寻找以较低成本扩大生产的途径。ASML认为这些公司会更愿意冒险尝试与他们合作，因为ASML所提供的光刻机性价比很高。而像英特尔或国际商业机器公司（IBM, International Business Machines Corporation）

---

① AMD，超威半导体公司，总部位于美国加州。

这样的巨头则不愿拿自己的市场地位冒险，因此很难让他们放弃经过市场验证的尼康和佳能光刻机。毕竟，日本芯片制造商靠着这些机器获得了巨大成功。

尼康和佳能以其光学技术和高品质相机而闻名，他们有能力自行开发专用镜头。而 ASML 则没有这么幸运，只能从别处获取光刻机的核心部分——光学系统。德国镜头专业公司蔡司（Zeiss）拥有当前 ASML 能找到的最好的技术，但蔡司不愿意向一家名不见经传的初创公司供货。不仅如此，如果要生产出 ASML 所需的高度专业化的镜头，蔡司公司还需要额外投资。蔡司不敢冒这个险，他们只想出售非定制的标准化产品。

飞利浦公司向蔡司下了一笔订单，以示对新光刻机的信心。尽管时间紧迫，但飞利浦公司还是在 1986 年收到了第一台真正有竞争力的晶圆步进机：配备蔡司标准镜头的 PAS 2500。故事由此拉开序幕。

就在这时，ASM 拒绝了 ASML 的注资要求，德尔·普拉多对斯密特花钱大手大脚的行为十分恼火。一次，斯蒂夫·维特科克从台湾回来，需要前往纽约与 IBM 商谈，斯密特让维特科克搭乘"协和"式飞机，这种超音速飞机的票价和其速度一样惊人。

斯密特也看不惯德尔·普拉多。在他看来，德尔·普拉多这位荷兰的芯片祖师爷没有意识到光刻技术本身就是一门生意。而 ASML 需要以风暴般的速度占领市场，如果他们都像德尔·普拉多一样小气，就根本毫无成功的希望。斯密特向飞利浦询问是否有可能收购德尔·普拉多手里的股份，得到的回复是：想都别想。

德尔·普拉多觉得这一行为太过分了，他发誓要让斯密特付出代价，而即将到来的贸易展会为他提供了机会。ASM 和 ASML 将在位于圣马特奥赛马场（San Mateo）的展会上共享一个展台。在这里，在芯片业的牛仔们之间，在马匹、啤酒和热狗的香味之中，德尔·普拉多和斯密特见到了彼此。德尔·普拉多刚刚发问"我们能谈谈吗？"斯密特就知道接下来要发生什么。斯密特的一位同事低声提醒他说："阿瑟讨厌你。"但他根本不需要这个提醒，斯密特的任期要到了。1987年，斯密特离开了ASML，去了一家德国公司。

德尔·普拉多很快任命了一位新的首席执行官，来自英国的克莱夫·塞加尔（Clive Segal）。然而，在上任的第一天，塞加尔就没来上班。第二天过去了，仍然不见塞加尔的身影。ASML的经理们轮流在公司门口等他，但没有人知道他是谁，也没有办法联系到他。结果，塞加尔自己也不明所以。他没有意识到自己已经答应了德尔·普拉多，还一直在等着卖掉自己的公司后再做下一步打算。但是，ASML已经等不及了。幸运的是，退休的首席执行官维姆·特鲁斯特（Wim Troost）同意接管公司，直到公司稳定下来。

1年后，德尔·普拉多被迫离开ASML。此时，ASM已经没有资金来支持ASML下一轮的投资，只能退出合资企业。1988年，飞利浦公司接手了德尔·普拉多的股份。具有讽刺意味的是，飞利浦因此获得了他们曾迫切想要摆脱的晶圆步进机的全部所有权。

但这次情况略有不同，通过巧妙地将ASM的股份存入坦桑尼亚国家小额信贷银行（NMB, National Microfinance Bank），飞利浦确保ASML能够继续获得政府补贴。舞台已经搭好，ASML终于可以兑现他们的承诺，不再是虚张声势了。

就这样，阿瑟·德尔·普拉多告别了ASML。此后的报道一直强调飞利浦在公司早期的参与，很大程度忽略了这位创始人的角色。被美国人称为"艺术"（Art）的德尔·普拉多对此始终无法释怀。令德尔·普拉多闷闷不乐的是，直到2016年去世，他的贡献也没有得到认可。

5. Mega 项目

尽管与 ASM 的合资企业失败了，ASML 凭借着一些幸运得以继续生存。首先是遇到了合适的时机。1985 年，芯片行业出现下滑，对老牌的光刻机制造商造成了沉重打击。然而，ASML 这家年轻的公司才刚刚起步，没有什么可失去的，因此得以继续推进生产。ASML 相信市场会回暖，并希望在市场回暖时领先别人两步。

此外，ASML 在与 ASM 的首次合作中受益颇多。德尔·普拉多在光刻技术上经验不足，这是他与斯密特关系破裂的原因，也让他失去了公司的股份。但对 ASML 来说，这是一件好事。他们没有被迫模仿那些已经成功的公司，这就为这家初创公司保留了在成长期发展自己的文化及战略的空间。如果像美国光刻机公司那样，ASML 就不可能会有这样大的自由空间。

与飞利浦公司的合作也拯救了 ASML。在芯片市场最不景气的时候，飞利浦的财力支撑让 ASML 得以维持下去，还采购了新的光刻机，甚至接洽了中国台湾的新客户。ASML 还得到了荷兰政府的帮助。公司成立之初，荷兰政府正重新评估他们的工业政策。20 世纪 80 年代初，日本芯片制造商的成功给美国和欧洲市场带来了巨大的影响。NEC、日立和东芝等公司之所以能够取得如此领先的地位，主要是因为日本政府对其研究项目进行了大规模投资。其他国家也注意到了这一点，ASML 发现自己正处于新一波战略性政府投资的浪潮之中。

荷兰经济事务部不想再费力维持不景气的行业。他们放弃了处境艰难的造船厂，转而支持创新。显然，微芯片才是未来的趋势，NatLab 的晶圆步进机正是关键。为了助力晶圆步进机成功，该部门投资了超 1 亿荷兰盾用于研究和开发。斯蒂夫·维特科克和弗里茨·范霍特为此夜以继日地奔波，争取更多的补贴。在最初的几年里，ASML 大约一半的研究资金都来自海牙或布鲁塞尔的资助。

这并不是唯一一个对 ASML 有利的大型政府项目。1984 年，飞利浦与德国合作伙伴西门子联手，力图实现芯片技术的新飞跃。这个项目叫"Mega"，听起来像老电影中的怪物的名字，其目标是在尖端存储芯片市场与日本一较高下。这个项目得到了最高层的支持，欧洲技术项目 ESPRIT 以及荷兰和德国政府为其提供了大量资金支持。按现今欧元的价格计算，荷兰和德国政府总共出资约 5 亿欧元。有了这些资金，飞利浦开始投入生产静态随机存取存储器（SRAM）芯片，这些芯片无需电源即可存储数据。在 ASML 的帮助下，飞利浦建立了一条完整的芯片测试生产线。然而，由于对此芯片的需求不足，初期生产阶段遭遇了亏损，西门子也因此退出了该项目，转而选择了更为成熟的日本芯片技术。Mega 项目就此宣告结束，欧洲技术复兴的梦想也随之破灭。

尽管 Mega 项目花费了数亿荷兰盾，但对飞利浦来说，这并不是浪费。1987 年，美国德州仪器公司前技术总监张忠谋（Morris Chang）与飞利浦公司取得了联系。张忠谋在中国长大，在美国接受教育，是提高晶圆良品率的专家。中国台湾地区政府也注意到了他的才华，邀请他牵头建立一条芯片产业，并承诺承担一切费用，台积电由此成立。张忠谋也想再从业界寻找另一个经验丰富的大型投资者，但日本对此并不感兴趣，与英特尔和德州仪器的谈判也以失败告终。于是张忠谋把目光投向了飞利浦,在他眼中,飞利浦是芯片制造第二梯队中的佼佼者。这虽然不能算是对飞利浦的赞誉,但关键在于达成合作,飞利浦无疑是次优之选。

飞利浦欣然同意了此次合作,持有台积电 28% 的股份,还分享了从 Mega 项目中积累的专业知识,这也为 ASML 将他们的机器引入台积电的工厂铺了路。张忠谋对此持保留态度,他需要先确认机器的质量再决定是否引入 ASML 的机器。维姆·特鲁斯特与妻子在巴厘岛度假时,有人礼貌地拍了拍他的肩膀:"特鲁斯特先生,有您的电话。"他从舞蹈表演的观众席中悄悄溜出来,接听了电话。电话来自费尔德霍芬:台积电同意使用他们的机器了。原来,张忠谋点头的条件是特鲁斯特将第一台机器免费赠予台积电,ASML 承诺:"机器不好用,不收费。"就这样,要求极高的台积电也被 ASML 的机器征服了。

随着台积电与 ASML 的合作全面展开,台湾的芯片行业开始蓬勃发展。两家公司出奇地志同道合,都以同样高效而略有些混乱的方式运作着,二者相互配合,每小时产出大量无瑕的芯片。"我们互相支撑"成为了 ASML 人的口号,也成为了主导芯片市场的金句。

与此同时,飞利浦逐步地卖掉了台积电的股份,赚取了数十亿美元的收益。2006 年,飞利浦彻底退出了半导体市场,剥离了芯片部门 NXP。NXP 自立门户后继续发展,成为了汽车行业半导体的主要供应商。如今,飞利浦如果还能持有 ASML 或其他公司的股份,那么在其走向衰落的过程中,这些股份会为其带来多大的价值?这个问题至今仍困扰着荷兰人。实际上,如果当时没有这些股份支撑,飞利浦很可能早早就倒闭了。

飞利浦为台积电奠定了技术基础,而正是来自台湾的订单,早期的

ASML才得以生存下来。"没有他们,"弗里茨·范霍特说,"我们肯定会倒闭。"1988年,台积电的首批订单出了意外,好运降临在了ASML身上。台湾芯片工厂发生火灾,数十台机器严重受损。ASML接过任务:立即交付另一批货物,所有费用由保险公司承担。

在张忠谋的领导下,台积电在随后的几年里成长为世界上最先进的芯片制造商。台积电是一家代工厂,主要生产其他科技公司设计的芯片。事实证明,这种模式是成功的。随着芯片生产过程变得越来越复杂和昂贵,越来越多的芯片制造商将芯片生产外包出去。这样,芯片能够更快地进入市场,成本也比自行生产低得多。最终,大多数公司放弃了自己的工厂,变成了"无厂"公司,这些变化正如台积电所愿。通过与ASML的紧密合作,台积电能够以极快的速度推进新技术,扩大产能,使中国台湾成为了全球具有先进计算能力的供应商。

英特尔只能在旁观望,因为他们在1987年错失了与张忠谋合作的机会。30多年过去了,英特尔再也跟不上台积电的步伐了。正如拜登后来在国情咨文中所宣称的那样,美国已经没有优势了。

6.4022 网络

1990年,威廉·马里斯接任ASML首席执行官。这位机械工程师是从飞利浦芯片部门的管理岗位调任过来的,结果发现自己接管了一家不稳定的公司。20世纪90年代初,在政府补贴和飞利浦公司负责人扬·蒂默尔(Jan Timmer)少有的慷慨解囊下,ASML才得以勉强维持运转。1992年,蒂默尔启动了一项名为"百夫长行动"的大规模重组计划,造成了毁灭性的灾难。他裁撤了飞利浦30万员工中的5万个职位,对埃因霍温和周边的布拉班特地区就业形势的打击尤为严重。这场大规模裁员给许多布拉班特人的家庭造成了伤害,飞利浦废弃的大楼也让埃因霍温市变得荒凉。这是ASML最危急的时刻,濒临倒闭,急需3600万荷兰盾的贷款。

董事会成员亨克·博特(Henk Bodt)奇迹般地说服了蒂默尔(现在被戏称为"屠夫")。芯片行业正面临低谷,如果ASML推出改进的新型机器,就能在市场上掀起一场风暴。此时不搏,更待何时。出乎所有人意料的是,"屠夫"同意并批准了贷款。据ASML前财务总监杰拉德·韦尔登肖特(Gerard Verdonschot)所说,这是一场深思熟虑后的冒险。如果当时解散ASML,母公司要付出的代价要比放手一搏更高。唯一的条件是,ASML必须尽快偿还贷款。果然,9个月后,韦尔登肖特和马里斯递上了偿还贷款的支票,还款速度也开始加快。

随着飞利浦的裁员,埃因霍温地区陷入经济危机,ASML却继续发展壮大。飞利浦的 Acht 机器制造厂继续向 ASML 供应零部件，而 NatLab 则继续研究光刻技术。但这还远远不够。按照这个商业模式，ASML 只负责机器的开发和组装，约 90% 的零部件是购买的。幸运的是，埃因霍温附近有很多制造公司为飞利浦供货。新的供货公司不断成立，通常是由飞利浦的前员工创办的。就这样，一个由制造商组成的网络在该地区生根发芽，他们彼此熟识，并使用相同的技术语言。确切地说，ASML 的每个组件都有一个 12 位的代码，这个代码基于飞利浦几十年来在自己工厂使用的 12 位数字代码系统。

ASML 已经成立了 40 年，所有组件的代码仍然以"4022"开头。从费尔德霍芬的仓库到全球的供应商和芯片工厂，这一编号随处可见。你甚至可以在 eBay（亿贝）① 上找到这些编号的二手组件。这是一个系统的关键，将复杂的全球生产链联系在一起，这是一个带有飞利浦基因的代码。

哈里·范霍特（与弗里茨·范霍特没有关系）的家族企业 VHE 就是这样一家区域供应公司。他们为第一批光刻机生产电缆和电源箱。ASML 负责提出需求，VHE 则负责满足需求。然而，VHE 早期与 ASML 的合作颇为混乱。VHE 发现自己受制于一个多变的市场以及随之波动的 ASML，订单随时可能减半或加倍，这让一些公司不敢太过依赖于这样不稳定的合作。特别是在布拉班特，合同的形式大多数是一张纸、一些口头协议和一个握手，显得太过随意，不够正式。

哈里·范霍特回忆说："每当我们遇到问题，总有人会伸出援手。在芯片市场最开始下滑的时候，我突然被告知 1 个月内不需要交货了。而我已经订购了价值几十万荷兰盾的材料，这是非常严重的问题。"当时给财

---

① eBay，美国著名线上拍卖及购物网站。

务总监韦尔登肖特打了一个电话就解决了问题，75万荷兰盾当天就转过来了。ASML知道，只要一切正常运转，钱总会赚回来的。

早期，ASML对其供应商只有2个要求：质量要好，速度要快。杰拉德·范德利格特（Gerard van der Leegte）的工具制造厂是ASML的首批合作伙伴，为ASML的光刻机提供按规格精确切割、打磨或钻孔的零部件。虽然ASML对其供应商有着高标准和高要求，对自己却没那么严格。范德利格特回忆说："他们会给我们一堆图纸，然后让我们自己决定要供应哪些零件。"采购部门的人不懂技术，也不太关注价格，所以对报价照单全收。当然，有些供应商借机提交了虚高的报价单。给ASML供货，你可以漫天开价。

很快，来自ASML的订单占到了范德利格特业务收入的一半，他也非常乐意适应ASML混乱的日程安排。

杰拉德并不介意晚上10点甚至周末接到新订单的电话，但他拒绝签订让他承诺按ASML的节奏随意发展的合同。这一明智的决定让他在芯片市场低迷的那几年免于困境。2000年，杰拉德给他的工具制造厂起了一个更具国际化的名字，叫GL Precision，他也注意到和ASML的关系已经变了。"关系变得远不如以前那么友好了。"他回忆道。这也标志着ASML的采购制度开始变得更加严格了。

快速而灵活的供应网络是ASML保持竞争力的关键，这个网络不能仅由采购部门管理。每个董事会成员都会负责几个制造商，为其提供财务预测报告并告知下一代机器的计划，以便制造商能够签约供应零部件。他们还定期为企业家举办聚会和交流活动，以培养团队精神。节奏轻松的高尔夫就是其中一项活动，打完高尔夫后还会举行晚宴。作为工程师中先起之秀的代表,马丁·范登布林克是 ASML 顶级的技术顾问,但他通常只在活动结束时才出现。他并不喜欢打高尔夫。

ASML 的合作伙伴网不断壮大,规模已达 700 多家公司,其中大部分位于布拉班特。但在不远的比利时城市鲁汶,有一个很重要的机构:比利时微电子研究中心(IMEC,Interuniversity Microelectronics Centre)。该研究中心成立于 1984 年,与 ASML 同年创立,与弗兰德的几所大学皆有合作,为芯片制造商及其供应商提供了在"超前技术"研究中合作的机会。没有人在建造芯片工厂或代工厂时会冒险投资错误的技术,这样做的成本太高昂了。生产芯片所需的所有步骤都是环环相扣的,即使是最小的变化也会对整个流程产生巨大影响。因此,IMEC 将自己定位为高科技实验平台,一个供整个行业前来探索未来的地方。

IMEC 拥有各大供应商的设备,从测量到蚀刻和沉积(在晶圆上添加新层)的机器都可以在其洁净室中找到。最初,这些设备主要是美国制造的光刻机,但在欧洲政府的支持下,IMEC 在 20 世纪 90 年代初安装了第一台来自 ASML 的 DUV 光刻机。这些光刻机使用激光产生深紫外光,与标准的汞灯相比,这种光的波长要短得多,可以为更微小的结构和更复杂的芯片成像。

从那时起,半导体行业所有主要的企业都会来到鲁汶的高科技实验室,测试来自费尔德霍芬的机器工具。随着 ASML 越来越重要,IMEC 也能更好地规划未来的道路,并判断未来几年可能会带来哪些创新。

20 世纪 80 年代末,IMEC 的首席执行官吕克·范登霍夫周游世界,试图在日本和美国的光刻机之间做出选择。他万万没有想到,在距离他出发地只有 100 公里的费尔德霍芬,他找到了自己想要的机器。据范登霍夫所说，显然，ASML 的技术在早年已经处于领先地位。但真正值得注意的是由马丁·范登布林克一手打造的企业文化和全心全意为客户服务的精神。

7. 来自南部的拍档

要访问 ASML 的主要供应商，需要到更远的地方。准确地说，要到费尔德霍芬东南方向 600 公里的地方去。那里位于德国巴登-符腾堡州（Baden-Württemberg）的奥伯科亨市（Oberkochen），是德国镜头制造商卡尔·蔡司公司的总部。

傍晚时分，当你看到从阿伦开往乌尔姆的班车停靠在奥伯科亨站时，很容易产生你在度假的错觉。木质结构的房屋，还有清新的山间空气，你会感觉自己身处于一个德国温泉度假胜地，远离尘世的喧嚣。在奥伯科亨，时间似乎是静止的，但千万别被表象迷惑。车站的一张传单上写着市长的一句话："Wir machen Zukunft"，意为"我们创造未来"。而这一切，都要归功于蔡司。蔡司以生产显微镜、眼镜和相机镜头而闻名，为医院和大学提供先进的光学设备。除此之外，该公司也制造光刻机的镜头系统。要将微小的电路图案投影到感光硅片上，需要一枚成像清晰的镜头。

在蔡司"入住"奥伯科亨之前，这里就已经拥有强大的金属加工和机械工程的传统产业。深度发展的采矿业让巴伐利亚和巴登-符腾堡州发展成了德国的工业重镇。正如蔡司前总裁赫尔曼·格林格所说，这些地区的人们不会轻易地离开，他们希望在一家公司安定下来，专注地工作。也正因如此，这里的专业技术和手工艺得以保存并蓬勃发展，而在这些地区生活和工作的几代人也将这些技术和工艺传承发扬下来。

往前追溯约150年，在德国耶拿（Jena）的工作室，研究员卡尔·蔡司推出了他的第一台显微镜。然而，第二次世界大战后，耶拿不幸落入俄罗斯的掌控，后来被划入东德。通过向德国军队供应镜头，蔡司的战略地位引起了盟军的注意。1945年4月，美军占领了蔡司工厂，并在随后的3个月里没收了工厂的专利和设备。到1946年，美军将70多名蔡司的研究人员和工匠从耶拿转移到海登海姆（Heidenheim），当时这里属于盟军占领区。此后，他们从海登海姆前往附近的奥伯科亨工作。俄罗斯人随后也进驻此地，他们和美国人一样意识到了优质镜头和反射镜对武器及间谍系统的重要性，因此洗劫了耶拿的蔡司工厂。自双筒望远镜问世以来，光学行业就被卷入了地缘政治的博弈之中。纵观历史，任何能够揭示敌人意图的工具都具有巨大的战略价值。

蔡司在奥伯科亨迅速重塑了世界顶尖镜头制造商的地位。20世纪80年代初，ASML正在寻找适用其机器的最佳玻璃，蔡司进入了他们的视野。蔡司SMT（Semiconductor Manufacturing Technology）是蔡司的半导体制造部门，后来与ASML合并，只保留了一个名头。

但据斯蒂夫·维特科克回忆，双方当时并非是一拍即合。1984年，这位ASML的首席研究员要出面说服蔡司按照ASML所需的规格制造一种高度专业化的镜头。面对这些不愿合作的德国人，这位负责开发晶圆步进机的科学家要劝说他们相信ASML的能力。他现在回想起来，还是不敢断言到底是开发晶圆步进机难一些，还是说服德国人更难一些。

双方的尖锐交谈充满了相互质疑。维特科克反问道："你们玻璃的供应商真的足够好吗？"维特科克向蔡司提出了请求，需要看到镜头的具体设计，以便校准机器，获得最佳成像效果。但却遭到了蔡司的拒绝："那是我们的机密。"双方缺乏相互信任，彼此间需要时间来互相了解。

ASML在随后几年的成功也让两家公司之间的相互依赖关系日益加深。但在双方相处的过程中仍然有一些矛盾。蔡司的运作模式无法应对芯片市场的多变性。镜头生产需要数月的手工测量、抛光和重新测量，这需要时间和无尽的耐心，而布拉班特的工程师们显然缺乏这种耐心。

最初的时候，员工们频繁往返于费尔德霍芬和奥伯科亨之间，不间断地进行协商谈判、电话沟通，甚至经常在深夜奔波于两地之间。幸运的是，这儿有一家不错的酒店。ASML的员工喜欢住在附近乌尔特科亨（Unterkochen）的达斯格尔登拉姆酒店（Das Goldene Lamm）。附近的一个有着400年历史的酿酒厂成为了他们与蔡司的同事们共饮啤酒、共进晚餐的好地方。渐渐地，他们深入地了解了彼此的工作内容。

然而，靠几杯啤酒就想消解分歧是远远不够的。荷兰人的直率撼动不了德国人对严谨和等级制度的追求，蔡司公司的生产节奏也与半导体行业的动态特性完全不一致。再加上马丁·范登布林克的火暴脾气，双方的冲突一触即发。

在奥伯科亨举行的第一次会议上，范登布林克的性格如此直接和激烈，让沉稳安静的镜头专家们目瞪口呆。斯蒂夫·维特科克就以一个中间人的身份代表"强硬而多变"的范登布林克与他们协调。维特科克回忆道："对德国人来说，我在场是件好事，因为我更具社交能力。看到ASML里有一些比较可敬的人，他们会比较包容马丁鲁莽的行为。那时我们被他们称为范登布林克先生和维特科克博士。最后，不管怎么样，我都会给他救场。"

第二篇 光刻机的领头人

深吸一口海边的清新空气，就能激发许多新的想法。

这是 1989 年的春天。在这一年，铁幕即将落下。正值周末，ASML 的领导层在瓦登海（Wadden Sea）划船。船刚驶出荷兰北部的哈林根港，一阵猛烈的逆风把他们的船吹回到第一个浮标，直接把他们送回到了起点。面对此情此景，他们都尽量避免进行过多的猜想和过度解读。

领导层成员们在船舱内重新聚首，一起等待大风停下来，并在此讨论了 ASML 危急的处境。ASML 希望能够超越日本，而如果要在市场领导者尼康的帆船上掀起风暴，就必须有所改变。到目前为止，ASML 只为美光科技、AMD 和台积电等处于市场中高端的芯片制造商供货，且销售额依然很低，任何危机对他们来说都可能是致命一击。要想赢得像摩托罗拉、英特尔或 IBM 等大公司的青睐，就必须展现能让人耳目一新的东西。而 ASML 现有的技术不足以引起这些大公司的兴趣。销售总监迪克·奥雷里奥（Dick Aurelio）深知这一点，所以，在船舱内，他向领导层提出了这样一个问题："我们有没有什么办法可以超越日本，脱颖而出？"

他们可能还不知道，但风向已经悄然改变了——一位叫马丁·范登布林克的年轻工程师兼项目负责人一直在研究新东西。

给产品取一个有记忆点的名字向来不是 ASML 的强项。在外人看来，这些名字不过是数字和字母的随意组合。但如果有哪个设备值得人们记住，那肯定就是 PAS 5500。这台光刻机最终成了 ASML 的救命稻草，为这家濒临破产边缘的公司带来一线生机。时至今日，30 多年后的今天，PAS 5500 仍在运营使用，它依然在制造芯片。

这些光刻机是业内第一批采用模块化设计的机器。这些部件被分成大约十个组件,每个组件都是独立制造的,像拼图一样在工厂中组装,最后形成一个完整的工作系统。镜头、晶圆台、掩膜框架、光源、拾取晶圆的机器人,都如同乐高积木,当你把它们组合在一起时,就形成了一套光刻系统。

单个模块是串联生产的,因此可以更方便地升级单个设计和随意更换组件。这样,你购买完机器不是终点,因为机器的每个部分都可以不断改进。就像给你的汽车换上一个更强大的新引擎,而不是花钱再买一辆新车。

1991年春天,ASML开始制造PAS 5500的原型机。在此期间,IBM一直在密切关注他们。这家来自美国的大公司不敢盲目相信ASML这个名不见经传的荷兰公司,因此每两个月就派一个代表团到费尔德霍芬查看进度。到了2月,这台机器的设计师马丁·范登布林克召集了他的团队,为IBM即将进行的最后一轮检查做准备。他们的计划是由十个项目负责人来展示他们的模块,然后一个团队将它们现场组装起来。如此一来,一台PAS 5500就可以开始生产晶圆了。

但就在检查的前三天,IBM打来了电话。海湾战争迫在眉睫,"沙漠风暴行动"宣布后,美国公司禁止其员工乘坐国际航班。范登布林克察觉到了事态的发展方向,IBM会采取保守策略,继续与他们的日本竞争对手合作,让ASML的项目蒙尘。

他不想让这样的情况发生。就在那个周末,他拍摄了费尔德霍芬的公司视频,并带着整个团队前往IBM位于纽约费什基尔的工厂,为挽救协议做最后的努力。如果IBM不能来荷兰,那马丁就从荷兰把项目带给他们——毕竟,荷兰人不受美国飞行禁令的影响。这一举动大获成功,视频足以赢得"蓝色巨人"（IBM 也被称为"蓝色巨人"）的信任。ASML 签下了第一位大客户。

然而，ASML 在 1991 年和 1992 年遭遇了一场财政危机。公司仅售出了 36 台光刻机，远不足以抵消 PAS 5500 不断上升的开发成本。在范登布林克的推动下，项目团队花费的钱远超 ASML 的承受能力。此时，他已经以不畏冲突而闻名，甚至主动寻求冲突，这是他让人们保持警惕的方式。正如他的前同事尼科·赫尔曼斯（Nico Hermans）所说："马丁非常独特，有时甚至有点自闭。但如果你赢得了他的信任，他就能引领你成就非凡的事业。"

8. 移山之志

马丁·范登布林克从导游的手中抢过了话筒。他后来再回想这一行为，感觉自己当时确实比较激动，毕竟他对这个地方非常熟悉，也认为有些故事必须要讲出来。这是 2021 年，马丁与一群经理正在参观飞利浦位于埃因霍温的公司旧址。马丁手握麦克风，将自己的故事娓娓道来。他指着一张长椅，回忆起 1983 年 11 月到飞利浦公司应聘时的情景。"飞利浦以前会让应聘者坐出租车到公司门口，这样你会对面试更加重视，"马丁说道，"但我不喜欢这样。所以我告诉飞利浦：'你们就在这儿自娱自乐吧，我还要忙别的事。'就在那时，维姆·特鲁斯特给我看了本宣传小册子，上面写着：'我们要成立一家做光刻技术的新公司，而且这个新公司不会再冠以飞利浦的名号。'我一看到这句话，心里就知道：就是它了，我们要做的就是这个。一切就这样开始了。"

马丁的这一时冲动开启了他在 ASML 漫长的职业生涯。任职期间，马丁作为一名才华横溢的工程师和颇具影响力的项目经理，迅速在 1995 年晋升为技术副总裁。1999 年，他加入董事会，同时兼任市场部主管。14 年后，他正式成为总裁兼首席技术官。从那时起，他对 ASML 所创造或推向市场的一切产品具有最终决定权。

马丁·范登布林克出生于 1957 年，在格尔德兰（Gelderland）的小村庄本内科姆（Bennekom）长大。马丁的家庭和这个地区有着深厚的渊源：

他的父母出生于费吕韦地区（Veluwe）的农民家庭，在本内科姆附近的费嫩达尔（Veenendaal）长大。费吕韦风景优美，充满着大自然的气息。由于宗教分裂，这里遍布着各种宗教的教堂。本内科姆处于荷兰"圣经带"的中心地带，这里的圣经带主要由保守的基督教社群组成。如果你周日到这里来拜访参观，几乎找不到营业的商店。

马丁的父亲在他九岁时因心脏病去世，母亲信奉改革宗，也让孩子们从小信奉它。马丁、他的姐姐和两个弟弟从小就被牧师告知，只有上帝选中的少数人才能获得救赎。但马丁有不同的想法，他觉得这种思想可能会带来负担和悲伤。10岁的马丁在一次家访中对到来的长辈们说："我讨厌这样，我受不了在教堂里长时间地做礼拜。"这番话让长辈们吃了一惊。

相反，马丁在科技中找到了安慰。他从小就对事物的工作原理充满好奇。他会在母亲节给妈妈买各种各样的东西，例如钟表、电子打火机等，这正是每个母亲都想要的礼物。只要妈妈不在家，马丁就会把这些设备摊在桌子上，拿出各种工具，准备好伸出改造这些工具的"命运之手"以及"跃跃欲试"的螺丝刀。他一边想，一边果断地把螺丝刀插进了设备中。他只是想知道这些东西是如何组装的，毕竟这是他用自己攒的钱买的。

对这个好奇的男孩来说，上学是件困难的事。马丁患有阅读障碍症，在那个针对特殊学生的帮助甚少的年代，他自己另辟蹊径，在3个不同的工程学校就读。这是一条漫长的路，每一步都让他离家越来越远。他先是去了埃德镇（Ede）的一所技术中学，然后在阿培尔顿（Apeldoorn）的一所技术学院学习电子技术。最后，年轻的马丁在阿纳姆（Arnhem）的一所高等学校学习工程和技术。在这里，他专攻电力电子，获得了学习控制工业电机和系统的机会。他在撰写毕业论文的过程中不断磨炼自己，成功编写了一款优化软件，完成了一个连他的导师都难以攻克的复杂项目。这种高度的抽象思维令他着迷。虽然马丁后来在特文特大学（University of Twente）获得了物理学学位，但是他对电力电子的兴趣远胜于对物理学的学习热情。

学生时代，马丁对探究能量传输几乎到了痴迷的程度，他也因此专攻区域供热。这一领域似乎与光刻世界毫不沾边。但当维姆·特鲁斯特向他展示全新的 PAS 2000 宣传册时，瞬间激起了他的好奇。他与生俱来的那种探索欲再次袭来，PAS 2000 是一台让他想一探究竟的机器。

当马丁决定前往荷兰南部的 ASML 工作时，他的母亲一再确认他是否真的要离开。对母亲来说，离开这里，过了河，就相当于去了另一个世界。但马丁心意已决。费尔德霍芬的机器之光为这位年轻人照亮了一条新的道路。

斯蒂夫·维特科克一见到马丁，就知道自己找到了一个特别的人才。站在他面前的是一位精力充沛、热情洋溢且年仅 27 岁的物理学人才，还精通电子学和数学。他还能要求什么呢？但维特科克很快发现，马丁说话和做事都直来直去，只要认定有人胡说八道或者拐弯抹角，他就随时可能爆发。跟他接触不久，你就能知道马丁究竟都在想些什么。

在马丁看来，工程设计就是解决问题，而不是回避问题。做好工作意味着主动去发现问题，以便及时处理，避免日后造成更严重的问题。从这个角度看，他确实很适合当物理学家。无论是物理学还是工程学，首要任务都是找出事情成功或失败的原因，就算要提出一些得罪人的问题或是打破常规，也必须去做。一切问题都可以提出来，比如为什么是这样的数值？为什么不能把它放大两倍或者是缩小一半？

在技术讨论中，马丁会努力寻找每个论点的破绽。他还能敏锐地察觉到别人在转移话题，不管是当着同事、客户还是供应商的面，他都会毫不犹豫地直面对方，撬开对方的话匣子。如果你觉得自己有独到的见解，完全可以直接提出来。但如果马丁觉得不妥，你就得做好被拒绝的心理准备。马丁习惯于到处挑战，而这种大胆和无情的态度也成为了ASML的支柱。

维特科克将这个不羁的年轻人纳入麾下，一段亦父亦友的情谊也由此开始。斯蒂夫看得出，父亲的早逝让马丁从小就自立自强，而太过独立有时甚至会给他自己造成不利的影响。他们一起经常参加在加利福尼亚州举行的国际光学与光子学学会（SPIE, the Society of Photographic Instrumentation Engineers (or SPIE) conference），这是来自世界各地的光刻机公司展示其最新研发成果的国际性会议。荷兰人在会议上非常引人注目，经常穿着五颜六色的西装，在一众灰蓝色西装的海洋中鲜艳夺目。马丁也不例外，他从不觉得橙色裤子或鲜绿色领带用来搭配西装有何不妥。最初是由维特科克负责主讲演示，直到有一年，他把这个任务交给了马丁。面对满屋的潜在客户，马丁依然我行我素，直接而又坦率地回答每个问题。

ASML的商业负责人大发雷霆："这个家伙不能再来做演示主讲，他所做的一切都是在侮辱我们的客户。"而马丁则对自己被视为"愣头青"而感到恼火。他们没有把这个荷兰新人放在眼里。

随着时间的推移，维特科克帮助马丁成长了起来，他也逐渐告诉马丁：生活中还有比技术更重要的东西。他可以去享受工作之余的美好时光，比如参加会议的社交活动、晚宴，或是忙碌一天后小酌的一两杯红酒。"马丁看到了我在工作之外也有自己的生活，有自己的家庭，还有我从中所获得的快乐。这对马丁来说，也许是一个启示。"

在 SPIE 会议结束的那一周，他们通常会去拜访美国的芯片制造商，周末则空出时间去爱达荷州或太浩湖（Lake Tahoe）滑雪。站在黑钻滑道的顶端，他们总是会想自己到底敢不敢滑下去，甚至滑下去后能不能活下来，然后才鼓起勇气冲下冰雪覆盖的斜坡。

维特科克认为，马丁和 ASML 都非常适合冒险。"创业初期，我们背水一战。对 ASML 来说，成败在此一举。而在那些艰难的时刻，我从马丁那里学到：有时必须要严格要求员工，才能取得想要的成果。"

维特科克发现，马丁在滑雪时也展现出同样的动力和决心。当斯蒂夫尊重大自然提供的路径，优雅地顺着斜坡滑行时，年轻的马丁则会全力冲过雪堆。马丁看到自己想走的路时，就算前路是一座大山，也无法阻挡他前进的步伐。

如此坚定的决心也给马丁带来了些小麻烦。他经常在旅途中弄丢登机牌或遗落护照，而他似乎不太在意这些事情，他的心思都放在更重要的事情上。每次旅行都有人追着给他送落下的文件。

有一次，当维特科克和马丁抵达太浩湖附近的酒店时，他们把租来的车停下，准备快速办理入住手续。车门"砰"的一声关上了，但车子还没熄火，钥匙还插在开关上。这两个优秀的物理学家，对静止的汽车能持续运转多久这一问题产生了兴趣。于是，他们去吃了点东西，就回房间休息了。直到第二天早上，他们发现车一直没熄火，才打电话给租车公司，请人来开车门。

马丁经常沉浸在自己的世界里。外人看来像是心不在焉的行为，其实是他在应对困难的技术问题时所展现出的惊人专注力。不管是几个小时、几天，甚至几年，其专注程度始终如一。

9. 半导体业的"印钞机"

有时，历史也会成为绊脚石。

PAS 5500 虽然大受欢迎，但交付速度却十分缓慢。由于蔡司生产的镜头已经无法满足需求，奥伯科亨的生产遇到了瓶颈，导致越来越多的机器滞留在费尔德霍芬，等待着安装镜头。然而，这次的问题并不是由烦琐的生产过程所致，而是由于德国的动荡。在铁幕倒塌后，蔡司与其位于前东德城市耶拿的姊妹工厂重新合并，陷入了债务困境。当时的 ASML 刚刚开始赚钱，勉强凑足了一笔资金用作贷款来拯救蔡司。债务问题解决后，停滞的机器恢复生产，资金也逐步回流。1993 年，ASML 首次实现盈利，1994 年售出了 100 多台光刻机。2 年后，他们的销量翻了一番。

与此同时，韩国的三星公司注意到了 ASML 的机器，想用 ASML 的设备来生产存储芯片。他们与日本供应商尼康的合作出现了不悦，尼康交付的设备出现了镜头的问题，且拒绝跟进三星的投诉，这让三星深感愤怒。ASML 因此获得了绝佳的机会。然而，说服三星更换供应商并非易事。三星深知自己掌握着主动权，向 ASML 提出了按照详尽的标准清单生产高度专业化设备的要求。然而，ASML 只能提供其工厂出产的机器，没有能力生产客户定制的机器，更不用说达到三星要求的高标准了。

双方在首尔进行谈判，气氛一度十分紧张。由于存储芯片市场竞争异常激烈，利润微薄，一切都要讲求效率，三星丝毫没有妥协让步的意思。

如果光刻机出现故障，任何导致生产延误的责任人，都将面临严重的后果。随后的会议更像是审讯。在 ASML 的人员抵达韩国后，就被没收了护照，接着被带去进行"谈判"。谈判桌上争吵不断，小到粉笔，大到盘子、烟灰缸和咖啡杯，手头的那些东西都成了泄愤的工具。

尽管如此，双方在 1995 年还是达成了协议，这让 ASML 和其他经常出席谈判会议的人都长舒了一口气。现在，ASML 必须扩大规模，以满足三星所提出的需求，但公司主楼周围没有建筑空间了。曾经的送奶工克里斯·范·卡斯特伦（Chris van Kasteren）有着非凡的规划远见，想到了一个解决办法。费尔德霍芬南部的 A67 高速公路两旁的草地归当地农民所有，范·卡斯特伦联系社区人员，成功采购了大面积的草地。有了他提供的土地，ASML 目前有了足够的空间进行扩建。

建筑师罗布·范·阿肯的任务是保障建筑的功能性。最重要的要求是，建筑必须是分开的。这样一来，万一公司陷入困境，就可以将它们拆分出售。可以确定的是，除了 ASML，没有其他人能将这些豪华的建筑设施充分利用起来，包括厚实的减震地板、腾空式的地基和最先进的无尘室。

此时，ASML 总部已不再是那个曾经巍峨耸立的金字塔造型。工程师和系统架构师的数量迅速增加，需要更多的办公空间来容纳现在庞大的开发部门。这些部门是公司的驱动力，是公司跳动的心脏，他们的目标只有一个：要比日本竞争对手更快地开发出新技术，并从他们手中挖走大客户。他们一步步地开始实施计划，主要策略是为芯片制造商"增值"，提供能够以尽可能少的缺陷每小时曝光更多晶圆的工具。光刻技术本质上是一种印刷机，而制造一台理想机器的标准也是如此。只不过，这些机器印刷的不是书籍、纸张或美元钞票，而是芯片。拥有这些机器，你就可以赚取数十亿美元。

ASML的首席执行官威廉·马里斯很喜欢自嘲。他经常在各个会议间来回奔走，感叹如果公司有了真正的管理层，那将会是怎样一番景象。ASML的运作模式完全不像他们生产的机器那样高效，但只要能够保证资金不断流入，没人会真的在意这些。从飞利浦调任到ASML的马里斯，曾是一位顶级网球选手。18岁时，他还是一名机械工程专业的学生，连他自己也没想到，竟然一举拿下了荷兰网球单打冠军，震惊众人。然而，正如马里斯1958年在《电讯报》（*De Telegraaf*）上所说，他觉得自己不会走上竞技体育的道路。拿过冠军后，人们就会一直期待他夺冠，这让"打球的乐趣全都没了"。他认为，如果一件事情不再有乐趣，那就不如不做。

马里斯是一个平易近人的领导者。他把自己的办公室安排在ASML大楼一个不起眼的角落里。相比起孤零零地独占高层，他更喜欢和员工们在一起。在这里，他经常会在公司大厅里闲逛，总是喜欢和大家聊天。马里斯梳着整齐的背头，举止随和，天生就是受人爱戴的推销员。他不喜欢针锋相对，更喜欢先让别人发表意见，然后再冷静地提出自己的想法。如果遇到更为难的情况，他还会向董事会成员征求意见。

这种领导方式非常适合ASML扁平化的管理架构。马里斯在公司内外营造了一种团结的氛围，将那些与ASML一同发展壮大且共担风险的供应商也纳入在内。在与重要供应商蔡司的合作中，他提出了"两家公司，一项业务"的合作原则。无论市场如何波动，他都确保双方的立场不变：我们拥有一个共同的目标，实现目标的最佳途径就是通力合作。

马里斯还成功挽留了想要跳槽的马丁·范登布林克。由于最新的5500

机型的设计耗费了大量预算，马丁没有获得开发新机器的许可。图纸在抽屉里积灰，沮丧的他想要离开 ASML，加入业内的美国瓦里安（Varian）公司，担任首席技术官。如果没有继续创新的自由和资源，他看不到自己和 ASML 的未来。他想："是该走的时候了。"

正当他准备动身前往硅谷时，他决定去拜访前同事弗里茨·范霍特。尽管范霍特在 1992 年 ASML 遭遇危机时就离开了，转而去了一家瑞士公司担任领导职务，但他还是鼓励马丁重新考虑自己的决定：你是否真的能在一家美国公司找到归属感？更何况还要在新的公司重新证明自己的能力。

马丁即将离职的消息在芯片行业内引起了轰动。AMD 将这一消息告诉了马里斯，AMD 问马里斯是否知道自己最重要的技术人员想要离开。惊讶之余，马里斯察觉到了危机感，他立即满足了马丁的要求。马丁最终负责了位于费尔德霍芬的研究与发展部门，并在他的坚持下，ASML 开始建造"扫描光刻机"。很快，这种机器被命名为"步进扫描光刻机"，他们在美国竞争对手珀金埃尔默公司（PerkinElmer）的技术的基础上进行了改进和优化。扫描光刻机利用一束类似于复印机的光束在掩膜上滑动，与此同时，晶圆则朝相反方向移动，从而提高芯片上曝光线条的清晰度。想象一下，一个奥运选手一手拿笔，一手拿纸，在冲刺的同时仍能绘制出高度精确的图画，这些机器的设计初衷就是要跳出高科技的严谨舞步。5500 机型还首次使用了深紫外光（DUV）作为新的光源。维特科克和马丁必须说服蔡司调整他们的镜头设计，甚至提供了具体的规格。这让德国人十分不快，觉得这些咄咄逼人的荷兰人自以为比蔡司的专家还要厉害。

有了深紫外光刻机和扫描光刻机，ASML 终于拥有了能与佳能和尼康一较高下的产品。虽然领先于美国的竞争对手，但要跃居第一还需更多资金。飞利浦的顾问亨克·博特认为，上市是 ASML 的最佳选择。以目前的情况来看，很难引入外部投资，如博特所说："只有当你快破产时，他们才会对你的业务感兴趣。"

1995 年，ASML 在美国纳斯达克和阿姆斯特丹的安银交易所（AEX）上市。为了留住人才，公司向 40 名最有价值的员工发放一定数额的股份，但条件是在公司上市 4 年后才能出售，共有 30 名技术人员和 10 名管理人员拿到了股份。然而，当公司职工委员会发现能拿到股份的主要是高级管理人员时，他们非常愤怒。委员会认为 ASML 的成功应当由所有员工共享，而不是让少数人独享其成。最后，公司决定给那些没有获得股份的人提供一个股票期权方案。

弗里茨·范霍特一直犹豫是否要回到 ASML。显然，现在这个时机不太好。他在 1995 年就与公司进行了协商，但发现自己错过了获得股权的机会。直到 2001 年，应马丁的请求，他才毅然决定回到 ASML，但正如他所说："在我心里，我从未离开过 ASML。"

同年 3 月，公司首次公开募股取得了巨大成功，但庆祝活动却非常低调。几年后，股权可以自由流通出售后，ASML 公司内部突然多了 40 位百万富翁，他们这才真正开始庆祝。他们大多数都将这笔钱用于购置漂亮的住宅，还给全家人换了新车。除此以外，他们并没有大肆挥霍钱财。在 ASML，炫耀财富会被人不齿，只会分散大家对工作的注意力。

如果你在 1995 年向 ASML 投资 1 美元，一直持有到 2024 年，那么你所持有的股份价值将超过你本金的 600 倍（包括股息），很多人就因此一夜暴富。飞利浦在 1995 年后将其在 ASML 的持股减少到 23%。从 2001 年起，又进一步减持了这部分股权。ASML 最初的项目负责人理查德·乔治很快就卖掉了自己的股份，他笑着说："如果我一直持有这些股份，我会多赚近 1 亿美元。真不敢想！"他并没有后悔，而因自己为公司做出了贡献感到自豪。

有些人则没那么幸运了，完全与这个机遇失之交臂。在 1984 年 ASML 成立之初，时任首席运营官的约普·范凯塞尔（Joop van Kessel）可能是最后悔的人。范凯塞尔当时有意拒绝了期权方案，后来他和妻子算了一下，他们错过了约 1000 万欧元的机会。如今，他感叹道："那真是一大笔钱。"但那时的 ASML 还必须满足韩国存储芯片制造商的极高要求，为他们提供完美无瑕的机器。范凯塞尔实在不想调任韩国："40 岁的人比较适合去，像我这样 60 岁的人就没必要去凑热闹了。"虽然代价很大，与巨款擦肩而过，但他从未后悔做出这个决定。

一直以来，一位来自德勤（Deloitte）的年轻会计师一直在协助 ASML 筹备首次公开募股——他就是彼得·温宁克，多年后，他成了 ASML 的掌舵人，代表公司与美国总统乔·拜登握手。

10. 一点即通

"你想让我接替你的位置吗？"

那是1997年，彼得·温宁克和ASML的财务总监杰拉德·韦尔登肖特站在高尔夫球场上。当时，ASML的股价一路飙升，大笔的金钱触手可及。韦尔登肖特手握这笔财富，慎重权衡着自己的选择。

温宁克心里清楚，自己有很大的可能接替财务总监的位置。温宁克被ASML最初的企业文化深深吸引，与之前在会计和咨询行业的经历相比，他在ASML的经历简直就像是来到了另一个世界。在会计师事务所，每个人只关心自己，还会嫉妒其他同事的业务额。温宁克厌倦了如履薄冰，厌倦了那些两面三刀的人。而在ASML，你很可能会在董事会上当面受到责骂，但这绝不是针对你个人的攻击，因为ASML不是只关乎个人或职位，而是为了完成共同的使命。

在这里，温宁克有了像家一样的归属感。虽然他还不太精通技术，但至少学得很快。

彼得·温宁克出生于1957年，在古伊梅尔河畔的小镇赫伊曾（Huizen）长大。从港口就能看到湖对岸的堤坝，那是荷兰通过填海造地新建的第十二个省——弗莱福兰省（Flevoland）的海岸线，这片土地是荷兰人在20世纪60年代在海上修建的。

温宁克在一个天主教大家庭中长大，有六个兄弟姐妹，这也使得他的求学之路并不平坦。温宁克的父亲在飞利浦的赫伊曾分公司工作，主要负责绘制电子电路图，但他更喜欢与土地打交道。父亲娶了一位农民的女儿，工作之余还尽可能地挤时间出来打理花园。他始终无法理解他儿子所处的世界，也无法理解在企业高层工作的意义。"我的朋友们说，你在做一些重要的事情，"他对儿子说。

温宁克从小就被教育要"认清自己的位置"。正如他的祖母所说："生来就是一角钱，永远变不成二角五分。"这句荷兰谚语意指贫穷的人注定一生都是穷人。世界是分层的，有些人注定比其他人的生活更优越。这个简单的道理让他谨记始终要尊重那些在他之上的人。一旦越界，只会无疾而终。这种想法给年轻的温宁克带来了极大的困扰，他陷于过度紧张的情绪中，最终患上了口吃。正如他所说："我总觉得我有更大的使命，我也渴望做出点什么，但也总觉得无论我做什么，都永远无法找到归属感。"

在比瑟姆（Bussum）的高中，彼得在罗布·博伦（Rob Boelen）的数学和会计课上表现出色。博伦是德勤会计师事务所的合伙人，为了逃避兵役才在学校任教。他一眼就看出了这个来自赫伊曾的年轻学生在数学方面的天赋。"我到现在还能清楚地记得，他穿着短裤站在黑板前的样子，"博伦回忆道，"虽然出身并不好，但他学得特别快。"博伦邀请彼得在期末考试结束后加入德勤。彼得先是担任助理，再到合伙人。

彼得喜欢上学，但无奈负担不起学费。最后，他上了夜校，成为了一名注册会计师，并于1977年开始服兵役。与来自各行各业的士兵一起相处，他的眼界更为开阔了，看到了库伊地区以外的世界。温宁克作为一名财务人员，负责管理一支连队的薪资，该连队由200名士兵组成。"我总是有一种责任感，"他后来回忆道，"这贯穿我的一生。"即便是在家里，尽管他排行老二,但每个人都认为他是长子。他很自然地肩负起了责任,还将服兵役的时间延长了 3 个月。

在德勤,温宁克涉足国际商务,这对他来说是个全新的领域。温宁克与博伦一起前往亚利桑那和纽约,对 ASM 美国的报告进行审计。在注册会计师的生活中,晚上是享用美食和与客户高谈阔论的时间。温宁克很快适应了这种生活,内心追求享乐的他也迅速拥抱了这份自由。他流连于美食佳肴,学会了一手好厨艺。他对美酒情有独钟,这从他在高中毕业派对上第一次品尝葡萄酒时就开始了。虽然当时的葡萄酒是从盒子里倒出来的,但年份够久,味道也还不错。温宁克在德勤拿到薪水后,开出的第一张支票是给一家餐厅的,第二张就是给一家酒行的。

博伦将如何当好一个领导的秘诀传授给了温宁克。要让生活更轻松,关键在于授权,身边要有很多比自己更优秀的人。然而,博伦也从温宁克身上学到了与人打交道的诀窍。"彼得十分擅于倾听,我完全是从他那里学会了耐心待人的艺术。我总是觉得要严格待人,相比起来温宁克更具同理心,更松弛。"

尽管温宁克身高 1 米 96,在与德勤的同事们相处时,仍表现出一副需要仰视他们的样子。不管是因为他的成长背景还是困扰他的口吃,公司的等级制度只会让他这种感觉更为强烈。罗布·博伦也注意到了这一点。"他总是坚持称呼我为'博伦先生',我也一直告诉他,'彼得,不必这样称呼我。'"

1994 年底,温宁克听说 ASML 想要上市。ASML 由飞利浦全资所有,所以飞利浦的会计师事务所毕马威(KPMG)一定会主导这次首次公开募股(IPO)。但温宁克嗅到了机会,他抓住时机,用匆忙准备的演示文稿和虚构的员工团队唬住了委员会,为德勤赢得了这次机会。他以前从未处理过 IPO 的工作，也没有准备纳斯达克上市文件的经验。但经过几个月的艰苦努力和运气，1995 年 ASML 首次公开募股获得成功。那一场"虚张声势"以及那一刻他满溢的自信，为他日后的职业生涯奠定了基础。事实证明，一角钱也可以变成二角五分。

罗布·博伦准备让温宁克成为合伙人主席，这是荷兰德勤的最高职位。但在评估审查进行到一半时，温宁克告诉他，自己将加入 ASML。博伦试图劝阻他，但无济于事，温宁克已经做出了决定。"他心意已决，我只能放他走。"

ASML 监事会主席亨克·博特注意到，温宁克这个新上任的财务总监，还是个能与他人迅速建立关系、擅长与客户沟通的人才。新上任的"公关人"温宁克立即投入工作，与马丁·范登布林克以及 ASML 新任首席执行官英国人道格·邓恩（Doug Dunn）一起，与芯片制造商的首席执行官们交谈。要完成任务，就必须结交朋友、倾听意见、赢得信任，这就是交易达成的关键，而这些都是温宁克与生俱来的天赋。威廉·马里斯的继任者邓恩也看到了温宁克的才能："彼得是一个充满创意的商人，我一直知道他最终将会领导 ASML。"

温宁克认为是 ASML 自由的氛围解救了他。在这里，没有人凌驾于他人之上，包括领导层在内，每个人都要承担责任。他甚至不再口吃了。"在 ASML，大家都很谦逊。这不是你自己的事，而是关乎我们所有人都想共同实现的伟大目标。"

尽管如此，在第一年里，他仍然对范登布林克敬而远之，任何人都躲不过范登布林克那咄咄逼人的脾气。温宁克只能说："他真是能把你吓得魂飞魄散。"

11. 道格的铁腕之治

20世纪90年代末，ASML进行了一次换帅。1999年，首席执行官马里斯离职，只留3个月的时间向继任者交接工作。接替马里斯的是来自英国的道格·邓恩，他是飞利浦半导体部门的前负责人，他到这里来的任务是让ASML焕然一新、步入正轨。现在的ASML是一家上市公司，股东们越发关注他们口袋里的钱，他们要的是实实在在的成果。邓恩所要做的就是让公司提高工作效率，否则将无法继续保持公司的发展速度。于是，他与充满斗志的彼得·温宁克一起着手规范公司内部的各类规章制度。

ASML每年生产超过200台光刻机（2000年将激增至368台），这就需要设计师、工厂、采购部门和客户服务部门之间紧密协调。然而，ASML还存在着许多问题，各环节产生的问题仍亟待解决。ASML的项目负责人对成本控制也并不上心，他们只关注如何尽快制造出扫描光刻机以交付给芯片制造商，从未想过要节约成本。

因此，邓恩的首要任务是让这些只管技术的项目负责人看清现状，意识到自己的财务责任。然而，邓恩很快发现，一提到要进行严格的供应商和库存管理时，大家的注意力马上就分散了，眼珠子一转，身子往后一仰，思绪就飘到他们认为更重要的事情上去了。

其实工程师们对这种事情不感兴趣很正常，之所以有这么多人在ASML找到归属感，正是因为他们的价值观与公司的文化相契合。ASML

植根于莱茵模式（Rhenish model），在这种模式中，金钱不是衡量成功的唯一标准，利润往往经过一段时间才能真正显现。在瑞士、德国和法国等采用莱茵模式的国家中，团结一致和精湛技艺历来被认为比光鲜的季度数据更为重要。这就是为什么ASML会在这些国家寻找供应商，为他们提供光刻机最关键的组件，因为他们明白且珍视高科技制造中最重要的东西。然而，随着公司及其价值的增长，一种围绕短期利润和股东满意度的管理风格开始渗透进来，被称为盎格鲁-撒克逊模式（Anglo-Saxon style）。

一个来自英国的首席执行官显然就是这个模式的代表，更何况他还有一个来自苏格兰的得力助手——斯图尔特·麦金托什（Stuart McIntosh）。麦金托什曾担任过飞利浦公司的首席运营官，口音浓重，很多员工一时半会儿反应不过来他是在说英语。麦金托什很快就接管了日常事务，让邓恩能够在一个更高的位置上宏观把控大局。

现在，ASML只能选择适应盎格鲁-撒克逊的工作模式。在威廉·马里斯的领导下，你可以放心地表达不同的意见，甚至是质疑上级。而现在，大家在公司里都必须谨言慎行，这让员工们感到不适。此外，斯蒂夫·维特科克还观察到，道格往往"口无遮拦"，表达方式强硬粗鲁，毫不顾及他人的感受。

道格和斯图尔特在会议上一唱一和，这将员工们越推越远。一次，一名员工在回答难题时，斯图尔特俯身用大家都能听到的音量对道格说："您觉得怎么样，是继续听下去，还是就此打住？"然后又马上转身对那名员工说："如果这就是你全部的实力，那希望顶替你这个职位的人会比你强一些。"

尽管如此，董事会主席亨克·博特对邓恩的严格管理颇为满意。只要这位英国人能掌管财务，马丁·范登布林克就能自由地做他想做的事，公司业绩就有望继续增长。邓恩自己其实也很享受在ASML的时光，尽管他承认自己在ASML任职期间"有点难适应"。过了一段时间后，他才慢慢变得更为圆滑。

那些与邓恩共事过的人都表示，一点点小事就可以惹恼邓恩。即便邓恩的管理如此严格，他也未能阻止公司陷入危机。2001年1月，公司彼时的问题还不算大。尽管有迹象表明公司业绩将出现轻微下滑，但年度报告仍然十分乐观。官方计划估计需要生产500台光刻机以满足市场需求，但ASML内部估计，他们可以生产并售出七八百台光刻机，几乎是前一年的2倍。

突然之间，市场崩溃了。互联网泡沫早在2000年3月就已破灭，但现在互联网公司开始将整个科技行业拖入衰退。这种情况随后波及了芯片制造商及其供应商，乃至整个供应链都深受影响。整个生产链陷入停滞。

ASML原计划销售700台机器，但最终仅卖出了197台。账本上记满了价值数亿欧元的过剩库存，芯片制造商每天都在取消订单。从账面上看，公司已经破产了，必须采取激进的成本削减措施。邓恩曾在这个时候对一位分析师坦言："我们正处于自由落体状态，老实说，我看不到底，不知道结局会怎样。"

盎格鲁-撒克逊精神被激发了出来。邓恩以强硬的手段应对这次危机，他迅速履行了采购义务，保障ASML在订单减少时，供应商不会有太大的损失。邓恩向供应商们强调："这个行业就是这样，我们都要习惯。大家都知道，每5年就会经历一次经济衰退，你们要像ASML一样灵活应对。今年订单翻倍了，明年也许就会减半。如果不顺时而动，就注定会被淘汰。"

邓恩把这种方法叫作"拍桌子",而邓恩有把桌子拍穿的本事。

哈里·范霍特自 1984 年以来一直通过他的公司 VHE 为 ASML 供货。当他的营业额从 3000 万欧元骤降至 1200 万欧元,他遇到了麻烦。他已经裁了 100 个员工,库存损失了数百万欧元,家族企业濒临倒闭,银行也盯上了他。范霍特走进 ASML 采购部门的办公室,把他们的协议扔在桌上,下了最后通牒,ASML 必须按合同继续采购货品并支付费用。ASML 的采购员看了一眼,就把合同从桌上扫了下去,回答道:"要么 ASML 破产,要么供应商破产。"

最终,VHE 破产了。幸运的是,范霍特早有计划。周三下午刚宣布破产,周五他就已经重新开始为 ASML 供货了。

ASML 与蔡司的关系也因订单数量骤减而恶化了。但在邓恩看来,蔡司这次只能忍着了。"在这个世界上,你必须紧盯目标,提前生产出那么多东西毫无意义。等你生产完了,芯片制造商又会想要别的东西了。"

果然,在短暂的冲突后,ASML 紧接着就让蔡司为下一次技术飞跃做准备,包括引进新材料、增加员工和扩大产能。但蔡司不愿意为了这样一个捉摸不定、粗鲁无礼的客户再冒更大的风险。

ASML 首席运营官麦金托什对蔡司的批评毫不留情。在对蔡司的新工厂和洁净室进行了一次 VIP 参观后,这位不近人情的苏格兰人在上车前做出了最后的评价:"这一切看起来不错,你们一定很自豪。但归根结底,你们是个糟糕的供应商,无法满足我们的要求。"

在奥伯科亨,邓恩和马丁结束会议后离开了蔡司大楼,踏上了返回费尔德霍芬的漫长旅程。连一向在会议室中声音最大的马丁也觉得这位首席执行官有点过激了:"道格,你给他们施加的压力太大了。我们需要蔡司,他们已经尽力了。"

道格知道与蔡司的合作关系对公司的未来至关重要,他自己也承认过这一点。"马丁正在解决蔡司低效率的问题,而我则将这些问题放大了。"但有些原则永远不会改变:道格时刻准备着为公司利益而战。

一上高速公路,他们就猛踩油门,加足了马力。在漫长的5个小时的车程后,他们回到了布拉班特。

12. 收购风云

2001年10月16日星期二，也就是纽约世贸双塔遇袭1个月后，ASML宣布进入紧急状态。新闻直截了当地指出："由于半导体行业持续的危机，ASML公司宣布将裁减全球23%的员工，共计2000人。"

做出这个决定的时机不太对，但也事出有因。道格·邓恩刚刚收购了美国的竞争对手硅谷集团（SVG, Silicon Valley Group），这也使得ASML的员工人数一夜之间翻了一番，达到了约8000人，但其中将近四分之一的员工要被裁掉。邓恩又把目光投向了英特尔，这是SVG仅存的大客户。他认为，只要有美国总统的支持，ASML就能以最快的速度占领市场。这是ASML第一次被世界政治的风云变幻所左右。

2000年，邓恩在为当时的美国总统候选人乔治·W. 布什举办的一次筹款活动中遇到了英特尔首席执行官克雷格·巴雷特（Craig Barrett）。当布什忙于向选民宣讲他"富有同情心的保守主义"时，巴雷特向邓恩透露，英特尔正面临着一个问题。英特尔依赖尼康和SVG供货，并在其工厂中使用这两家光刻公司的机器。然而，他也看到了台湾芯片制造商台积电使用ASML设备所取得的成功。由于SVG的新技术未能成功落地，巴雷特决定尝试ASML的机器。

然而，英特尔面临着巨大的压力，他们要尽力让SVG继续运转下去。英特尔的工厂里正运行着大约200台SVG的机器，一旦SVG倒闭，英特尔的工厂也会相应出现严重的问题。此外,这也意味着光刻技术在美国的终结。这触及了美国的敏感神经——这个超级大国不愿意放弃使用本土自产设备来生产芯片。

巴雷特找到了能够解决这个问题的人:道格·邓恩。他知道ASML已经在与SVG谈判,因此他鼓励邓恩收购SVG。这样,至少能保证美国的光刻技术还可以掌握在西方人手中,英特尔也可以利用ASML的机器,还保证了现有机器的连续性。反过来,ASML也终于圆梦,一跃成为市场领导者。这是一件三赢的好事。

2000年10月,ASML宣布以16亿美元收购SVG,并以股票支付。然而,要想完成交易,必须获得美国外国投资委员会(CFIUS, Committee on Foreign Investment in the United States)的批准。该委员会负责评估外国公司收购美国关键技术的风险。就这样,ASML与美国的政策制定者正面交锋,经济逻辑与国家安全相互竞争。这样的对决很难分出胜负,正如道格·邓恩所说:"现实和政治水火不容。"

2000年年底,邓恩正在西班牙的度假屋中休息,突然听到电话铃响了。他被投资委员会传唤了,委员会将于周一在五角大楼二楼的小房间里召开会议。邓恩匆匆忙忙地赶到,一进门就立即向委员会成员道歉。他是直接从机场赶来的,没有时间换衣服,还穿着休闲的度假服装。

彼得·温宁克也参与了这次会议。鉴于SVG收购案引发的政治反应,五角大楼的委员会对ASML的代表们进行了严厉的审查。现在轮到邓恩了。

SVG由多个子公司构成,每个公司都需要深入评估,并提出潜在的问题。评估发现,阻碍收购的因素有两个:一个是SVG旗下有一家为军事应用和间谍卫星生产抛光镜头的公司，名叫廷斯利实验室（Tinsley Laboratories）；另一个是，SVG持有一种尚未开发的光刻技术的许可证，该技术可以使用波长更窄的光，即所谓的极紫外光（EUV）。

一群说客听到风声后都跑去劝说政府机构，认为将SVG继续留在美国事关国家安全。英特尔和半导体产业协会（SIA，Semiconductor Industry Association）的游说团体则持反对意见。他们认为，这次收购对于推进光刻技术十分重要，这完全符合美国的利益。

这场收购持续了数月，反对收购的各方不遗余力地诋毁ASML。任何隐藏起来的蛛丝马迹都被挖了出来，成为舆论的焦点，毫无隐私和秘密可言，ASML监事会主席亨克·博特也无法幸免。博特被曝出是代夫特仪器公司（Delft Instruments）的董事会成员，这家公司曾在第一次海湾战争期间向伊拉克提供了违禁夜视设备。不过，博特是在这件事情发生的几年后才加入该公司的，所以也就不了了之了。

其中一个反对收购的优特公司（Ultratech），不仅是ASML的竞争对手，还与ASML有着专利纠纷。然而，最反对的是前SVG首席执行官爱德华·多林（Edward Dohring）。他担心美国会失去关键的光刻技术，而与美国敌对的国家如果获得这些技术，就能制造出速度更快的芯片。2001年4月，当时还没有YouTube，美国国会议员们收到了一盘录像带，上面的标题清晰明了：出售SVG公司对美国有哪些不利。美国国防部和商务部收到了650份录像带，连刚刚宣誓就任美国第43任总统的乔治·沃克·布什也收到了1个录像带。毕竟，他掌握着SVG收购案的最终决定权。布什要求延长2周的时间，让他再斟酌考虑一下。

与此同时，荷兰方面也越来越不耐烦。冷战结束，全球化在稳步发展，他们不理解为什么美国对于一个如此简单的收购案如此兴师动众。荷兰经济事务部部长安娜玛丽·约里茨玛（Annemarie Jorritsma）气愤地找到美国大使，要求尽快解决问题。荷兰经济事务部的部门发言人在国家报纸《新鹿特丹商报》中称："部长明确传达了她的愤怒。"

就以往的经验来看，道格·邓恩对此嗤之以鼻："没有人能给美国施加压力。一旦他们认定是国家安全问题，一切就结束了。"任何荷兰政客的言辞都无足轻重，更别说让乔治·布什改变主意了。

2001年5月底，收购终于获批。促成这笔收购的不是约里茨玛的不满，也不是布什的同情心，而是英特尔的支持，英特尔与美国国防部关系紧密，由此才推动了收购的进程。ASML遵守了委员会的要求，将涉及军事敏感性的公司出售给了美国，包括廷斯利实验室。

ASML又一次处在了类似被审讯的境地。在和委员会的谈判中，来自美国所有相关部门的15名专家会面对邓恩和温宁克进行数小时高度紧张的轰炸式交叉审问。第二次会议结束后，邓恩就已经晕头转向了。他径直走出了五角大楼，连自己放在衣帽间的皮大衣都忘了拿，在去机场的路上才想起来。他尴尬地打电话到五角大楼，询问他们能否把大衣寄给他。

但美国政府部门的效率实在低下。过了快2年，就在邓恩即将辞去ASML的职务前，装有他皮大衣的包裹才寄到，附带着一张五角大楼的问候卡，也算是ASML与美国交锋中意外收获的纪念品。"这可能装了窃听器，"邓恩咧嘴笑道。收购SVG后，ASML拿下了英特尔这个客户。然而，美国的拖延导致这场收购最终在互联网泡沫危机中完成。一年内，公司的股价和收入直线腰斩，投资者们纷纷要求公司采取补救措施。到2001年底，公司裁撤了约1100名员工，许多ASML的员工不理解为什么公司要在互联网泡沫中揽下 SVG 的烂摊子。英特尔迟早会与 ASML 合作，这次的收购只是加速了合作进程，并没有其他实质性的成果。在他们看来，邓恩收购了一个濒临倒闭、只生产"旧垃圾"的竞争对手，带来了不必要的麻烦。

大西洋彼岸，随收购而来的美国员工也充满了疑问：这些荷兰人为何如此趾高气扬？费尔德霍芬又在世界的哪个角落？

SVG 在威尔顿有一家分公司，坐落在康涅狄格州的森林中。虽然不太起眼，但这个地方书写了光刻历史上的重要篇章。威尔顿曾是珀金埃尔默公司的所在地，这家公司在 20 世纪 80 年代初对飞利浦的晶圆步进机产生了兴趣。早在二战时期，珀金埃尔默公司就开始生产先进的镜头。20 世纪 60 年代末，美国国防部委托该公司设计光刻机，用于生产军用芯片。哈勃空间望远镜的镜头也出自该公司之手，但在发射后，NASA 发现望远镜无法正确对焦，必须进行升级，珀金埃尔默公司因此赔了数百万美元。最后，该公司的光刻技术逐步落后，被后来居上的 SVG 赶超。

道格·邓恩的注意力一直在英特尔上，认为 SVG 和其他同类型公司相比，并没有什么特别之处。然而，SVG 威尔顿分公司的专业实力却不容小觑，他们制造了由透镜和反射镜复杂组合而成的折射透镜，还生产出了涂胶显影剂，可以将光敏层涂敷于晶圆上。

但 ASML 对这些完全不感兴趣，他们希望专注于生产光刻机，这是芯片工厂中最昂贵的设备。因此，2001 年 11 月，ASML 将 SVG 的大量技术认定为多余的，要求他们停止对这些技术的开发。这在威尔顿引起了轩然大波。"我研究了 20 年的东西突然就一文不值了，"SVG 里备受尊敬的研究员克里斯托弗·梅森（Christopher Mason）回忆道。从前，梅森在工作中常常开拓创新，也因此广受赞誉，但他现在突然觉得自己完全是多余的。多年之后，他才终于理解了ASML的做法。

为了调和两家公司员工之间的矛盾，ASML推出了一本全彩员工杂志《光谱》（*Spectrum*）。杂志第2期刊载了马丁·范登布林克的采访，他后来成了董事会成员。在采访中，范登布林克一如既往地谈到芯片行业所需的速度和冒险精神，但他知道还有其他棘手问题亟待解决，比如如何将两个光刻程序、甚至是两群固执且相互敌对的工程师，完美地融合在一起。

采访的封面是范登布林克，他身着西部牛仔服装，与一匹叫"哈里"的马合影的照片。内页里展示着他从镜头前飞驰而过的动态照片，暗示着每个ASML员工的内心都有一个牛仔，而马丁已经在他的专业技能上策马扬鞭了。

封面上的马与它的前主人同名。为了方便记忆，马丁喜欢给他的马起和它前主人一样的名字。但拍摄的结果让他不太满意，他觉得这些与"哈里"的合影会错误地将他置于高位，人们可能会误以为ASML是以他为中心的，或者更糟糕：让他误以为自己是ASML的核心。

13. ASML 的两大摇钱树

2001 年左右,芯片业面临着一个重要抉择:光刻机的下一代波长该定为多少?芯片工厂希望能够将波长缩小到 100 纳米(即百万分之一毫米)以下,波长越小,打印出的芯片结构就越精细。目前的技术刻出的线宽还不够小,因此仍需不断探索努力,以达到目标。

ASML 每次成功减小光刻机的波长,都伴随着对刻印线条分辨率的调整。这意味着要改进新机器中的镜头,每一个流程都需要更大的光圈,这种物理现象可以用瑞利公式(Rayleigh formula)来解释,业内的所有技术人员对此非常熟悉。只要在成像中看到了机器镜头的边界,就需要更换新的光源,可以理解为变换光源的颜色。然而,人是无法通过肉眼看出光源颜色变换的,因为目前人眼只能看到 400 到 750 纳米(或紫色到红色的光谱范围)范围内的彩虹色光波。

20 世纪 90 年代,ASML 用能够产生深紫外光的激光器替代了最小波长为 365 纳米的汞灯。深紫外光最初的波长是 248 纳米,最终缩小到了 193 纳米。波长 193 纳米的光刻机已经无法满足芯片业的需求,他们需要更为精细的光刻机。于是,他们提出了一个新的要求:157 纳米。ASML 与蔡司一起投资研究这项新技术,但能达到 157 纳米的镜头非常昂贵。2003 年,由于预期利润不足,英特尔选择退出,其他芯片工厂也随之放弃。

这对 ASML 是一个沉重打击。这意味着他们投在研究上的巨额资金以及为此所做的大量准备都付诸东流了。但他们没有沉溺于惋惜中，而是加紧研究更有前景的技术。尽管如此，为了满足欧洲补贴的要求，他们还是向 IMEC 寄送了一台波长 157 纳米的试验机。这台设备根本无法投入生产，也无法使用。

这次失败是一次代价高昂的教训。芯片制造商为这批机器支付了 3 亿欧元的首付款，但由于市场不景气，机器迟迟未能交付，ASML 不情不愿地退还了这笔款项。但从此也吸取了教训：今后，在努力实现技术飞跃时，必须确保客户也承担一定的风险。每一方都应该参与其中，共担风险。

事实证明，157 纳米是一个不可能达到的数字。然而，有一种光源的波长更短，仅为 13.5 纳米，那就是极紫外光（EUV）。要想利用这种光源，业界还需要艰苦地研究多年。在此期间，芯片业需要从其他地方入手，让摩尔定律在半导体行业继续延续下去。幸运的是，答案一直都隐藏在这些荷兰工程师的生活中——水。

17 世纪，荷兰数学家维勒布罗德·斯内利厄斯（Willebrord Snellius）研究了光线在穿过不同材料时的折射，并推导出著名的斯涅尔定律（Snell's Law）。后来这一定律由他的同胞、理论物理和光学的先驱克里斯蒂安·惠更斯（Christiaan Huygens）发表。时至今日，他们的著作仍是每位工程师的必读之书。

这一研究所带来的进步十分显著。在镜头和晶圆之间保留一层薄薄的纯净水，就可以达到与增加光圈相同的效果。这让工程师们突破了 193 纳米的技术极限，且整个过程无须更换光源。

你可以亲身体验一下：在浅水池中弯腰，看向自己的双腿。水面的折射会使光线发生变化，让你的腿看起来短了许多，脚就显得离你更近了。这种日常现象正是 ASML 实现技术飞跃的基础。在镜头和晶圆之间加水后，光刻机能够打印出更精细的芯片，这种技术被称为浸没式光刻。

然而，实现这一技术还需要另一种光学技术，要将透明透镜和反射镜结合起来。这项任务落在了蔡司的肩上，蔡司开始为 ASML 构建这样的光学镜组。要达到理想的效果，只需要少量的水，最多不超过一个小杯子的底部。然而，这个水层必须在快速来回移动的晶圆上保持完全静止。只要试过在跑步时保持端着满满一杯水稳定而不洒出来的人都知道这有多么困难。

2001年，弗里茨·范霍特回到公司时，发现工程师们完全不知道如何处理被水浸湿的晶圆，他说："我们实在想不到任何可行的方案。台积电迫切地希望能够利用浸没光刻技术，在晶圆边缘上建造一个凸起的唇缘，以防止水在光刻过程中溢出。但这是完全不可能的。"

最终，ASML 找到了突破口，他们在镜头下放置了一个"微型泳池"。有了它，就避免了将整个晶圆浸入水中，只需将需要曝光的部分保持在水中即可。然后营造一个环形气流持续吹过晶圆表面，以保持"微型泳池"的稳定。

这一方案的实施要求极高，需要镜头和水之间不能有任何空气。此外，水层的深度必须始终精确一致，这一点也很难实现，因为镜头是自然弯曲的，而不是平的，所以控制起来非常困难。过去，ASML 和蔡司的工程师曾将光学系统中的最后一个透镜压平，以便检查晶圆的对齐情况。尽管已经不需要这一功能，却一直保留在光刻机的设计中，这种意外被保留的设计在浸没光刻技术的应用中展现了极大的价值。

第一台浸没式光刻机于2004年上市,迅速超越了日本的竞争对手。另一项突破性发明,双晶圆平台系统TwinScan的问世,进一步扩大了荷兰的市场份额。TwinScan能够同时进行对齐测量和曝光,实现高度复杂的多任务处理,为芯片工厂节省了宝贵的时间。

其工作原理是这样的:在硅层上打印新图案之前,必须先测量晶圆。测量的数据用于在曝光前对齐晶圆,以便新的晶圆层能准确地落在之前的图案上。虽然这已经很难了,但更大的问题是晶圆在烘炉中必须能够承受高温,这可能会导致晶圆变形,如同薯片一般。肉眼看上去完全平整的晶圆,在显微镜下却形同崎岖不平的山路。

因此,在进行任何测量之前,都要小心地将晶圆吸附到位,以保证晶圆表面的平整。传感器会记录下剩余的偏差,绘制出详细的表面三维图,包括所有的波峰和波谷。然后,光刻机会利用这张三维图,在曝光过程中调整焦平面,补偿偏差,在整个晶圆表面均匀地打印出清晰的芯片图像。这就像相机的自动对焦,在微小的距离和深度上快速修正图像。

浸没技术和TwinScan配合完美。三维图的制作最好是在干燥的晶片上进行,而使用TwinScan,就可以在进行湿法曝光的同时,开始测量下一片干燥的晶圆。这就像洗碗时多了一双手帮忙。

TwinScan的工作台由大功率电机驱动,能够瞬间进行加减速。但要同时控制TwinScan的2个工作台却比想象的要复杂得多。ASML在2000年交付的第一台TwinScan时只配备了一个晶圆台,又过了一段时间才配齐双晶圆台。

为此,ASML给它起了一个高级的名字:TwinScan独家版。ASML知道，尽管 TwinScan 独家版"单腿跛行"进入市场，还是会有人心甘情愿为它买单。这个新款的光刻机能够曝光直径为 300 毫米的晶圆，相当于 1 张黑胶唱片的大小。这与 200 毫米的行业基准相比确实有了显著提高，可以生产更多芯片，就像 1 张专辑比单曲能容纳更多的歌曲一样。

ASML 再次采取了"先交付，后改进"的策略。这对芯片工厂也很有利，它们可以先于竞争对手尝试生产最先进、最赚钱的芯片。ASML 也乐意为之，提前交付机器也是将自己的竞争对手挡在芯片厂门外的最佳方式。正如马丁·范登布林克所说："如果我们等到机器完美就绪后再行动，那就已经落后了。"

这种策略收效颇佳。ASML 凭借浸没光刻技术和 TwinScan，赢得了宝贵的市场份额，把佳能和尼康甩在了后面。同时，公司已经为未来 EUV 光刻机的研究投入了大量资金，目前还没有收益。荷兰工程师们希望，有了浸没光刻技术和 TwinScan 这两大摇钱树，公司能在市场竞争中依然稳健发展。

14. 日本的致命回击

远远就能看出 ASML 总部的变化。一座新的总部大楼在费尔德霍芬拔地而起，这座黑绿相间的塔楼高达 83 米，直入云霄。按照 ASML 的命名惯例，这座楼被命名为"8 号楼"，但由于公司在大楼建造期间差点遭遇破产清算，有人又称其为"墓碑"。

2001 年，当 ASML 还在一片混乱之中努力寻找方向时，尼康却在悄悄策划一场突袭。随着精工（Seiko）、爱普生（Epson）和索尼等日本芯片制造商转向使用 ASML 的设备，尼康眼看着自己的市场份额不断减少，却无计可施。连日本本土的公司都选择外国技术是一种难以忍受的耻辱。现在，复仇的时刻到了。

12 月的一个早晨，道格·邓恩来到公司，发现桌上堆满了投诉信。日本竞争对手指控 ASML 侵犯了 13 项专利，他们花了 1 年多的时间精心布下这个局，ASML 对此全然不知。邓恩有些措手不及，他意识到了先前的疏忽，局面对他们有些不利。虽然 ASML 也有一些自己的技术专利，但毕竟还是一家年轻公司，与尼康自 1917 年以来所积累的技术专利相比，简直微不足道。在知识产权纠纷中，专利多的一方更为有利，而判定的方法往往就是在一沓专利证书旁放一把尺子：多者为胜。

尼康毫不手软，直接向美国国际贸易委员会（ITC，United States International Trade Commission）和加利福尼亚的一家法院提出了指控，试图打击ASML的美国市场。如果ITC认定ASML侵犯了哪怕1项专利，它将无法再向美国制造商供应光刻机。这对于ASML来说是致命的打击。

"他们想置你们于死地。"道格·邓恩听到律师的这句话时，他的心跳似乎骤停了一秒。通常情况下，在决定是否上诉至法院之前，公司之间会就专利问题进行事先协商。但尼康无意与ASML谈判，更不用说和解了。邓恩已经可以想象到头条新闻的标题会是：首席执行官忙于建造新总部大楼，入驻前夕却惨遭关闭。83米的高楼向众人昭示着ASML的失败，这无异于成为了ASML的墓碑。

ASML所能做的就是在专利战中对尼康进行反击。他们起诉了尼康，并召集了一批专家，向ITC的工作人员解释复杂的技术细节。毕竟，光刻技术非常复杂，他们需要在美国获得尽可能多的支持。英特尔和美光科技（Micron）也在ASML背后提供支持，尽可能阻止ASML陷入专利战，以免会给自己的生产带来问题。

邓恩想要尽快解决问题，主动飞往东京与尼康首席执行官吉田庄一郎（Shoichiro Yoshida）会面。他随身带着律师传真给他的长达30页的ITC初步裁定报告，判定ASML胜诉。现在，邓恩手里握着所有的牌，还带了自己的翻译，让日本人无法以语言不通为借口逃避，确保对话能够顺利进行。

"你赢不了的。"邓恩告诉吉田庄一郎，但吉田却依旧固执己见。吉田看完邓恩带来的初步裁定报告后，转头就对他的律师大发雷霆。而后，他告诉邓恩自己需要一点时间来考虑。当晚，ASML代表团受邀共进晚餐。他们一起吃了寿司，喝了清酒，惬意闲聊，并没有在饭桌上讨论公事。晚餐后，ASML提出以1亿美元和解。这是一笔巨款，但邓恩认为，如果能避免未来 5 年或 10 年的冲突，这笔钱就花得值。但尼康拒绝了，他们想看到 ASML 屈膝投降。

然而，吉田的复仇以失败告终。几个月后，ITC 作出最终裁定，发现尼康的 1 项专利是其员工从他的前雇主那里窃取发明后重新提交的，该专利本身就是无效的。其他专利侵权的指控均没有被 ITC 认可。ASML 大获全胜，邓恩也松了一口气。

律师打来电话时，邓恩正在参观蔡司位于奥伯科亨的公司。接起电话后，邓恩只问了一句："我现在是该提请辞职还是大声欢呼？"幸运的是，律师带来了好消息，法官在所有指控上都裁定 ASML 胜诉。邓恩简直不敢相信，反复向律师确认结果。加利福尼亚法院的诉讼以调解告终，ASML 以 8700 万美元的价格达成和解，低于他们最初提出的金额，他们暂时压制住了日本竞争对手。

尼康一案给 ASML 的团队敲响了警钟。公司早期几乎完全专注于创新，对知识产权的关注远远不够，没有考虑到记录和保护其发明的重要性。在如今技术日新月异的时代，这无疑是缺乏经验的表现。邓恩对此并不否认，但他理解 ASML 为何没有注意到这一点："我们还是一家年轻的公司，所有事情又要同时进行。我们有最聪明的团队，他们将所有绝妙的想法都汇集起来，制造出世界上最顶尖的机器。但要把这些想法详细记录并写下来，确实让人头疼。又有多少人愿意把时间花在烦琐的专利审报上呢？"他耸了耸肩："我们都体会过这种无聊乏味的感觉。"

无聊归无聊，但在这个行业里，保护自己的知识产权是绝对必要的。ASML 成立于 1984 年，当时公司仅有飞利浦提供的少数几项专利和许可证。相比起光刻机，CD 播放器的专利才是飞利浦保护的重点。20 世纪 90

年代末，ASML成立了自己的知识产权管理部门。即便如此，新专利的申请往往需要数年时间才能获批。但在尼康"突袭"之后，ASML意识到必须加大专利保护的力度，所以推出了一项奖金计划（Fellowship Program），鼓励工程师们将他们的发明和创意记录下来并申请专利，同时也为这些工程师提供更好的职业发展道路和更高的薪酬。"否则，就只有那些头发花白的经理们才能开得起豪车了。"邓恩自嘲道，他自己也是一位头发花白的经理。

奖金计划设有三个级别：研究员、高级研究员和公司研究员，根据员工的专利及其他贡献提名。这是一个封闭的评选，结果由马丁·范登布林克和研发部主管乔斯·本肖普（Jos Benschop）在公司的年度技术日上宣布。

为了纪念这些杰出的发明者（其中有些人拥有超过200项专利），ASML会将他们的面孔刻在硅晶片上，挂在成排的大木墙上，仿佛芯片业的拉什莫尔山。范登布林克的梦想就是为著名的发明者建这样一面墙，就像他曾经在晶体管之乡——新泽西贝尔实验室的接待大厅里看到的那些备受赞誉的物理学家的名字一样。现在，ASML唯一没拿到的奖项只剩诺贝尔奖了。

截至2023年，ASML已注册超过16000项专利，其中许多专利是与供应商合作开发的。随着时间的推移，这些供应商需要向ASML提供越来越复杂的零部件，所以他们会展开合作开发，而蔡司是其中最重要的共同发明人。蔡司前首席执行官赫尔曼·格林格（Hermann Gerlinger）将这种合作称为"机械和光学的终极融合，ASML向我们倾吐所有的秘密，我们也与他们分享一切。"这句话从这位传奇的德国工匠口中说出，听起来却十分浪漫。

15. 蔡司之智

"你一定要这样和我说话吗,先生?"

看着不为所动的赫尔曼·格林格对着电话那头的马丁·范登布林克大吼大叫,德国警官的耐心已所剩无几。格林格一边开车,一边与马丁争吵,在警察命令他下车时,二人的争执甚至愈演愈烈。

"直接开罚单吧。"格林格一边不耐烦地从手套箱里拿出证件,一边继续与在费尔德霍芬的范登布林克激烈争吵。

警官受够了:"赶紧挂断电话。"

"马丁,你等一下,我先静音。"不等马丁回复,格林格就按下了静音键,电话那边就没有了声音。几分钟后,罚单开完,格林格重新回到驾驶座上,继续行驶。他拿起电话,重新打开麦克风:"真是浪费时间。好了,我们刚才说到哪儿了?"

每当蔡司和ASML的技术主管们意见不合时,总是据理力争。他们都喜欢正面交锋,并认为这是优秀工程师的应有之态。且他们会在晚餐时,一起愉快地谈起这件事,一笑了之,一扫之前的不快。格林格在2016年卸任蔡司半导体部门负责人时说:"在这个行业里,你得开得起玩笑。"虽然光学系统研究人员之间的互动热烈而又紧密,但蔡司和ASML之间的商业关系却开始疏远冷淡了。2004年邓恩离职后,双方的关系进一步恶化。邓恩卸任首席执行官时,选择了领取养老金,其余时间他都在芯片公司担任管理职位。接任邓恩的是一位名叫埃里克·梅莱斯（Eric Meurice）的法国人。此前，他曾在英特尔和计算机制造商戴尔（Dell）工作，后调任法国电子产品制造商汤姆逊公司，担任副总裁。梅莱斯精通各种语言，他还以能够用不同语言直接指出他人的"无能"为傲。在 ASML，这个词出现的频率很高，尤其是在与蔡司合作的问题上。长期合作伙伴之间出现了严重的裂痕，争吵的焦点一如既往——就是钱的问题。

ASML 希望在未来几年内再将收入翻番，为此需要蔡司提高镜头的产量。然而，蔡司没有盲目相信 ASML 对未来的乐观预测，他们还清晰地记得道格·邓恩在 2001 年和 2002 年危机时曾无情地取消订单，收购 SVG 更加剧了双方关系的紧张。SVG 也生产镜头，这让蔡司对其与 ASML 的独家合作关系产生了严重质疑，为 ASML 带来了一些不必要的麻烦。

空气中弥漫着猜忌和怀疑。在此信任危机下，ASML 找来了一位调解员：吉多·格罗特（Guido Groet），现就职于 Meta（前身为 Facebook）。2004 年时，格罗特在美国负责管理 SVG 多余零件的销售，又调到了 ASML。在 ASML 的第 1 年，他负责在生产过程中控制 TwinScan 昂贵的成本，接下来等待他的是一个新任务：修复 ASML 和蔡司的关系。

马丁·范登布林克和财务总监彼得·温宁克把格罗特叫到办公室，把 ASML 与蔡司之间关系破裂的来龙去脉告诉了他。在温宁克看来，事情很简单："我们需要你帮助我们重建平衡且良好的合作关系。"但范登布林克对此的看法稍有不同："要确保他们不会跟我们耍花招。"

蔡司和 ASML 在 2005 年至 2007 年之间密集地召开了多次会议，希望拯救他们岌岌可危的合作关系，彼得·温宁克代表 ASML 每 3 个月参加一次在奥伯科亨的商业磋商。此外，每季度还有一次关于 2 家公司技术合作的"接口"会议，分别在费尔德霍芬和奥伯科亨之间轮流举行，有时也会在两地中间法兰克福的一家酒店举行。

要修复双方之间的裂痕，首先必须将这些问题和矛盾摆到明面上。两家公司的团队聚集在一起，互诉彼此的不满。不出所料，ASML 的团队干脆直接地提出了问题。稍加激励后，蔡司方面也直言不讳。最后，双方共同向整个管理层汇报协商和解的结果。

但格罗特很快发现，他的任务是要团结这 2 家截然不同的公司。ASML 吸引的是那些行动迅速、充满冒险精神的"牛仔"，而蔡司则自视为一个传统的科学机构，在采取行动前会花时间仔细考虑所有的变量和细节，问题的根源就在于双方的不同。员工们在各方面发生冲突，寻找双方的共同点如同一项无休止的任务。尤其是在会议结束后，ASML 的员工往往不经协商就改变方案，这让德国人十分抓狂。

蔡司的董事长迪特尔·库尔茨（Dieter Kurz）作为代表定期出席双方的会议，而埃里克·梅莱斯（Eric Meurice）则代表 ASML。格罗特将会议期间达成的协议记录下来，投放在大屏幕上，便于所有人查看。虽然这种做法有些幼稚，但在此时此刻，最重要的是尽量减少误解。然而，这并没有起到什么作用，当他第一次将会议记录发给梅莱斯时，很快就收到了一份经过大量删改的修改版，底部附有一条批注："孩子，你还有很多东西要学。不要记下所说的话，而要记下所传达的意思。"

对所讨论的内容，蔡司一如既往地不同意。双方的管理团队再次争论不休，只好重新召开会议，如同高中时的重考一样。双方再次聚在一起时，格罗特保持低调，任由他的上司们争得面红耳赤。他这样做是听从了蔡司一位同事的忠告：当两头大象打架时，你不应该站在它们中间。

蔡司和 ASML 继续争论着彼此的所得，以及是否双方都得到了自己应得的东西。双方争论所涉及的金额很大，要知道，2004 年光学元件的价值约占 1 台光刻机总价值的四分之一。让马丁·范登布林克特别恼火的是，蔡司不愿为价值数百万欧元的镜头提供质保。如果芯片制造商发现光学误差影响了生产，就得由 ASML 承担这些费用。

蔡司则认为是他们在承担风险，钱都进了 ASML 的口袋里。ASML 可以通过招更多的人或延长现有工人的工作时间来迅速提高生产，但蔡司这边的情况则截然不同。不可否认，蔡司确实在 20 世纪 90 年代解决了一个严重的生产瓶颈，那就是从手工抛光镜头转向使用机器人。但即便如此，晶体玻璃的"生长"过程是复杂且耗时的，对原材料的投资至少需要提前 3 年进行。镜片的抛光和测量同样十分耗时，仅靠增加人手是无法提高速度的。蔡司的员工们常说："怀孕需要 9 个月，就算多加 1 个女人，这个时间也不会缩短。"

还有很多其他的分歧，为达成交易，ASML 喜欢向芯片制造商口头承诺他们将提供巨大的折扣。ASML 的利润本就不高，如果蔡司的镜头不打折，这些成本将从 ASML 的利润中扣除。蔡司不愿屈服于芯片行业剧烈的市场波动，始终坚持对产品收取固定价格。但格罗特很清楚，他们所处的世界充满了"满是牢骚的顾客，他们不断要求折扣，还总是抱怨质量问题"，根本不关心蔡司的处境。

最终，争执的关键归结为一个核心问题：ASML 和蔡司能否公平地共担风险、共享利润？格罗特请来一位数学家进行计算，经过 2 年漫长的谈判，ASML 和蔡司最终在 2007 年达成一致，签署了一份新合同。现在，他们可以共同协商应对镜头的质量担保问题以及订单的突然调整。ASML 同意预先支付镜头三分之一的定金,这意味着蔡司在采购材料时承担的风险更小。

范登布林克希望结束无休止的冲突,提出了收购蔡司的想法。但这绝无可能,蔡司为光刻机制造的镜头是他们皇冠上的明珠,他们根本不会考虑被收购。卡尔蔡司基金会(Carl Zeiss Foundation)独资拥有的蔡司公司,在业务扩张和房地产事务上始终保持着独立性,不会接受来自ASML的投资。至少目前,德国的"厨房"里不需要荷兰的帮手。

蔡司和ASML之间的技术咨询会议主要由马丁·范登布林克主持。每次会议双方都有约50人参加,座位呈"马蹄形"排列,面对面入座。工程师们轮流发言,马丁则全神贯注地盯着电脑,只有听到感兴趣的话题时才偶尔抬头。每当马丁抬起头,房间里的气氛便会紧张起来,大家也都会把身子坐直,准备应对接下来的情况。

马丁脾气失控是常见的事情,但每当他发脾气时,蔡司的团队就会马上妥协。尽管马丁情绪不太稳定,但他的技术水平和战略眼光让他在团队中备受尊重。大家逐渐将他的情绪爆发视为他对工作和蔡司极度上心的表现,而不是简单的情绪失控。马丁对格罗特的期望很高,这并非格罗特单方面的臆想:"如果我有两三周没有去奥伯科亨,马丁就会大发雷霆。他还认为我应该学会说德语,这样我才能更好地和他们沟通。"

马丁后来坦言:"如果我对德国人生气,我会用德语骂他们,这样才更清楚地传达我的想法。"

从具体的项目执行和日常工作中看,蔡司和ASML就像是一家公司。两家公司的员工总是在一起共事,每天都有数十名ASML员工在奥伯科亨工作。他们共同为一台高度复杂的机器构建核心,这个过程让双方的联系更为紧密。忙碌了一天后，工程师们经常会共进晚餐（通常是在一家名为 Landgasthof LäuterHäusle 的德国小餐馆），一起享用沙拉。

尽管如此，蔡司仍然是产业链中的薄弱一环。2007 年，由于没有收到订购的 TwinScan 机器，愤怒的芯片制造商把矛头对准了 ASML。ASML 已经完成了他们的生产工作，50 台机器已经准备就绪，照明器却出了问题，导致无法按期交付。照明器是机器中引导激光的部件，由位于法兰克福北部韦茨拉尔镇（Wetzlar）的蔡司公司负责制造。

芯片制造商们的愤怒情绪高涨，又转而指责蔡司，但造成延期的原因仍然不明。"你为什么没去韦茨拉尔帮忙?"范登布林克对惊愕的格罗特厉声说道，这个问题听起来更像是命令。于是，格罗特立即动身前往德国，在那里待了 1 个月，决心找出问题所在。最终，他发现问题出在一种特殊的光学滤波器上，这种滤波器只能从一家俄罗斯的供应商那里获得。

格罗特飞去质问供应商："滤波器在哪儿？所有人都在等你们！"但俄罗斯人对他们造成的问题毫不在意。"每次我们把东西运到德国，都需要贿赂海关官员。所以，我们会等到有 50 个滤波器的订单时才发货，这样只需要交一次贿赂款。"

16. 生命有机体

正如弗里茨·范霍特所说:"麻烦就从这里开始了。"或者用更委婉的话说:"当蔡司说他们的镜头准备好了,我们所面临的挑战才真正开始。"光学系统完成后,ASML 就需要将其与机器的其他部分整合在一起。图纸上,你可以设计出完美的光刻机,但在实际操作中总会有所偏差,再完美的设计都会有不足之处。

马丁·范登布林克对此有自己的独到见解:"关键不在于不出错,而在于出错后,应该如何处理。"

ASML 的机器过于复杂,一个人根本搞不定。飞利浦的第一台晶圆步进机需要一个 10 人的团队来组装。到 1984 年范登布林克和范霍特开始工作时,这个技术团队的规模已经扩大到了 100 多名技术人员。管理这些团队本身就是一门科学,因此系统设计被划分成不同的部分,并分配不同的团队并行处理这些任务。ASML 工程师之间的合作本身就像一台难以捉摸的机器。但是,就像蜂巢里的蜜蜂一样,看似混乱,实际上每个人都在各司其职。

当一家新的芯片工厂需要投资数十亿美元才能印制出芯片时,它就一定会把性价比放在首要位置。根据经验,资本投资的 30% 左右将用于光刻机,光刻机是将廉价而丰富的硅转化为有价值芯片的重要工具。只有当光刻机每小时能交付足够多符合标准的晶圆时,数十亿美元的投资才会回流。第一家掌握最新技术的芯片制造商可以快速收回机器的成本,而这正是 ASML 最擅长的。

ASML 在满足客户需求时往往关注 2 大关键点:大规模生产和细节。为了确保其设备能够满足客户的需求,ASML 需要对客户的具体要求和生产流程有深入的了解。这样,他们才能设计出最合适的光刻机,既能实现大批量生产,又能保证每一个小细节的精确。马丁·范登布林克总是希望从芯片工厂的老板那里详细了解他们的需求,从而依靠技术做出这些产品。无论马丁提出什么想法,都会成为公司整体战略和行动计划的核心内容,决定整个公司的方向。

设计新光刻机的首要任务落在了系统架构师身上,他们要与芯片制造商协商确定扫描光刻机必须满足的要求以及大概的成本。例如,如果芯片制造商希望机器每小时能生产 290 个(而非 270 个)晶圆时,系统架构师可能会建议使用功率更大的激光器,安装更快的晶圆电机或选择可更换的镜头。

接下来,开发和工程部门的工程师们就可以将这些设计付诸实践了。这个部门是整个公司的神经中枢,数千名硬件和软件工程师在这个部门一起工作,选择最佳技术,将这些想法变为现实。

每台光刻机都有 3 个特性:构成集成电路的网格的精细度、芯片各层之间的精确度以及晶圆的移动速度(即晶圆供给机器的速度)。这些特性在实际操作中如何相互作用,需要各技术部门进行多次协商。这是一个需要不断讨论的过程,即使在 ASML 内部,各个部门和团队之间也需要不断沟通和讨论。

在光刻机的设计和开发过程中,关键在于如何在时间、规格和成本之间找到良好的平衡，弗里茨·范霍特称之为"三位一体"。如果技术要求过高，就有可能造出一台没人买得起的机器；又或者生产工艺过于复杂，机器无法按时交付。研究部门自然倾向于优先选择分辨率最高的技术，这样可以制造出更精细、质量更高的芯片结构。但是，这种改进是以时间为代价的，越是精细，为了保证精度，所有设备的运行速度就会越慢，那些总是一心想着提高生产速度的芯片工厂就会唯你是问。范霍特表示："芯片工厂让我们'继续冲压！反正永远达不到最小的分辨率，那就只管冲压晶圆！'"

扫描光刻机不一定要求完美，只需要能够完成工作即可。机器总有改进的余地，而这往往是通过组件和新机器的滚动升级来实现的。

在ASML，设计机器并不像设计一个完全可预测的静态实体那样，只需要一张好的蓝图即可。相反，整个过程就如同培养一个生命有机体，需要不断克服技术上的难点，并根据变化的情况进行调整。无一例外，这是唯一可行的方法。在微观层面上，没有一个部件是完全相同的，没有两台电机的运行速度完全一致。材料会振动，气体会释放，部件受热会膨胀，每一粒漂浮旋转的尘埃、每一个孔或螺钉纳米级的差别都会对机器造成影响。ASML是这整个系统的创造者，可以通过调整看似完全独立的几个部分来补偿某个部件出现的意外情况。

架构师还负责"估算误差"，即不同组件的可接受误差范围。这些误差范围如同一个被分割的饼图，每个团队会分到一块，分配的那一部分就是允许出现偏差的范围。截止日期越紧，误差范围就越小。为了确保整个项目在紧迫的时间内顺利完成，所有组件的性能标准会被设定得非常高。这种严格的标准使得每个团队负责的部分都几乎没有误差空间，这也为后续的调整和改进预留了更多的灵活性和余地。通过这种"过度规范化"的方法，ASML 能够在项目进行过程中更好地应对不确定性和潜在的问题。

与此同时，最重要的设计选择会单独进行研究和验证，以确保工程师没有冒太大的风险或完全走错方向。所有这些工作都是同时进行的，从而能在最短的时间内得到结果。在 ASML，每分每秒都很宝贵，要尽可能多地找到问题，并在机器出厂前将其解决。如果可以通过其他方法来验证设计和找到问题，而不必实际构建每一个物理部件，那就更好了。随着经验的积累和理论模型的不断完善，ASML 的团队几乎可以凭直觉来分析和预测机器在安装好所有部件后会发生什么。

项目经理肩负着最大的责任，负责监督新机器从设计到出厂的整个生产周期。整个周期被细分为 14 个重要节点，例如完成第一台样机或首次向制造商交付产品，并根据专业领域再进一步划分职责。不同的项目负责人所负责的领域也有所不同。例如机电一体化、硅片所在的晶圆台或保存芯片图案的掩膜台，而另一组专家则关注控制机器的数百万行代码，不断纠正并调整所有不同的活动部件。

产品开发经理则是这一系列项目的执行者，他们要在平衡众多预算的同时促进各组之间的合作，任务艰巨。"在 ASML，一旦出现'项目'这个词，就必须执行。"弗里茨·范霍特认为，项目在 ASML 中有至高的重要性。在像飞利浦这样的公司，部门是最重要的，但在 ASML 则完全不同。"涉及新机器开发的项目是我们的生命线。任何阻碍项目的行为都会被迅速制止。"

ASML 的一位经理证实了这一点："在这个公司，一切都要为项目让路。"他郑重地说着"程序"一词，仿佛像在叫某个"神明"的名字。

随着机器越来越复杂，项目结构也日益复杂，出现了更多的目标日期和关键节点，更多的人员，更多的会议，更多的缩写词。技术人员一个项目接着一个项目地工作，努力解决问题，他们甚至没时间享受项目成功的喜悦。

"在ASML开发机器是什么感觉？很令人上瘾，"前开发和工程部主管马克斯·马瑟斯（Markus Matthes）说，"我们工作的速度非常快。在项目规格和详细要求都还未确定下来的时候就开始设计，非常刺激。"

马瑟斯之前在汽车行业工作，那里规避风险的文化与ASML的风格形成了鲜明对比："我受够了汽车行业里无休止的规则和成本限制，ASML是每个工程师的梦想。"

或许这个梦想很美好，但马丁·范登布林克总能将人拉回现实。他在技术咨询会上会反复强调不应进行过度浮夸复杂的设计，而要专注于实用且必要的功能。他指出："我们的机器已经配备了足够的阀门和管道，没必要再增加成本去做额外的设计了。"他经常问："你们在家里也这样吗？家里的马桶用的都是廉价的塑料管，为什么我们一定要执着于用不锈钢的？"一切都可以提出质疑，做出的每个选择都要有理有据。

荷兰国家应用科学研究院（TNO，Netherlands Organization for Applied Scientific Research）的格雷戈·范巴尔斯（Gregor van Baars）与ASML展开了密切的合作，共同开发新型光刻机。范巴尔斯说："ASML把光刻机的设计拆解成不同的部分，为每个人分配一个特定的部分，然后进行大量的绘图和计算，且不断进行讨论和协调。这是硬核工程的巅峰，代表了工程学的最高水平和最先进的实践。"

最具挑战性的是在进行复杂工程项目时，保持所有涉及的科学学科之间的协调和沟通："假设一下，如果有人设计出了一款新的智能电机，热工组的人就会担心，更强大的热源会导致机器温度升高。这时候就需要高效的沟通和对跨学科知识的熟练掌握，才能确保各个组件和系统能够无缝协作，成功实现项目目标。"

范巴尔斯认为，ASML非常擅长找出并解决机器的故障。"一大群工程师就好像沉浸在犯罪现场调查中，仔细地寻找错误的根源，并准确地纠正这些错误。由于项目的复杂性和多学科的交叉，久而久之，解决方案之间可能还会存在相互干扰或抵消的情况，这也是为什么他们会需要如此庞大的工程师团队。这一切都让人觉得不可思议。"

但正如弗里茨·范霍特所说的那样，不同工程师的职责也不一样。"机械工程师可以创建和设计结构，电子工程师负责设计电路。物理学家可以'理解'一切，但在实际操作和应用方面，他们可能还不如工程师。"这话引自一位物理学家的原话。

我们希望ASML的技术人员能够不断地互相挑战，不要因为顾忌职位等级，就盲目地听而从之。每个人都需要放下自我和自大心态，这是至关重要的。正如范霍特所指出的那样，扁平化的管理方式一定程度上可以为紧张工作的顺利推进保驾护航。"作为老板，如果你的决定完全错误，这样的管理方式可以确保有人敢指出你的错误。"

"在分配可支配预算和员工时，公司内部的竞争非常激烈。这是一家以极其随意的方式运作的公司，"埃因霍芬理工大学的研究员西奥·费尔卡特（Theo Verkaart）在2013年分析了ASML生产流程后写道，"在没有统一标准和透明度的情况下，项目负责人往往会隐瞒他们实际拥有的资源和储备，以便在预算谈判中争取更多的资源和支持。"在这家公司里，必须要大声表达出自己的需求和意见，否则就很难争取到你自己所需的资源。

ASML 的客户同样不按套路出牌，芯片制造商们经常突然改变需求、修改订单或要求出一个新方案。"你刚转过身 1 秒钟，他们就会突然都想为自己的机器添加一点新东西。"范登布林克说，他喜欢用简单明了的语言来解释和描述那些复杂的情形。

在处理这些修改要求的同时，项目经理必须确保每个人都能按时完成任务。他们不仅要保证能按时交付样机，还要监督零部件和备件的采购。

另一个需要考虑的关键因素是工厂是否真正具备组装机器的能力。在 ASML 开发和制造机器的过程中，无论工程技术多么先进，看似简单明了的问题仍有可能被忽视：机器的尺寸是否适合运输和安装？有时候 ASML 的新机器比预期稍大一些，芯片工厂就得拆除外墙。

一台新光刻机的生产周期并不是在交付后就结束了（也称为 NPI，即新产品引进），在这一点上，不同光刻机制造商在新机器的交付和后续修补工作上就有明显的区别。ASML 的机器在交付后仍需要多次修补，而日本的竞争对手则倾向于交付精心调试好的机器，插电即用。

尽管日本的做法看起来更为合理，但 ASML 的方法也有其优势。通过这种方法，芯片制造商可以更快地开始他们自己的测试，根据特定的环境和需求对设备进行微调优化，迅速投入使用，每天不停地曝光晶圆。这是两种完全不同的办法。

17. ASML 的"护理天团"

不祥的阴霾笼罩着亚利桑那州的沙漠平原。由英特尔、摩托罗拉（Motorola）和恩智浦（NXP）等公司建造的芯片厂散落在美洲原住民保留地和凤凰城的群山之中，目光所及还矗立着两座台积电新建的工厂，巍峨壮观。尽管被称为"太阳谷"的凤凰城每年的日照时间长达300天，但阳光却永远照不进这些宏伟建筑的无尘室里。无尘室与外界完全隔绝，任何事或任何人都别想阻碍生产。

在无尘室中，你只要抬头看一眼，就能洞察到芯片厂的运作情况。沿着天花板，机器人带着装满晶圆的托盘从一台机器运送到另一台机器，来回穿梭。然而，一旦发生故障，运送就会停止，所有机器就如同堵车时焦急等待的司机们一样，停滞不前。

这样的"堵塞"非常严重，会导致工厂里最重要的设备——光刻机，无法继续运转。正常情况下，最快的设备每小时可以产出200片甚至300片晶圆，每片晶圆的芯片价值高达25万美元。对于芯片制造商来说，当光刻机停止运转时，他们的心脏仿佛也停止跳动了。

托德·加维（Todd Garvey）是ASML全球9000多名客户服务工程师的其中一员，负责保证光刻机的正常运转。自1984年以来，ASML的美国办公室就设在亚利桑那州。无尘室的制服是一件"兔子服"，只露出眼睛，在医院里很常见。像加维这样的客服员工，将自己视为ASML的护理工，日夜照顾着这些机器。

像加维这样的服务工程师负责维护四五十台机器的正常运转,他们在正式上岗前需要经过数年的培训。这也是为什么 ASML 早在芯片厂开始建设之前就开始培训维护人员。

在芯片厂工作需要有强大的膀胱,因为上厕所必须换衣服,上厕所时间虽短,但换衣服时间很长,因此不太值得。加维建议说:"尽量不要吃得太饱或喝太多水。"而如果你和他的团队一样,要艰苦地轮班 12 小时,就很难控制吃饭喝水了。他们连续 3 天轮班工作,再接连休息几天。

当朋友们问起他在芯片厂具体做什么的时候,加维早就想好了答案:"我在一台非常昂贵的相机上工作,这台相机以每小时 300 到 400 公里的速度在一张圆盘上反复拍摄相同的图像,而且每次都必须非常清晰。"

25 年来,加维觉得自己就像这些机器的父亲。"它们都是我的孩子。当客户订购机器时,我会飞往费尔德霍芬,看看系统的进展。我会看着它从单个模块成长为 1 台完整的晶圆生产设备,然后再看着它被拆解运送出去。然后我会和我的'孩子',也就是这台设备,一起飞到芯片厂。"

走进任何一间无尘室,你会发现里面的王者总是光刻机。光刻机是最昂贵的设备,也是生产过程中最关键的部分,因此它必须始终保持满负荷运转。其他相对比较便宜的机器则负责别的生产步骤,如蚀刻、加热和在晶圆上涂覆新层等。而在所有这些步骤之间,还要不断测量晶圆,以检查芯片层是否正确对齐。

如果定期维护光刻机,则在 98% 至 99% 的时间里它们都可以正常工作。就像在高速公路上一样,通过规划,可以轻松地将车辆转移到其他线上,从而最大限度地减少中断。意外的设备故障是造成最大经济损失的原因，但这种情况并不能被及时发现，因为工厂的噪音实在是太大了。

如果预计故障超过 48 小时，最好将晶圆转移到另一条生产线，并做好产量下降的准备。这时，机器人就会耐心地排队等待，而 ASML 的员工则要争分夺秒地诊断并修复故障。

"这就如同解一个复杂的谜题，"工程师姜山金（Gang-san Kim）说，"当你找到解决方案时，会感到非常轻松。"和这些精密设备打交道需要钢铁般的意志。芯片厂可能是全自动化的，但永远无法完全避免人为错误，比如松动的电缆、遗漏的螺栓、掉落的工具、镜头上的指纹或划痕。但在无尘室里，最糟糕的事情莫过于漏水或掩膜损坏。掩膜是具有芯片结构的独特蓝图，更换成本高达数十万美元。

当掩膜出现问题时，工厂的众多高层会迅速围在机器旁，而正如姜山金所说："老板太多，工作人员却不够。"经理们焦急地看着他钻进机器引擎盖下查找问题所在，但他们却插不上手，机器内部错综复杂的电线和镜头绝不是他们所能处理的。

要解决这些复杂的问题可能需要数周的时间，如果 ASML 的"护理天团"无法解决这个问题，就会请来费尔德霍芬的专家。时间就是一切，问题持续的时间越长，上报的级别就越高，可能最终会报到设计这台机器的原始设计师那里。

温·帕斯（Wim Pas）清楚地记得他所遇到的"白鲸"（小说《白鲸》中的经典意象，"白鲸"象征着一种复杂棘手的挑战）。台积电凤凰城北部芯片厂的现场经理遇到了一台有问题的浸没式光刻机，每次重启后，就会持续 2 个小时莫名其妙地生产出故障芯片，然后恢复正常。经过几个月的研究才找出原因，原来每次机器停止时，会有五滴水落在一层胶水上，胶水会膨胀几纳米，这就足以使芯片图案偏移。而水分蒸发后，胶水就会收缩，机器就恢复正常了。

这种问题只有在工厂车间严苛的条件下才会暴露出来。即使经过多年的精心设计和策划，这些机器所面临的问题中仍有一半是难以预料的，这正是ASML在设备投入使用后才进行设计微调的原因，这也是唯一能够发现哪些部件磨损过快的方法。如帕斯所说："只有在这里，设计中的所有问题才会暴露出来。"然后你就只能祈祷有可用的备件了。事实上，设备由许多不同的组件组成，几乎无法事先预测并备好最先损坏的部件。

ASML的销售部门负责与芯片厂协商哪些维护属于保修范围，哪些升级服务需要他们付费。服务工程师则不参与任何资费协商，他们在一线处理问题，工厂车间的日常工作压力已经够大了，不必再操心别的问题。

光刻机最终通过ASML的"独家秘方"进行优化，就像一级方程式的赛车在每个赛道上都要进行单独调校一样，光刻机也要根据生产的芯片类型进行精细调整。芯片制造商希望每台设备都能"满负荷"运转，但正如温·帕斯说的那样，没有两台完全相同的机器。"这就好像你买了2辆相同的车，但1辆时速只有150公里，另一辆时速可达180公里。我的工作是让芯片制造商他们为拥有一辆更快的汽车而高兴，而不是抱怨那辆每小时只能跑150公里的车。"

正如可口可乐不会透露其秘方一样，芯片制造商的生产数据也是严格保密的。然而，如果制造商过度调整机器，导致机器出现问题，ASML一定会联系他们并询问原因。

不可预见的复杂情况不仅限于机器的机械部分，还有无尘室。无论采取了多少措施，无尘室也无法完全隔绝外界的影响。地震和雷暴引起的大气压力波动可以轻易干扰光刻过程，甚至奶牛也可以。英特尔曾遇到过在晚上芯片产量莫名下降几个小时的情况，研究人员兜兜转转，最后发现造成这一问题的原因是奶牛放的屁。

每晚凌晨 1 点到 2 点之间，风向会发生变化，附近奶牛场的甲烷气体会通过空气净化器进入无尘室。来自这些沉睡"邻居"的额外气体足以对生产造成影响，导致这段时间内生产的芯片瑕疵率升高。想要过滤这些气体是不可能的，所以英特尔不得不出钱让周围的三座农场搬迁。从那以后，每个为芯片厂选址的人都知道要留意附近有没有奶牛场。

现代光刻机的噪音几乎都被空调的喧嚣声掩盖了。像 PAS 5500 这样的老式光刻机，以启动时发出的金属轰鸣声而闻名，ASML 员工称之为"咆哮"。如果在启动时听到这个声音，说明机器一切正常。ASML 的软件中还隐藏着一些复活节小彩蛋，懂行的人可以在某些系统上玩玩一局经典的"贪吃蛇"来打发时间，无尘室里的时间总是感觉过得格外慢。

但是，芯片工厂里也会发生奇怪的事情。大约 20 年前，亚利桑那州一家工厂里的光刻机不断出现故障。据工厂的一位工程师说："不是技术问题。"而且不只是 ASML 的设备，所有设备都有问题。工厂经理几近崩溃，直到有人指出，原因是工厂建在了一个旧的美洲原住民墓地上。工厂经理觉得或许是这个原因——工厂被诅咒了。

经理忽然想到，"或许灵魂喜欢红色，我们可以给他们红色。"经理的目光落在一个用来包装 ASML 镜头的红色纸板箱上，那是最鲜艳的红色。他把纸板箱折成一个类似印第安帐篷的小三角形，放在了光刻机上。

芯片正常运转着。这个红色纸板箱在机器上放了好几年，不允许他人靠近。后来，芯片厂订购了第二台机器，他们问 ASML 的员工："能不能在第二台机器上也放一个红色的小帐篷？"

当然可以。

第三篇 创造不可能

天刚刚亮，文森特·阮（Vincent Nguyen）早已清醒。这位年轻的博主站在床脚，最后检查了一遍他的装备。"2块手机备用电池和3块摄像机电池。"阮觉得他会需要这些电池。如果传言属实，他一秒钟也不想错过。

2007年1月9日，星期二，经过数月的期待，苹果公司的最新产品发布会即将开始。据传苹果发明了集所有功能于一身的手机，可以打电话、发邮件、听音乐、看视频，无所不能。现在，在旧金山举行的苹果大会（MacWorld 2007）上，人们漫长的等待终于要结束了。阮正在莫斯康展览中心（Moscone center）排队，队伍一直排到一楼的入口处。所有的一切都将在此揭晓。门的背后，历史将被改写。

大门打开了。文森特冲进大厅，成千上万的参会者紧随其后。阮知道，他必须得跑快一些，才能抢占最佳位置。现在，苹果是一家科技公司，每个人都想近距离一睹这家公司的神秘领袖。大厅里气氛热烈，大家都在翘首以待。史蒂夫·乔布斯（Steve Jobs）穿着他标志性的牛仔裤和黑色高领毛衣，在全场起立鼓掌中走上台，这位苹果的创始人、首席执行官和形象代言人仿佛是为这些时刻而生。毫无疑问，他是产品发布会之王，这里就是他的舞台。

这是iPhone首次在大屏幕上亮相，观众欣喜若狂。乔布斯的一言一行都牵动着全场观众的心，尽展iPhone的魅力。"这不是一部带有笨重按键和'基础软件'的老式手机，"他说，"这是一台成熟的计算机。不需要任何按键，我们的触摸屏就可以实现所有操作。奇妙，尽在掌中。"

当乔布斯打开滑动解锁屏幕时，一阵"哇"的惊叹声响彻全场，会场里顿时响起一片惊叹声，伴随而来的是观众的笑声和掌声。没人相信他们眼前所看到的场景，乔布斯用手指轻轻一划，就打开了通向未来的大门。

乔布斯笑了笑："想再看一次吗？"

6个月后，在美国另一边的纽约，苹果商店门口排起了长队。那是2007年6月29日，iPhone的发售日，文森特·阮又一次排在了队伍的最前面。而后，他第一个跑出商店，右手高举一个黑色的袋子，欢呼雀跃。在众多摄像机的注目下，苹果公司的员工也为他列队鼓掌。文森特手拿iPhone的合影传遍全球，这是苹果忠实粉丝的最高荣誉。

iPhone的问世标志着移动技术革命的开始，这场革命将不可逆转地改变人们的日常生活。谷歌紧随其后，发布了移动操作系统安卓（Android），又一次奠定了手机在数百万人生活中的至高地位。很快，各种应用程序应运而生，口袋里的东西也变轻了，因为我们生活中的所有配件都整合到了一个设备中：身份证、票据、银行卡，甚至整个社交生活都触手可及。自从iPhone在2007年首次亮相以来，就吸引了全球数十亿人的目光，始终是人们瞩目的焦点。

iPhone掀起的这场革命也改变了芯片行业。智能手机本身就是人们生活中不可或缺的工具，对内存、处理能力和传感器的要求也越来越高。人们对随时随地保持互联网连接的需求，不仅推动了调制解调器芯片（modem-chips）的进步，又催生了前所未有的数据爆炸、更快的移动网络以及云服务的普及。现在，有了手机，我们可以24小时全天"在线"。

2006年，苹果向英特尔询问是否可以为他们的新iPhone提供处理器芯片。英特尔已经是苹果电脑的芯片供应商，苹果希望能继续与英特尔合作，将其处理器技术应用到即将推出的iPhone上。然而，英特尔最终拒绝了这一请求，认为移动芯片市场的利润率太低。后来才发现这一决定是个多么重大的失误：现在有15亿部iPhone在市面上流通，最新款的售价约为1000美元，英特尔无疑是自食其果。

第一代iPhone采用的是基于ARM技术的芯片。虽然比电脑中的处理器更节能，但如果你的手机在不额外充电的情况下能撑到一天结束，那你就算幸运了。如果手机电量耗尽，就和随身携带一块笨重的铝块没什么区别。为了延长电池的续航时间，苹果决定自己设计芯片。正如乔布斯所言，没有自研的专用硬件，就不可能有好的软件。2008年，他收购了芯片公司PA Semi，为iPad和iPhone开发了首批芯片。这一战略可谓明智之举，自2020年以来，苹果硅芯片发展速度非常快，苹果公司现在的笔记本电脑和台式电脑中也使用自己的芯片，且采用自研硅芯片的MacBook在电池续航时间上有了显著提升。苹果的笔记本电脑产品不再需要依赖英特尔的处理器，就能提供优异的性能和电池寿命，增强了其在市场上的竞争力和自主性。

苹果公司也从台积电的新生产技术中获益匪浅。这家中国台湾芯片制造商是首个掌握制造5纳米芯片技术的企业。如果你想知道这个数字有多小，可以看看你的手，然后数到5，你的指甲在以每秒1纳米（百万分之一毫米）的速度生长。不管你能否看到，这就是台积电处理芯片的尺寸。

虽然芯片上的电路实际上间隔更远，但全世界依然只有一台机器可以制造这种超细线路。苹果对此非常清楚，因为2010年，ASML的工程师曾多次造访苹果公司位于库比蒂诺（Cupertino）的总部。在那里，他们向苹果公司描述了目前正在费尔德霍芬建造的这台超越物理极限的机器，这台机器能够为未来的iPhone提供更强大的引擎。

18. 隐形垄断

芯片业的进步体现在芯片尺寸的不断缩小上。每平方毫米内塞入的电路越多,出厂的芯片就越值钱。规模每缩小一步,同样大小的芯片就会变得更强大、更高效、更物有所值。这就为芯片的新用途和新应用打开了大门,从而为制造商带来更多利润。

然而,摩尔定律在不断地催促着行业前进。早在千禧年之前,半导体行业就意识到,如果想让晶体管数量每 2 年翻一番,就需要为光刻机找到一种新的光源。谁也没有想到,这一探索花了 20 年的时间才能取得成果。马丁·范登布林克在 2023 年指出:"光源一直是个问题,到现在也依然如此。"

20 世纪 90 年代后半期,半导体行业中的公司们竞相努力实现一个重要的技术目标:在光刻技术中实现更小的特征尺寸,以满足摩尔定律所预示的需求。在深紫外光光刻技术达到极限后,佳能、尼康、美国的 SVG 公司和 ASML 都在积极研究和开发新的光刻技术,设计出更小的芯片结构。他们发现了三种选择:用离子打印、用电子束(e-beam)写入图案或用极紫外光(EUV)"打印"。ASML 认为极紫外光光刻技术最具潜力,它的波长在 10 到 100 纳米之间。制造商们不需要 100 台每小时生产 1 片晶圆的机器,他们需要的是一台每小时能生产数百片晶圆的机器。ASML 所需要做的正是找到实现这一目标的方法。

极紫外光在自然界中极其罕见，最接近地球的自然来源是太阳的日冕，距离地球大约9300万英里。在地球上生成极紫外光需要极其复杂的技术，一种方法是用强大的激光束射向微小的一滴热锡，这样会产生一种等离子体，它是一种比太阳表面还要热的能量气体。在这个过程中，会发出波长为13.5纳米的不可见光。如果能用一面镜子捕捉到这种光，就能将其导入光刻机，打印出芯片图案。听起来很简单，只需要在地球上造出一个太阳。

利用极紫外光进行芯片生产的初步研究横跨三大洲。20世纪80年代，日本电报电话公司（NTT）的科学家进行了初步实验。随后，美国和荷兰也很快跟进。最终，1990年，特温特（Twente）的弗雷德·比杰克（Fred Bijkerk）教授成功利用极紫外光打印出了一个图像。这个好的开始为业内带来了希望，但距离用它打印出整个工作芯片还很遥远。

1997年，英特尔组建了一个科技公司联盟，并成立了极紫外光有限责任公司（EUV-LLC，Extreme Ultraviolet Lithography Limited Liability Company），汇聚了行业精英巨头，如摩托罗拉、AMD、美国能源部和美国国家实验室。冷战开始加剧时，这些实验室试图通过在技术竞赛中保持领先地位来遏制俄罗斯的威胁，科学家们正在研发新的半导体工具和核装置。在美国人眼中，这2项技术都是重要的武器。但随着苏联的解体，美国对这项技术的需求开始减弱。冷战之后，美国的紧迫感也随之消失，政府对半导体技术研究的预算逐渐缩减。如果硅谷想继续研究这项技术，就必须自力更生。在这些年的研究中，英特尔成为了极紫外光有限责任公司最重要的支持者。2001年4月，在加利福尼亚州的劳伦斯·利弗莫尔国家实验室，一台能够打印10纳米线路的原型设备终于问世。然而，它的制造成本高达2.5亿美元，联盟预计还需要2.5亿到7.5亿美元才能实现批量生产。此外，距离机器上市还需要一段时间。业内普遍认为要到2005年，极紫外光光刻机生产的芯片才能上市。事实证明，原本预计在2005年实现的目标，实际上延迟了15年才达成。

在极紫外光光刻技术发展的最初几年，ASML就已经密切关注着它的动向。1995年11月，斯蒂夫·维特科克、弗雷德·比杰克和贝尔实验室的理查德·弗里曼（Richard Freeman）一起在蔡司参加了一个极紫外光光刻技术研讨会。维特科克在笔记本上潦草地写道："还有很多工作要做。"这个项目不得不暂时搁置。

1997年，ASML研究小组的负责人乔斯·本肖普重新评估了极紫外光光刻技术的可行性。经过一系列初步测试，结果表明蔡司公司能够研制出引导极紫外光所需的极其光滑的反射镜。越来越多的技术难题得到解决，这个看似不可能的梦想将一步步变成现实。因此，在欧洲和德国政府的财政支持下，1998年，ASML与蔡司合作，成立了名为"Euclides"的极紫外光刻研究联盟（Euclides，Extreme UV Concept Lithography Development System）。不久之后，飞利浦、荷兰国家应用科学研究院和德国弗劳恩霍夫研究所（Fraunhofer Institute）也加入进来。1999年，欧洲和美国的极紫外光光刻研究团队决定联手合作。这对英特尔来说是个好消息，英特尔一直在推动更多的光刻机制造商加入极紫外光有限责任公司，这样当技术成熟时，英特尔就可以选择不同的供应商。美国的SVG公司已经持有极紫外光光刻技术的许可证，但尼康和佳能申请许可证时却遭到了美国国会的坚决反对，国会决不允许日本公司从美国纳税人的钱中获利。

荷兰作为美国的长期盟友，想要获批许可证并不困难。但要想拿到许可证，ASML 仍需获得美国外国投资委员会的许可。于是，1999 年，马丁·范登布林克开始与时任美国能源部副部长的欧内斯特·莫尼兹（Ernest Moniz）谈判。

这位物理学教授留着一头惹人注目的银灰色波浪卷发。莫尼兹同意授予 ASML 许可证，但条件是 ASML 必须在美国建厂，优先使用美国供应商生产极紫外光光刻机，莫尼兹在 1999 年 2 月接受《电子工程专辑》（*EE Times*）访谈时颇为自豪地透露道。但 ASML 并不打算接受这些条件。当时范登布林克对极紫外光光刻机并不是很有把握，他回忆说："我给莫尼兹的答复很简单，极紫外光光刻机对 ASML 来说意味着巨大的风险，我们必须在符合自身利益和控制风险的前提下达成协议，无法接受他人的条件。"

谈判在能源部黑暗的图书馆里拖延不决。马丁的律师建议说："别再拒绝了，直接答应他们的要求吧，我们以后可以再修改这份协议。"

工作结束后，范登布林克请美国的工作人员吃了一顿丰盛的晚餐，想改善紧张的气氛，再看看白宫的美景，但他在最终协议签署前就要离开了。马丁下了命令："明天早上，我希望在费尔德霍芬的办公桌上看到条件合适的合同。"然后他赶上了最后一班飞离华盛顿的英国航空公司航班。就在莫尼兹自豪地声称"将高薪工作留在了美国"时，ASML 已经开始实施自己的计划：以 16 亿美元的价格收购持有 EUV 许可证的美国竞争对手 SVG。一旦荷兰收购 SVG 的计划获批，胜负就会揭晓。现在，只有一家西方光刻机制造商负责开发极紫外光光刻机。日本还在尝试自己的研究计划，但没有美国的专利，佳能和尼康寸步难行。

在美国外国投资委员会的严密监控下，ASML 逐渐形成了对 EUV 的实际垄断。然而，这项技术仍处于起步阶段，在追赶摩尔定律的过程中，ASML 不能保证自己押对了宝。不管是过去，还是现在的工业环境，都极难产生和维持极紫外光。几乎所有材料，包括空气，都会吸收这些不可见的光线。这意味着光刻机需要用反射镜代替透镜，且只能在真空中运行。

2001 年，马丁碰到了 ASML 的建筑师罗布·范·阿肯："嘿，罗布，你能把整个工厂都建在真空里吗？"

范·阿肯惊愕地说："不行，工厂里没有人吗？没有氧气可不行。"

范登布林克眉头一皱，回答道："对哦，真头疼，看来我们得自己想办法了。"

19. 不可把鸡蛋都放在一个篮子里

"第一道光"(The First Light),芯片制造商们喜欢用这个词来形容他们第一次启动光刻机的情景。这其实是一个天文学术语,通常用来描述望远镜首次捕捉到模糊遥远星系图像的时刻。但汉斯·梅林(Hans Meiling)没有看到任何星星,他看到的是"香蕉"。

2006年1月,ASML的项目负责人汉斯在一个周六查看从极紫外光光刻机原型机中曝光出的第一块硅晶圆。在极紫外光光刻技术开发的早期,光源还很弱,晶圆上仅能隐约看到扫描仪扫描出的静止图像,看起来像是一系列模糊的半圆形,隐约呈香蕉状。梅林觉得这个图像像香蕉后,再也无法将它看成别的东西了。

汉斯是极紫外光光刻技术发展的推动者之一,从最初雄心勃勃的研究项目阶段一直到第一台机器在中国台湾和韩国启动的整个过程中,他都起到了关键作用。他现在已不再为ASML工作,但他仍穿着那件灰色毛衣,胸前印有"ASML,一家默默无闻的公司"的字样。英国广播公司的这句话在他心中占据着特殊的位置,他们根本不知道这家默默无闻的公司曾经如何拼命地寻找着自己的"第一道光"。

2006年左右,ASML与一个275人的团队合作开发极紫外光光刻机,团队大部分人来自飞利浦、蔡司以及荷兰国家应用科学研究院。这个团队的工作地点位于埃因霍温机场附近的一栋大楼中。研究团队可以在这个不受打扰的环境中工作,并由乔斯·本肖普和马丁·范登布林克密切监督。梅林回忆说:"最初几年完全没有商业压力,感觉非常美好。"他们有充足的时间专注于某个极其复杂的任务,但缺乏具体的指导和明确的方案,只能依靠一些假设来开展工作。这听起来像是每个工程师的梦,用他的话来说:"极紫外光光刻技术是非常开创性的,要攻克下来简直难如登天,每个人都跃跃欲试。"

但梦总会有醒来的一天,新的一年也带来了新的压力。马丁希望在2月份的SPIE(国际光学工程学会)会议上拿出一台能够正常运作的机器,在这个为芯片制造商举办的年度会议上大展风采。只有分辨率低于40纳米的芯片结构照片才符合要求,但团队目前的分辨率仍在数百纳米的范围内。要开始和时间赛跑了,汉斯·梅林的团队只有几周的时间来将这个数字降下来,并把那些模糊、看起来像香蕉的半圆形图案改进成可以展示的成果。在肾上腺素的驱动下,团队加班加点完成了需要数月才能完成的任务。在展示当天,最新的图像从费尔德霍芬传来:35纳米。他们成功了。

这些最初的极紫外光光刻机使用的是放电灯,这种灯的功率很小,需要几个小时才能曝光一片晶圆。尽管如此,ASML还是将原型机送到了鲁汶的IMEC研究所和纽约奥尔巴尼的实验室。范登布林克知道,放电灯只能作为一种临时的解决方案,并不能在实际生产中长期使用。

"我们是如何生成极紫外光的?在熔融锡浴中旋转两个轮子,然后加入火花来激发锡。如果你想获得更多的光,旋转的速度就得更快,但这就像在雨中快速骑车一样。雨水四溅,溅得到处都是。"如果ASML想要在极紫外光光刻技术上取得进展,就必须找到另一种更有效的方法。

希望落在了西盟(Cymer)上,这家位于圣地亚哥的公司先前一直为

105

传统光刻机提供激光器。西盟公司正在研发一种液滴发生器（droplet generator），能以每秒5万次的频率形成30微米的锡滴。如果你在真空中用高强度的二氧化碳激光射向它，就能产生辐射13.5纳米黄金波长的等离子体。

至少目前的计划是这样的。现在，他们只需要在芯片工厂中实现该计划。

2004年，英特尔公司向西盟公司投资2000万美元，以加速开发极紫外光光源。但西盟并不着急，他们不想在一项不确定的技术上投入巨资，且这项技术只有一个潜在客户，这个客户还来自荷兰。这太冒险了，就算他们决定开发，那也必须是按照他们自己所设定的规则和条件来进行。

与此同时，ASML可以通过斯蒂夫·维特科克持续了解和跟踪圣地亚哥那边的情况和进展。在过去的8年里，这位飞利浦时代的先锋一直在西盟公司科学顾问委员会工作，期间召开了无数场有关极紫外光的会议。他注意到圣地亚哥有许多聪明的员工愿意大胆尝试有趣的想法，偶尔也能成功实现这些想法，但他们产出的质量不太稳定。ASML的工程师们很清楚，尽管西盟在研发上颇为成功，但他们无法将这些技术转化为大规模生产。西盟从圣地亚哥寄来的原型机在质量和设计上与ASML从其他供应商处获得的技术标准相距甚远，ASML感到难以接受。但在光刻系统中捕捉极紫外光是一个很大的挑战，机器不需要外观漂亮，只要能够实现其功能和目标即可。

西盟很快发现，如果先将液滴压平成圆盘状，光源的强度就会增加。这样一来，可以分开2次发射激光。首先轻轻一击将液滴压成薄饼状，然后再进行一次强烈的爆破，将锡加热到20万度，转化为等离子体。这一发现无疑是一个进步，但这仅仅是个开始，他们还必须想出能够每秒进行50000次上述操作的方法。ASML的每一步进展都是对物理极限的挑战，他们在想办法让光源变得强大且稳定。但反射问题尤其令人头疼,二氧化碳激光一发射,锡液滴会将部分激光反射回去,穿过几百米长的管道和镜子,直达激光的核心。一旦反射到核心,设备就会烧毁,一切归零。

工程师们通过反复试验来寻找解决方案。经过无数次的头脑风暴、建模和测试,ASML 的工程师们最终想到了将锡滴本身作为一面镜子集成到整个激光系统中。然而,激光需要来回折射几次才能达到所需的强度,如此一来,微小的锡液滴就已经消失了。马丁·范登布林克意识到,他没有考虑到一个无法突破的物理极限:光速。"我们花了 5 年时间才意识到,不能完全依赖锡液滴的反射特性来达到所需的效果。"

ASML 又回到了起点。作为激光器供应商的德国制造商通快(Trumpf)与费尔德霍芬和圣地亚哥的专家们一起解决这个问题。此时,极紫外光光刻机激光器的部件已经超过了 45 万个。考虑到系统可以再安装一些额外的部件,工程师们设计了一种方法,可以在反射光返回其起点之前将其偏转并切断。直到 2008 年,这个方法才成功,但成功的喜悦很快就被新的挑战冲淡了。尝试启动极紫外光光源时,初始阶段会产生很多杂质或不稳定的现象,就像冷柴油发动机在启动时产生很多烟雾一样难以避免,如何"干净地"启动光源就成了一个挑战。每次爆炸后,锡滴也会在反射镜上留下残留物。这面反射镜是一个"收集器",用于收集光线,随着残留物的增厚,光强也会减弱。这就意味着需要不断地清除残留物以保持镜面清洁,这会导致光刻机长时间停机。ASML 需花数年时间才能攻克这个难题。

这个过程还需要极大的能量来保证足够的光线,以便打印出芯片图案,这比普通扫描光刻机需要的能量要多得多。光束在通过光刻机的过程中,要经过 10 面镜子,每面镜子会吸收 30% 的光。马丁·范登布林克快速计算了一下:"电网提供 1.5 兆瓦的电力,其中 30 千瓦用于产生激光,这些能量转化为 100 瓦特的极紫外光,其中真正到达晶圆上的只有大约 1 瓦特。"这些机器在最初可能是亏损的,但从长远来看,它们必须开始盈利,否则就无法持续下去。于是,ASML 逐步提高了功率。在如此精细的尺度上进行照明时,只有最强大的激光才能胜任。

但更大的功率也会产生更多的热量,导致反射镜膨胀,进而开始产生微小的偏差。这些偏差需要立即改用小型电机进行修正。携带芯片图案的极紫外光掩膜本身也是一个极其敏感的镜面,就像五星级酒店的客人要求完美一样,镜子上哪怕有一丁点灰尘都是不可接受的。但是,该如何保持这一切的清洁呢?虽然机器是在真空环境下运行的,但分子仍然可以渗透到密封的腔室内,沉积在镜面上。因此,ASML 对制造极紫外光光刻机的无尘室提出了更高的要求:无尘室每立方米空气中只允许有 10 个 100 到 200 纳米大小的尘埃粒子。这比医院手术室的空气要洁净 1000 倍以上。

早在 1998 年,汉斯·梅林就已经计算过,极紫外光光刻机需要芯片制造商多大的成本投资。根据他的计算,ASML 当时大大低估了这项新技术的经济效益。事后看来,他觉得这反而是好事。没有任何一个理智的首席执行官会签署一个需要 20 年才能完成的项目,尤其是在没有任何成功的保证或中期利润来支持项目进行的情况下。这样做不是在冒险,更像是失去理智了。这也是为什么日本竞争对手退出了这场角逐,不是因为他们的工程师能力不行,而是因为尼康和佳能根本不打算继续为极紫外光光刻机投入这么多资金。

2006 年,这场与时间的赛跑开始了。马丁·范登布林克在 SPIE 的演示结束后,立即在阿姆斯特丹格兰德(The Grand)酒店的房间里向三星签售了第一台极紫外光光刻机机器,并约定在 2010 年之前交付。这个交付时间非常具有挑战性,三星希望 ASML 能够生产出一台能提供 100 瓦极紫外光光源的机器,但 ASML 当时的技术水平还远远不够,甚至还没有达到 5 瓦的水平。

从那时起,范登布林克要求每天汇报光源的进展,即使在休假期间也是如此,没有什么比这更重要了。有一年夏天,由于信号不佳,他离开意大利的公寓,找了一个有信号的山顶打电话。在随后的 2 个小时里,他逐渐意识到西盟公司的问题层出不穷,每一个解决方案都会引发其他的问题。范登布林克的心情沉到了谷底,他知道,要结束这个庞大的项目,需要引入更多的资金。但在金融世界摇摇欲坠的今天,芯片行业也深受影响,资金要从何而来?

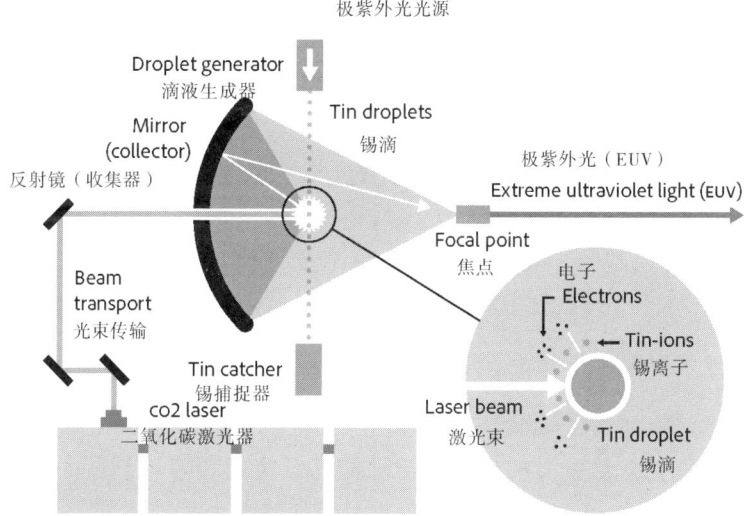

两次独立的激光脉冲每秒击打锡滴多达5万次,产生用于生成极紫外光的等离子体。

20. 三个火枪手

2008 年 9 月，世界仿佛突然按下了暂停键。美国投资银行雷曼兄弟（Lehman Brothers）申请破产，踩下了全球市场的紧急刹车，市场陷入一片混乱。具有讽刺意味的是，银行业的繁荣实际上建立在大量高风险的抵押贷款上，就像一座纸牌搭建的房子。随着全球信贷危机的全面爆发，芯片制造商没有资本投入新技术。全球市场停摆，ASML 也陷入困境。

大多数情况下，ASML 都能预测到芯片行业即将出现的高峰和低谷，但这次危机在所有人的意料之外。"光刻机的需求突然急剧下降，这是我们从未遇到过的。"首席执行官埃里克·梅莱斯在 2008 年 12 月 18 日的新闻发布会上坦白说道。ASML 踩下了刹车，组装光刻机的工厂停工了。公司现有 6900 名正式员工和 1600 名临时工，需要从他们中裁员 1000 人。

ASML 立即加入了荷兰劳工局（UWV）缩短工时的项目，该项目承诺负责受影响员工工资的 70%，从而减轻公司的压力，让公司不至于大规模裁员。工厂车间 1100 名生产工人都削减了工时，其他员工也不能幸免，每位员工的年终奖减少了一半，也就是他们的"第 13 个月"的工资。

彼得·温宁克将这场危机称为"大萧条"。尽管世界一片恐慌，ASML 的账面上还有 13 亿欧元的储备。与他们的供应商和芯片制造商相比，他们的情况相对还不错。然而，温宁克在与分析师的谈话中明确表示，他们不想成为"整个行业的中央银行"。因此，ASML 决定继续投资，并继续向股东发放股息,而不是把所有的资金用来支持其他受影响的公司。

荷兰的政客们很快注意到了这一点,这不是什么好事。ASML 从政府那里接受了 1500 万欧元的失业救济金,转头却向投资者支付了 8300 万欧元的股息。政客们大为震惊,觉得这就是变相的国家补助。ASML 反驳说,支付股息有助于留住和稳定股东,但这种负面新闻会让公司的股票价格几个月内腰斩。焦虑随之袭来,ASML 最不想看到的就是成为对冲基金或做空者投机的最新目标,股价大幅下跌不可避免地会让 ASML 容易受到恶意收购的威胁,这种情况是他们最不想看到的。

自 2006 年取消优先股以来,ASML 就仅剩 1998 年设立的优先股基金这一条防线来抵御恶意收购。幸运的是,他们还没遇到需要启用这个防御机制的情况,但外部想收购 ASML 的意图和尝试却从未停止过。ASML 有两次差点落入美国人手中。1999 年左右,蚀刻机制造商应用材料公司(Applied Materials)考虑进军光刻市场,试图与 ASML 洽谈收购事宜。1999 年,双方共同成立了电子光刻合资企业,但这次合作很快就结束了。进入千禧年后,ASML 的股价下跌,另一家美国光刻机制造商科磊(KLA)希望此时能够收购 ASML,但遭到了 ASML 的拒绝,此事最后也不了了之。

尽管最初有过一些恐慌和危机,ASML 最终还是成功地度过了 2009 年。6 个月后,芯片和光刻机的需求开始回升,ASML 终于等到了这个时机。虽然荷兰国内仍然对政府援助引发的争议感到愤怒,但埃里克·梅莱斯拒绝再对此作出回应,不再关注这些负面新闻。他将注意力放在了更重要的事情上,要将处理器和内存芯片光刻机的市场份额从 50% 扩大到 80%。如果他能成功,用于新技术研究的大部分资金都会流向 ASML。一位曾在ASML工作的经理表示:"ASML当时有极好的机会和条件,只有极度愚蠢的人才会把事情搞砸。"ASML在经济危机期间继续投资于研究和开发,而日本的竞争对手却保持谨慎态度,减少或暂停了投资,这让ASML逐渐在技术和市场上取得了领先地位。

公司决定把重点放在与少数几家大型芯片工厂的合作上,这些工厂有能力在新技术上进行持续投资。ASML决定停止一些小众项目,其中包括使用光刻机生产液晶屏幕的计划,虽然这个市场是有潜力的,但马丁·范登布林克不想派遣优秀的工程师去做这个项目,他需要集中他们的力量来解决极紫外光光刻机的大量技术问题。ASML面临着巨大的时间压力,距离向三星公司交付100瓦功率光刻机的时间已经所剩无几,另一个重要客户又向ASML提出了新的挑战。

仍对极紫外技术持怀疑态度的台积电,决定开始测试来自荷兰初创公司Mapper的一台电子束光刻机。而ASML认为电子束光刻机不适用于大规模的半导体生产,所以早早叫停了这个方向的研究和开发。如果用电子束打印精细的芯片结构,的确不再需要昂贵的掩膜,但电子束的输出速度太低,与极紫外光的速度相比简直不值一提,无法用于大规模生产。而且这种情况很难解决,芯片结构越精细,打印速度越慢。然而,在2010年,台积电表示他们确信Mapper的技术就是未来的标准。ASML则认为这毫无根据,就像说"草不是绿色的"一样荒唐。

同年,汉斯·梅林的车开进了苹果公司总部入口处,停在无限循环园区(Infinite Loop)的停车场。越过台积电来拜访他们的客户不太合规,但考虑到苹果公司在科技界的巨大影响力,梅林觉得值得为此破例,毕竟是苹果主动发出的邀约。也许苹果公司正在考虑建立自己的芯片工厂,想找他了解极紫外光光刻机的情况。

但这次访问还另有其因,苹果的支持可以对台积电产生重要影响,可以促进ASML与台积电的合作。梅林事先告知了台积电他要前往苹果公司总部,他们之间的关系本来就很脆弱,他不希望台积电通过小道消息得知此事。

很快,梅林与苹果公司进行了第二次会面。ASML的策略奏效了,台积电很快订购了第一台极紫外光光刻机。苹果对台积电的技术领导能力印象深刻,因此自2013年1月起,苹果抛弃了三星,改由台积电供应其移动设备的芯片。由此,两大科技巨头在ASML的技术基础之上建立起了合作关系。

要让极紫外光光刻机投入生产,ASML还需要克服一个障碍。位于圣地亚哥的研究小组一直无法提高激光器的功率。西盟的技术总监在与马丁·范登布林克的通话中坦白说:"这个极紫外光源比普通激光复杂得多。过去,我会在其他人5点下班离开后,留下来独自解决问题。但这个问题和以前的完全不同,我们解决不了。"

2012年,范登布林克已经没有耐心了,他希望收购西盟,全面掌控光源,期望通过投入更多的资金和人力,最终解决欧洲目前面临的技术障碍。但首席执行官埃里克·梅莱斯坚决反对,他认为,世界有严格的自然秩序,ASML是设计和组装系统的建筑师,不应该越界,收购只会带来麻烦。至少,这是埃里克所坚守的原则,他只想停留于合资企业,不想再进一步。对于范登布林克来说,这远远不够。

在他们就这一想法对峙时,范登布林克怒气冲冲地说:"你知道吗,埃里克,如果我们不收购西盟,我们永远实现不了目标。"但梅莱斯始终不为所动。马丁立马到了财务总监温宁克的办公室，想找个盟友一起推动收购。彼得无条件地相信马丁的技术判断，但他需要打消疑惑。

"在 1 到 10 的范围内，我们造出极紫外光光刻机的机会有多少？"

"在 6 到 8 之间，"范登布林克回答。

"好，那就放手一搏吧。"

在董事会会议上，两人联合发起攻势。梅莱斯终于让步，同意收购西盟，但 ASML 无法独自承担收购以及额外的极紫外光研究费用。对此，埃里克·梅莱斯和彼得·温宁克想到了应对的办法。

2012 年 7 月初，ASML 做出了一个重要的决定，向公司三大客户开放公司的股份，从而获得用于研究的资金。英特尔向 ASML 投资 33 亿欧元，获得了 15% 的股份；台积电和三星也跟进了较小的份额，合计最高 25%。但他们没有投票权，也不能参与董事会成员选举的投票，ASML 只能有一个掌舵人。

这个办法是在温宁克办公室的一次头脑风暴会议上想出来的，温宁克是"火枪手项目"的推动者。"火枪手"这个名字源于法国大仲马的冒险小说《三个火枪手》（*The Three Musketeers*）。这一次，"三个火枪手"的主角换成了处理器市场的领导者英特尔、最大的内存芯片制造商三星和全球最大的半导体代工厂台积电。这三家公司都依赖于 ASML 的创新，因共同利益而联合在一起。

"人人为我，我为人人"。这个想法很好，但芯片公司之间的联系并没有那么紧密。英特尔打算使用直径 450 毫米而非 300 毫米的硅晶圆，更大的规格可以容纳更多的芯片。但是，与大多数光刻机制造商一样，ASML 并不看好这种规格。改变规格就意味着芯片工厂中的所有设备都需要进行调整，而中断生产所造成的损失将远远超过额外产量所带来的收益，这种做法的经济效益并不划算。如果英特尔想要一台"450"光刻机，就得自己为此买单。即便如此，只有在至少有第二家制造商也参与投资的情况下，ASML才会考虑开发新的光刻机，这也是为什么ASML要求三星和台积电也收购股份。这几家公司同意收购股份的条件是收购所得的大部分资金要投入研究极紫外光光刻机。ASML将研究资金分成了两部分：5.53亿欧元用于开发生产大规格晶圆的光刻机，8.28亿欧元用于极紫外光光刻技术。

夏天的几个月里，ASML的整个领导层奔走于世界各地，希望将"火枪手"们团结在一起，共同完成这个项目。为了让英特尔加入，ASML需要做大量的准备。因而在项目内部给予这位"火枪手"相关的工作起了一个单独的代号："垦地（Polder）"。相应地，英特尔的员工也为这个项目想了一个别名："焦糖松饼（Stroopwafel）"，这是一种荷兰的甜点。最终，英特尔的运营总监布莱恩·科再奇（Brian Krzanich）在帕洛阿托的一家酒店签署了协议。与此同时，台积电创始人张忠谋签署了文件，购入了5%的股份。三星当时的首席执行官生病了，他们在最后一刻才参与收购，获得了3%的股份。

ASML通过出售股份总计筹集了38.5亿欧元，其中13.8亿欧元用于投资新技术的开发。此外，ASML还新增了1200个技术岗位。对于这家拥有4000名工程师的公司来说，通过这次交易获得的巨额资金是一笔非常可观的投资，也极大地推动了布拉班特地区的发展。

然而，这次的股份出售仍需获得股东大会的批准。尽管在芯片行业中，客户持有少量股份并不罕见，但ASML即将提出的方案对于股东来说将是更难接受的。具体来说，该方案要求现有投资者让出一部分股份，以换取一定的补偿。为了避免稀释股票的价值，ASML 的财务总监温宁克设计了一种"合成回购股份"的巧妙结构，这样既能获得必要的资金，又能保护现有股东的利益不受稀释的影响。

股东大会上，资本集团（Capital Group）、富达投资集团（Fidelity）和贝莱德集团（BlackRock）等主要投资者提出了一连串的质疑，温宁克都一一巧妙应对。2012 年 9 月，股东们终于达成一致。1 个月后，ASML 宣布以 19.5 亿美元的股票收购西盟公司。

然而，对 ASML 的新股东英特尔来说，这个项目出现了意想不到的转折。按照约定，ASML 花了 1 年的时间开发"450"光刻机，但范登布林克已经不愿再继续拖延下去。如果英特尔想要这款机型，他们就必须下订单并支付费用。英特尔很不情愿，觉得自己被针对了，问道："难道没有其他制造商想购买'450'光刻机吗？"范登布林克嗤之以鼻："天啊，最早这可是你们想要的。"

2013 年初，范登布林克为英特尔、三星和台积电的技术总监在加利福尼亚安排了一次会议，这是"三个火枪手"第一次面对面洽谈。现在已经不是"人人为我，我为人人"团结一心的局面了，而是"二打一"。台积电和三星开门见山，直接指出他们觉得采用大规格的晶圆没有意义，这让英特尔的老板措手不及。长期以来，美国在芯片制造领域一直占据主导地位，但这次情况发生了变化，现在是亚洲芯片制造商在主导局面，而英特尔对此却无能为力。

450 毫米晶圆项目突然被终止，剩余的预算被释放出来，ASML 多出了 3 亿欧元用于加快研发极紫外光光刻机。这笔钱来得正是时候。

21. 乔安的手

与乔安握手时请务必小心,她在 ASML 位于圣地亚哥的无尘室工作了多年,可以执行高超的精细操作。乔安全神贯注地俯在机器前,小心翼翼地将两根电线缠绕在"喷嘴"上,这是极紫外光光源的核心部件,负责以每秒 50000 次的频率通过中空针头喷射锡滴。

只有乔安和另一位同事能够缠绕和焊接这些"看不见"的电线,这样精细的工作极少有人能掌握。"即使是钟表匠也无法像她们这样,"她们的老板惊叹道,"而且这没有办法实现自动化。"

这不是件简单的小事,喷嘴在芯片工厂的日常使用中经常会被堵塞。当这种情况不可避免地发生时,唯一能做的就是更换一个新的喷嘴。简直无法想象,如果没有乔安和她同事的巧手,三星和台积电的极紫外光光刻机将会停滞多久。2023 年,全球最先进的芯片生产线要依赖于这 2 个人的双手才能正常运行。

同年,位于圣地亚哥的 EUV 实验室以及 ASML 的所有设施都在扩建。光刻机的需求量很大,需要更多的空间来测试新一代极紫外光光刻机的原型光源。工程师们要解决的问题是,要想获得更高的功率,就需要以更高的频率喷射锡滴。尽管光刻机内部涉及的物理过程非常复杂,但这个部分的工作原理却如字面意思一样简单明了。而且,你现在甚至可以亲眼看到它的运行。在他们的测试装置中,你可以看到熔融锡滴快速喷射的过程,这些锡滴就像微小的点一样在金属管中无声地浮动。

打开另一间无尘室的门,就能看到一台被工作人员称为"怪物"的巨大设备。这台"金属巨兽"高达数米,里面是等离子体点火的真空腔室。整个光源装置散发出一种超凡脱俗的气息,仿佛是直接从宇宙飞船中吊出来的发动机块。附近有一位工程师正在仔细检查手中的一片布满锡滴的晶圆。通过这些晶圆,他们可以检测"怪物"的核心是否在正常运作。在这台设备的内部深处,藏着乔安焊接的喷嘴,其旁边的腔室内则安装着激光器,随时准备开始工作。

在另一间封闭的控制室内,3位工程师正在检查最新的实验结果。他们终于可以欢呼庆祝了,因为实验室成功生成了600瓦的极紫外光光源。然而,他们并没有因此放松下来,转而开始讨论下一个目标:1000瓦。

10年前,马丁·范登布林克连想都不敢想竟然能达到这样大的瓦数。

2013年,极紫外光光源的功率输出太低,无法支持盈利的芯片生产。液滴发生器需要完美的时机,并且要每次都能产生完美的液滴,这样才能发挥作用。但是,这些组件非常小且很脆弱,它们经常发生泄漏、堵塞或在高压下断裂。大多数液滴发生器仍然是由西盟公司手工制造的,几乎无法提前测试这些部件。这导致产量完全无法预测,生产初期,一半的液滴发生器根本无法工作。而要使这些工作实现工业化并大规模生产,需要花费数年的时间。

收购完成后,ASML立刻将西盟一分为二。这是一次严格的资产分割,意在防止任何利益冲突。在公司位于圣地亚哥北部的一条死胡同索尔名特街(Thormint Court),分拆的结果清晰可见,一侧是"旧"西盟公司,像以前一样继续生产常规激光器,甚至还在向ASML的竞争对手佳能和尼康供货。ASML 对此并不介意，重要的是街对面的极紫外光光刻机厂房，这里是真正开展工作的地方，只有 ASML 的人才能进入。

ASML 接管西盟后，马丁·范登布林克立即将光源开发的重要工作转移到了费尔德霍芬。在短短几个月的时间里，ASML 和激光器制造商通快就有超过 1000 名工程师参与到开发工作中，人员规模是圣地亚哥团队的 4 倍。没有时间去说服美国西盟公司的员工接受范登布林克所说的"新思维方式"，当涉及复杂技术的产业化时，需要用果断的"荷兰方式"来处理。

最早的极紫外光光源实验是由澳大利亚工程师丹尼·布朗（Danny Brown）在西盟公司操刀的。在确定使用锡滴之前，他在实验室中用激光照射了各种金属，试图生成特殊的光："值得庆幸的是，什么都没爆炸。但也没什么成果。"

ASML 接手后，布朗发现自己面临着巨大的压力，必须提高和稳定光源的输出功率。每年，ASML 都会发布一个技术障碍清单，列出公司面临的最大技术挑战，而西盟所面临的技术问题每年都名列榜首。西盟公司原来的员工必须迅速适应荷兰工程师的风格。荷兰工程师会像牙医处理蛀牙一样，直击问题的薄弱环节，而且不会浪费时间进行麻醉。这种直言不讳、直击要害的态度被美国人视为粗鲁无礼。于是，西盟的美国员工越来越不愿意报告项目中的问题，他们因为害怕被批评而选择隐瞒问题，但这种做法触动了 ASML 的敏感神经。2013 年，弗里茨·范霍特接手这个项目时，他深有体会："西盟的员工总是保证会解决问题，总是说'下周就能搞定'，但事实总是并非如此。这让我们非常烦恼，他们从不坦诚地汇报问题。"

范霍特安排大家到比利时卡斯特尔莱的一家酒店疗养放松，努力拉近项目负责人和各部门之间的距离。距离费尔德霍芬有50公里，可以远离工作中的压力和障碍，他们可以在每天的午餐和晚餐中冷静地评估项目的进展情况。每个月，他们都会邀请一位来自圣地亚哥的工程师参加会议，每年有2次类似的会议在圣地亚哥举行。项目的实现，需要共同努力。

让极紫外光技术投入使用已经非常复杂，但ASML还要同时开发更先进的新一代极紫外光光刻机，整个过程更具挑战性。新一代的光刻机配备了更大的镜头孔径，业内称为"高数值孔径"光刻机。这对西盟的团队来说无疑是难上加难，疗养放松转变成了一场预算争夺战。由于蔡司制造这些高精度镜头需要很长的时间，这些机器还需要大约10年的时间才能上市。

根据范霍特的计算，ASML每周花费1000万欧元来开发极紫外光光刻机，但到目前为止还没有带来任何收益。同时，外界对ASML能否按时完成极紫外光光刻机的开发都表示怀疑。竞争对手的希望开始燃起，因为看起来ASML一直以来的努力似乎要失败了。

项目负责人的压力越来越大，艰难迈出的每一步都关系到公司的未来。现在，他们比以往任何时候都更需要团结在一起，因此高级管理层决定让员工们与当地的一位布拉班特牧羊人一起参加户外团建活动。

ASML员工的任务是用自己的努力把羊群赶进羊圈，牧羊犬偶尔也会帮忙吠叫几声。赶羊的过程总是一只羊进、三只羊出。研发极紫外光光刻机这么久以来，他们对这个徒劳无功的过程感觉再熟悉不过了。

极紫外光光刻机设计师们参与了一些不带有宗教色彩的活动——压力预防课程。管理层知道，最大的风险是员工们由于过度工作，在机器开始运转之前就筋疲力尽。范霍特试图向技术人员说明这一点，让他们不要"像傻瓜一样"只会埋头苦干。

课程负责人面对的是一群热情且聪明的人，年龄都在 30 岁左右。一小部分人明显处于过度疲劳的边缘，其他人则在与自己的完美主义作斗争。对于 ASML 的员工来说，最糟糕的要求是让他们在按时交付和保证质量之间做选择。

从给他们一些启发开始："压力本身并不是发生在我们身上的事情，而是我们如何应对发生在我们身上的事情。"屏幕上出现了一张图片：一头不堪重负的驴子，艰难地拉着一辆装满货物的车，却不肯放弃。他们都知道这种感觉。

其中一个预防压力的小贴士似乎是为参与者量身定做的："当上司说'我 10 分钟后要和你谈谈'时，你的心跳会骤然加速。我们都知道为什么——你觉得他们生气了。"让你放轻松的小贴士是，想一些美好的事情。"通过想象一个欢乐的小宝宝或是热带天堂来欺骗你的大脑，把老板咆哮的形象从你的脑海中赶走。想想小狗欢快摇尾巴的样子！"

在开发光源的过程中，每前进一步似乎都会遇到两步的倒退。最严重的挫折出现在昂贵的光学系统上。光刻机必须定期停机更换反射镜，因为它们非常容易受到碳沉积的污染。这些沉积物会积聚在镜子表面，弄脏镜面，削弱光源的功率。机器必须不断抽气，以去除真空腔中的杂质，即使是一个小小的指纹也足以让抽真空的过程额外增加 24 小时。只有经化学分析确认所有污染物都低于污染阈值后，才能重新开启极紫外光光源。

此外，反射镜还会起水泡。反射镜的涂层由许多非常薄的层构成，这些层像一堆微型镜子，用来反射不需要的光频率。就像你的皮肤在海滩上晒了一整天一样，这些层很容易烧伤，随之而来的水泡会迅速导致光源功率下降，后果是每小时生产的晶圆数量减少，客户的怒气增加。当涉及大量资金时，客户对这种问题不会宽容，他们会对 ASML 非常不满。

三星和台积电早在 2013 年就开始使用原型机，在极紫外光光刻机开始全面生产之前进行试验，以解决任何可能出现的问题。除此之外，芯片制造商还希望 ASML 发现的所有问题都能立即报告他们，但 ASML 对这些坏消息有自己的处理策略。在通知急躁的芯片制造商之前，工程师们希望先找到这些紧急问题的解决方案。据汉斯·梅林的经验："如果你在没有任何解决方案的情况下将问题立即告知客户，很容易给客户留下不好的印象。"在他看来，这并不是不诚实的表现："显然，不能对客户完全撒谎，但也不需要披露所有细节，适当保留信息与不诚实是有区别的。"

极紫外光光刻机的开发延误了数年之久，这段时间里，所有人都在为解决光源问题而努力。范登布林克也承认，这的确是一项非常具有挑战性的任务，给团队带来了很大的压力，有时他也会怀疑他们是否能解决这个问题。"但这就像你在服兵役一样，身处其中时感觉非常糟糕，但事后回想起来，却会觉得那是人生中最美好的时光。"

不过范登布林克并没有服过兵役，他被免除了兵役。这可能是件好事，实在是难以想象出马丁服从命令的场景。

22. 阴和阳

在 ASML 当老板，你的发言权其实并不大。对首席执行官埃里克·梅莱斯来说，这种文化冲击是意想不到的。在 ASML，领导的指示不是必须严格执行的命令，更像是对话的开始，与这位法国人的做事风格大相径庭。他习惯于集中权力，希望自己像拿破仑一样成为决策的核心，这常常让他的员工感到害怕。如果你在他心情不好的时候触怒了他，他的回应将极为严厉、直截了当。但在工作时间之外，梅莱斯的态度就截然不同，更为轻松风趣。晚餐时，他总是第一个打开话题："什么是我们不能聊的呢？男女关系、政治和宗教。那这 3 个话题，我们先从哪个开始聊？"

梅莱斯在 2013 年第二任期结束后离开了 ASML，他开玩笑说："荷兰人有一个大缺点——他们不是法国人。"他并不讳言自己的观点："荷兰人很难接受一个明确的领导者，特别是那种愿意加快节奏的领导者。"

尽管荷兰人可能不太容易接受如此直接的领导，但在 ASML，马丁·范登布林克无疑是实际上的领导者。虽然他没有"首席执行官"的头衔，但他是 ASML 赖以生存的基石，负责制订技术计划、参与专利撰写和决定战略收购。在整个芯片行业中，他象征着威望和地位。如果他的某项计划在董事会上受阻，他会坚持到底，直到成功为止。在他的领导下，ASML 形成了一种独特的文化。这种文化既有独裁的一面，也有允许每个人提出更好想法的自由。因此，即使在一个看似严格的管理体系中，员工依然有创新和表达意见的空间。

正如他自己所说:"在 ASML,公司文化应该让每个人都觉得自己有能力做出改变。真正让公司鹤立鸡群的是员工本身,而不是单纯的管理层或系统。"

到 2013 年,ASML 拥有约 13000 名员工,这给管理带来了挑战。

2012 年,埃里克·梅莱斯的合同即将到期,董事会开始思考由谁来接替他的位置,他们在考虑是否要再找一个外部人士来罩住马丁。他们意识到公司内部其实已经有一个潜在的领导者——个性亲和的彼得·温宁克。温宁克作为首席财务官,在公司内外都被人们认可。他与区域内的供应商关系密切,为公司的利益积极奔走。尽管通过工作证才能知道他的正式职务,但很多人已经将他视作首席执行官。

自 1999 年以来,温宁克和范登布林克之间越来越信任,他们非常了解彼此的优势和能力。他们共同负责公司的收购,一起拜访客户,在面对法国首席执行官的愤怒时并肩作战,这些共同经历和艰难时刻让他们结下了深厚的友谊。梅莱斯和范登布林克经常发生冲突,温宁克就是那个主持大局的人。温宁克擅长在各方之间搭建桥梁,保持团队能够团结一致。但这也非常耗费精力,毕竟,在 1 个鸡舍里养了 2 只好斗的公鸡确实会令人头疼。

在温宁克看来,ASML 不需要再从外部请来另一个像梅莱斯那样的领导,他觉得公司不需要那些试图控制马丁以满足自己权力欲望的"大人物"。这些外来的领导就像到处"叫嚣和标记领地"的狗,制造麻烦和冲突,温宁克也不想再充当调解人的角色。他宁愿自己来领导公司,但前提是要与马丁一起。最终,范登布林克和温宁克都表达了领导公司的意愿,但也都表示如果对方被选为领导,他们也会欣然接受。董事会认识到,二人对公司都至关重要,他们相辅相成、完美互补。"他们二人就像太极图里的阴和阳。"一位董事如是说。

于是,2013年,ASML任命了2位总裁和董事:温宁克任总裁兼首席执行官,范登布林克任总裁兼技术总监。这样的安排在企业管理层中并不常见。对ASML来说,这样可以非常明确地界定两人的职责。首席执行官掌舵,马丁负责设定航向,这就是ASML的工作方式。温宁克非常清楚这一安排的重要性,正如他所说:"有了马丁,就相当于稳操胜券,应该没人会想破坏这个稳赢的机会吧?"

温宁克提出了一个简单的薪酬计算方法:将前任首席执行官和首席财务官的薪水加在一起,然后除以2。这比埃里克·梅莱斯拿到的薪水低,但他们很快会通过其他方式弥补这个差距。

接下来的6个月里,这对搭档为ASML的未来发展制订了一个计划。然而,他们的合作并不是从一开始就一帆风顺。起初,温宁克刚接任新职务时对自己的表现不太自信,而这种感觉又因范登布林克喜欢插手一切事务越发强烈。范登布林克不仅对芯片行业有着深厚的知识储备,还有着鲜明强烈的个性,温宁克难以招架。对于没有工程背景的温宁克来说,每次去马丁的办公室都像是一场考验。

两位总裁恢复了威廉·马里斯在职时的一个传统,每年为ASML的高层管理人员举办一次烧烤派对。这个活动轮流在范登布林克和范霍特家里举行,因为他们家里的院子足够宽敞,可以搭建容纳150人的帐篷。温宁克则住在费尔德霍芬郊区一座普通的房子里,但他的房子有个酒窖。

温宁克从未怀疑过马丁的技术直觉,他说:"和马丁一起工作时,目标总是非常明确。我们明确知道明年要交付什么产品，也知道10年后要达成什么目标。这种明确性让工作变得简单，没有必要再进行争论。"

然而，共同领导一家公司需要一些技巧。作为领导人之一，你需要时刻控制自己的自尊心，不能随意对外界或公司内部的人透露信息。彼得和马丁的意见并不总是一致，但关键是他们学会了相互理解，深入了解彼此的思维方式。很多时候，他们在对方还没开口之前就能准确预料到对方的想法。

每隔几周，两人就会到布拉班特的坎皮纳（Kampina）自然保护区一起散步。在这里，他们可以安静地聊聊天，从工作聊到家里的孩子，无所不谈。范登布林克早上也经常在这附近的树林里骑车。范登布林克有2个来自前一段婚姻的孩子，以及2个与他第三任妻子的继子女，而温宁克则有2个与第二任妻子所生的孩子。

温宁克希望确保每个人都能融入团队，理解技术团队中充满对抗的氛围："冲突并不在于理念，而在于技术。大家都希望证明自己是对的，争当最聪明的人。"他希望将ASML打造成为一个让所有人都感到舒适的地方，而不仅仅是适合那些处变不惊的工程师。对他来说，不断的喊叫和咆哮是没有意义的："因为人们会习惯，最终变得无所谓，偶尔的情绪化才更有影响力。"

有阴就有阳，范登布林克则毫不掩饰自己的愤怒。有时能看到员工们哭着走出他的办公室。在一次会议中，马丁突然发火："真是的，到底是谁找来了个定时炸弹！"大声质问是谁邀请了竞争对手参加客户的演示会。团队成员解释清楚后，他很快就消气了。他只是想知道事情的来龙去脉，不会浪费时间去深究。随后，他会用一个玩笑来缓和气氛。

马丁经常不按会议的议程开会，一开始就把话题引导到他感兴趣的内容上。有时，他可能会花 45 分钟谈论他刚在报纸上读到的内容，只剩下 15 分钟继续议程上的内容。他很清楚自己在做什么，同事们也都认可他的幽默风格。一位同事曾送了他一个代尔夫特蓝（Delft Blue）陶砖，上面刻着他常用的结束语："虽然会议上没有展示很多幻灯片，但通过讨论，大家的思想和理解都得到了提升。"

马丁习惯于挑战和质疑所有与他讨论的人。即使他完全同意你的提议，他也会故意持反对态度，测试你对提议的信心。他常常以讽刺作为武器，只要他有一丝怀疑，就会用带着讥讽的口吻问道："有意思，这个方法肯定和你之前的那个一样有效吧？"

大多数 ASML 员工都习惯了他经常爆发的情绪，在公司里已经稀松平常。真正让员工们担心的是，如果在会议或对话中，马丁一直在看他的笔记本电脑，不听他们的发言也一言不发，就表明他认为他们的意见或问题不够重要，不值得他花时间关注，这可不是什么好事。

马丁的抽象思维非常出色，他的同事们对此非常钦佩。当马丁专注地讲话时，他会闭上眼睛几秒钟，以便更好地思考。当他的注意力进一步集中时，他的右手会本能地放到额头上，抬起 3 根手指，就好像他在把自己的思绪推回脑中，以防走神。

但尽管在技术细节上非常敏锐，马丁在日常生活中却相当健忘。旅行时，他常常拿错传送带上的行李，或者忘拿自己的东西。"哎呀，我的笔记本电脑还在飞机上。"他在韩国机场通过海关时说。他就这样走下了飞机，落了自己的随身物品。一位同事开玩笑说："加州的荷兰领事馆有一堆备用护照，都是给他准备的。"马丁对 ASML 的全情投入使得他几乎没有为其他事情留出空间。如果某件事情不在他的思考范围内，他就会完全忽略。

在马丁沉浸思绪、忘却外界时，彼得·温宁克在积极地追求与外界的联系，代表公司出席股东大会，与供应商、媒体及任何愿意倾听的政客交流。多年来，两人共同处理与芯片制造商的关系，一次次会议、一次次飞行，跨越一个又一个大陆，然后最终再回到费尔德霍芬。对温宁克来说，人际互动在芯片行业至关重要："真正达成交易的从来不是律师，而是那些决策者们，大家坐在一起，看着对方的眼睛说'我相信你'，交易就是这样达成的。"

然而，在合作初期，大家对极紫外光光刻技术的信心逐渐减弱。技术问题导致极紫外光光刻机的推出日期一再延后，2014年在硅谷的一次失败展示更是雪上加霜。ASML开发的机器出现故障，台积电觉得这个项目的前景黯淡。美国分析师在评论中嘲讽道"摩尔定律已经死了"，并在评论中表现得像小孩子嘲笑同学一样，你仿佛可以听到他们在写标题时哼出的嘲笑声。

展示会结束后的第二天早上，ASML代表团在圣何塞共进早餐，气氛十分严肃。马丁·范登布林克试图通过向媒体透露技术细节来减轻展示失败的负面影响，声称台积电的极紫外光光刻机只是出了点小问题，很快就能正常运行，ASML需要让世界相信摩尔定律依然有效，芯片的性能将继续按照预期速度提升。尽管如此，三星仍在等待ASML交付先前承诺的光源。这个光源必须足够强大和可靠，以支持芯片生产。根据协议，这个光源的输出功率至少要达到100瓦。ASML面临的风险在不断增加。尽管常规的极紫外光光刻机仍未能正常运行，但下一代机器，即所谓的高数值孔

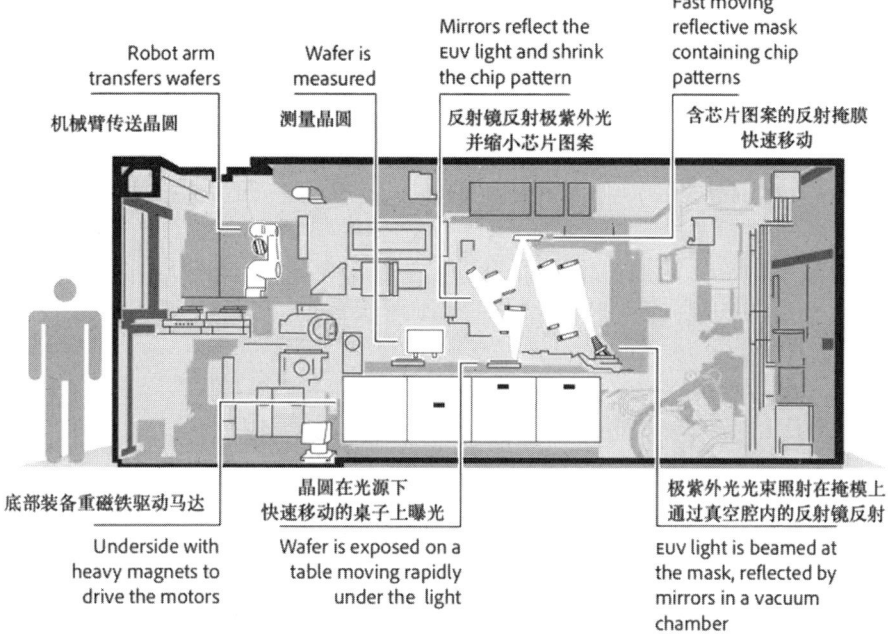

径光刻机的准备工作已经开始。蔡司需要投资数十亿欧元来建造一座全新的工厂，并配备高成本的设备，以满足 ASML 新的技术需求。

然而，ASML 的监事会并没有对这些计划感到兴奋，他们不愿意再投资一台功能不完善的机器。尽管如此，温宁克和范登布林克还是成功获得了批准，2016 年 11 月，ASML 投资了 10 亿欧元，获得了蔡司半导体部门 SMT 24.9% 的股份。通过这笔投资，蔡司获得了 7.6 亿欧元的资金，用于在奥伯科亨开发下一代极紫外光光刻机的反射镜。现在，他们可以开始建设新的厂房了，工程师们已经对这个新兴前沿的项目充满了期待。

但是，马丁·范登布林克面临着另一个挑战，他需要马上开始为这台新机器寻找客户，而此时，这台机器不过是一张蓝图。2017 年，马丁特别安排了一次阿姆斯特丹凡·高博物馆的私人导览。在凡·高所绘的《向日葵》前与芯片制造商讨论交流。但三星对高数值孔径机器毫无兴趣，并回应道："先确保你能让承诺的100瓦光源正常启动并运行起来，然后我们再谈别的。"

同年年底，温宁克和范登布林克飞往韩国，与三星半导体部门负责人金奇南（Kinam Kim）会面。刚下飞机，马丁看了一眼手机，露出像柴郡猫（the Cheshire Cat）一样的笑，给温宁克看了这封来自澳大利亚工程师丹尼·布朗的电子邮件，邮件内容让人长舒一口气："我们达到了100瓦！"

虽然圣地亚哥的团队终于生成了100瓦特的极紫外光光源，但这只是第一步。为了真正说服三星，他们需要在韩国拥有一个可以自主运行的极紫外光光源，而不仅仅是依赖远在世界另一端的测试系统。然而，用于捕捉极紫外光的集光镜，仍然频繁受到污染。这种污染会导致光源的功率下降，而在需要全天候运行的芯片工厂中，这是无法接受的。"所以实际上，我们什么也没做出来。"范登布林克说道，他从不在事情还未尘埃落定之前就过早地庆祝。

圣诞节前的一个周六上午，三星的技术总监来到了费尔德霍芬，他想来看看成果。范登布林克本打算和家人一起去滑雪度假，但光源问题仍未解决，他只能告诉妻子："你们先去吧。"为了找到解决方案，这位技术总监和圣地亚哥团队每天都与马丁进行电话会议，试图解决反射镜变黑的问题。在2018年3月之前，ASML必须让三星的光刻机运转起来，但目前他无法给三星的技术总监带来好消息。与此同时，另一个任务的截止日期也在逼近。范登布林克曾向监事会承诺，他将在明年年初前为高数值孔径光刻机争取到订单,否则就叫停这个项目。范登布林克向监事会请求延期3个月,再给一个季度的时间来决定极紫外光光刻机的商业命运。范登布林克不敢对成功作出任何保证,他耳边仿佛又响起了那些自鸣得意的分析师嘲笑他的声音。

与此同时,英特尔在认真地考虑购入一套高数值孔径光刻机,但英特尔愿意支付的价格比ASML的定价要低5亿美元,范登布林克被如此巨大的差价吓了一跳:"天啊,如果你们真的想要那些光刻机,我们就各让一步,取一个中间值来定价。"英特尔同意了,但是具体细节还需要进一步商议。范登布林克召集了他的销售团队,他们必须找到解决方法,快速达成协议,以弥补与英特尔之间巨大的价格差距。于是,他动身前往中国台湾,争取下一个高数值孔径光刻机的客户。

起初,台积电对这代新光刻机并不感兴趣。二月,范登布林克和温宁克一起飞往台北,成功说服了台积电。温宁克诗意地向他们承诺:"这是一次信任的飞跃,我们同起同落,共迎挑战。"正是这句话打动了张忠谋,使其决定购买台积电的首批极紫外光光刻机。如果新技术的实施遇到困难,ASML会确保提供备用机器或替代方案,以保证生产的正常进行。

与其他客户相比,三星的情况则更为棘手。他们已经等了7年,却还没有拿到能正常工作的极紫外光光刻机,已经失去了耐心。范登布林克给金奇南写了一封私人邮件,请求他再多给1个月的时间,承诺到四月一定能解决问题。

一次完全偶然的发现让极紫外光光刻机实现了新突破。2018年2月,一位工程师注意到了一些奇怪的现象:"当我们打开真空系统更换部件时,反射镜为什么又变干净了?"团队中的化学家安托万·肯彭(Antoine

Kempen)解释说,这可能是由于氧气进入系统所致。他们迅速进行了一系列测试,结果证实了他们的猜测:如果在真空中除氢气外还加入一点氧气,光源镜面能保持长时间的清洁。由此解决了反射镜被污染的问题。

3月底,范登布林克前往韩国,向三星展示极紫外光光刻机已经准备好投入生产了:"我们什么都没有告诉三星,只说机器需要进行一个小小的升级,增加一根氧气管道,问题就解决了。"三星对结果很满意,立即签订了购买高数值孔径光刻机的合同。

范登布林克授予安托万·肯彭"研究员"的荣誉称号,以表彰他在极紫外光光刻技术抗污染方面所做的突出贡献。多亏了肯彭对氧气的这一小小发现,ASML终于可以松一口气了。

23. 问题没解决，就不回家

纳米城，听起来这个地方很小，但全球40%的数字存储器都在这里诞生。当你从311号高速公路驶出，前往三星位于华城（Hwaseong）的存储芯片工厂时，很难想象出韩国曾经贫穷的景象。经过日本殖民统治的剥削和朝鲜战争的摧毁，韩国一度比它的北方兄弟（即朝鲜）的境况还要糟糕。然而，自1970年以来，韩国人均GDP从600美元增长到了4万美元。得益于朴正熙执政时期的严格计划经济以及三星、LG和现代（Hyundai）等大型企业的发展，韩国转变成了一个工业强国。如今，仅三星一家公司对韩国经济的贡献率就高达20%，韩国也因此被戏称为"三星共和国"。

巨大的晶圆厂覆盖着红、黄、蓝三色面板，每块面板都有数米高。这些颜色让人联想到荷兰著名画家彼埃·蒙德里安（Piet Mondriaan）笔下的色彩。但一位三星员工指出，这并非是对艺术的致敬，这些图案实际上是手机或笔记本电脑里存储芯片微小图案的放大版本，展示了这些工厂内生产的产品。

走进三星工厂，映入眼帘的是一块牌匾，上面刻着员工的10条指导原则，其中一条是"Reach beyond your goal"。三星的创始人李秉喆（Lee Byung-chull）深受中国哲学家孔子思想的影响，同时也从日本工厂的严格纪律中汲取灵感。在继任者李健熙（Lee Kun-hee）的领导下，三星将重点转向西方，成为了手机市场的领导者。李健熙认为，作为韩国最大的企业集团，三星需要迅速适应新市场，并提出了他最喜欢的口号："除了妻子和孩子，一切都要改变。"

位于首尔南部的纳米城有一条向游客开放的全功能生产线。"这个生产线的面积相当于3个足球场的大小，但我们也有11个足球场那么大的生产线。"导游指着身后的无尘间说道。透过一面大玻璃墙，游客可以看到整个生产空间。里面除了机器，几乎看不到其他东西，也没有人类的身影，人类带来的灰尘颗粒不利于生产。尽管生产线主要由自动化设备运行，但仍然有一支由30名员工组成的幕后团队随时待命。如果出现任何问题，这个团队会立即介入处理。

机器人和自动运输车运送着成堆的晶圆，每个晶圆都装有多达10000个存储芯片。一片晶圆需要6周的时间完成所有工序，然后再送到不同的工厂切割成单个芯片。

应用材料公司、拉姆研究公司（Lam Research）、东京电子公司（Tokyo Electron）和ASML等光刻机制造商都在三星附近设立了分支机构，以便在有需要时及时响应。导游指着大厅后面的扫描光刻机，那里笼罩在一片黄色的灯光中，为工厂最昂贵的设备披上了金色的光环："这种灯光有助于光刻生产，就像在暗室里冲洗照片一样。"

芯片部门是三星电子公司最赚钱的部门。然而，存储芯片的需求波动很大，一旦市场需求下滑，就会严重影响三星的收益。此外，与先进的计算处理器相比，计算机存储芯片的利润率较低，这就是韩国人如此注重效率和高产量的原因。如果他们的极紫外光光刻机能够正常投入生产，机器的闲置时间就会减少，就能节省宝贵的时间用于生产。

2018年底，纳米城到处都是黄色的大型建筑起重机，一座8层楼高的新工厂开始动工，其启动成本为 150 亿美元，额外注资 110 亿美元。三星实际上是在建造两个代工厂，他们还想用极紫外光光刻机生产存储芯片。印有 ASML 标志的白色和蓝色集装箱已经堆积如山，准备就绪。

通过他们的不懈努力和军队般严明的纪律，三星和原属于现代集团旗下的 SK 海力士（SK Hynix）征服了芯片世界，他们对供应商的要求也不低。用一位 ASML 员工的话来说，在韩国工作意味着"努力、加倍努力、再加倍努力"。

ASML 的销售总监桑尼·斯塔尔纳克（Sunny Stalnaker）出生于韩国，经常与韩国技术人员打交道。当被问及韩国的芯片工厂与其他的有何不同时，她很快回答道："很简单。他们专注得像激光一样。"这些工厂在生产过程中非常专注、目标明确，不容许任何分心或失误。

1997 年亚洲金融危机爆发时，三星和 SK 海力士债台高筑，需要国际货币基金组织（International Monetary Fund，IMF）提供数十亿美元的支持，来帮助韩国恢复经济。据斯塔尔纳克所说，这些芯片工厂能生存下来全靠自己的意志力。"所有亚洲芯片制造商都重视成本控制，但没有一家像韩国的芯片制造商那样拼命努力，他们的工作强度和投入是难以置信的。"

举例来说，一旦生产系统出现问题，所负责的三星员工会一直待在现场，直到机器恢复运行。"在问题解决之前，他们绝不会考虑回家。如果你问他们，他们可能只会笑笑。"这种敬业精神也影响了在韩国工作的 ASML 员工，他们在办公室里甚至配备了床铺，可以在与芯片制造商开会的间隙小憩片刻。

三星公司里流传着这样一句话："好刀需要好厨师。"ASML 的员工注意到，三星的目标是完全掌握光刻技术生产芯片的流程。"在遇到机器故障时，ASML 的员工要进行详尽的分析，细致到每一个细节，"斯塔尔纳克说道，"这些分析并不一定相关，但需要仔细研究，才能掌握所有情况。与此同时，还要回答成千上万个来自三星的问题。三星希望每小时都能跟他们同步一些新的情况，即使在这 1 小时内什么都没发生。" 20 世纪 90 年代初，日本的光刻机制造商在维护时经常把机器盖起来，防止韩国客户看到内部组件。相反，ASML 在维护机器时完全开放，毫不遮掩。

正如弗里茨·范霍特所说，韩国人有一种"杀手心态"。在他领导 ASML 的供应部门的那些年里，他经常自己一个人面对着一群愤怒得大喊大叫的韩国客户，但与其试图以同样的激烈语气回应他们，不如采用更冷静、理性的方式来处理问题："他们都承受着来自上司的巨大压力。一旦你解决了他们的问题，你就会获得长久的友谊。"

作为对 ASML 代表的感谢，范霍特被授予韩国的亨德里克·哈梅尔奖（Hendrick Hamel award）。你可能从未听说过哈梅尔，但他是最著名的荷兰人。早在 17 世纪，这位来自霍林赫姆（Gorinchem）的簿记员在为荷兰东印度公司（Dutch East India Company）工作时，一次意外的海难让他来到了韩国，从此他的人生发生了意想不到的转变。他的游记打开了韩国对外贸易的大门，自此在韩国被誉为民间英雄。他几乎和带领韩国国家队取得巨大成功的足球教练胡斯·希丁克（Guus Hiddink）一样受欢迎。300 多年后的今天，ASML 仍在享受着亨德里克·哈梅尔冒险的果实。据官方统计局数据显示，2023 年，荷兰对韩国的出口总额达到 120 亿欧元，其中"专业机械"贡献了 63 亿欧元。这些机器大部分来自 ASML。

马丁·范登布林克回忆起 ASML 刚开始为三星供货的那几年，韩国国内的气氛十分激进："很多供应商习惯于迎合三星的要求，但我们当时公司规模还太小，无法满足他们的所有要求。"20世纪90年代，ASML将韩国芯片工厂的维护工作外包给当地中介机构，以弥合文化差距。ASML建立自己的服务组织时，主要雇用韩国工人，这些工人习惯了严格的等级制度和每周50小时以上的长时间工作。韩国高水平的教育也是一个优势，有相对较多的女性选择攻读技术专业。在学校里，为了取得最好的成绩，她们的压力也非常大。桑尼·斯塔尔纳克认为，这只是亚洲文化的一部分："无论是在新加坡、韩国、日本等国家，还是香港、台湾等地区，学生们都要学习到半夜。"

尽管比约定的时间晚了7年，ASML最终还是达到了三星对极紫外光光源的要求。几乎同一时间，他们位于中国台湾的竞争对手台积电也开始用极紫外光生产芯片，两家公司都想争抢第一。ASML需要想出一个办法，让他们各自都能在风口浪尖上占得一席之地。台积电成为第一家能用极紫外光光刻机曝光超过150片晶圆的公司，而三星则拥有着最强大的极紫外光光源。到这时，ASML已经快要突破250瓦特的限制了。

在一段时间里，世界上只有远东地区能使用极紫外光生产芯片。2018年，美国芯片制造商格罗方德半导体股份有限公司（Global Foundries）在纽约马耳他（Malta）的2台极紫外光光刻机停产，因为其生产水平不能带来收益。英特尔在各方面都被亚洲竞争对手超越，且直到2023年后，英特尔才开始使用极紫外光光刻机生产芯片。

美国政客倾向于把芯片技术看作是亚洲从他们手中抢走的东西，就像"他们的"极紫外光源被ASML"抢走"了一样。范登布林克的看法却不同："极紫外光的发展已经持续了25年。他们完成了最初的5年建树，我们则完成了接下来 20 年的发展。"简而言之,亚洲芯片制造商之所以能够领先,是因为他们愿意承担比美国竞争对手更大的风险。

2019 年 8 月,三星 Galaxy Note 10 上市,这款手机基于 7 纳米技术制造,它的处理器是使用极紫外光光刻技术生产的,是市面上第一款使用这个技术的智能手机。马丁·范登布林克收到了一部手机作为礼物,这是常常让他感到绝望的三星老板送上的一点小谢意。2019 年底,台积电为华为手机提供了一款类似的芯片。苹果公司很快跟进,并于 2020 年在 iPhone 中搭载了采用台积电 5 纳米技术制造的 EUV 芯片。

芯片制造商在描述其技术代或"节点"时,我们通常需要批判性地看待他们所提供的信息。虽然他们宣称芯片上的最小电路和连接的尺寸达到某个纳米级别,但实际上这些尺寸通常比宣传的要大 5—10 倍。然而,这种不准确性并没有妨碍芯片制造商利用这些夸大的数字作为营销宣传的一部分。

"EUV 芯片"这个称呼并不能完全反映芯片制造的全部过程。每个处理器由多层结构组成,如果将芯片切开,就会发现内部有很多不同的光刻技术层叠在一起,类似于树干的年轮。只有极少数最关键的电路层是用极紫外光光刻机曝光的,其余层的结构则由传统的光刻机完成。

2020 年 12 月,ASML 庆祝售出第 100 台极紫外光扫描光刻机,但这项技术还尚不成熟。工厂中的机器需要进行大规模升级和修复,每当激光器需要维修时,整个生产都会停滞数周甚至数月,这意味着大量备用机器需要随时待命。

芯片制造商也倾向于夸大机器的问题。他们不可能一有问题就把价值数百万美元的扫描光刻机换成竞争对手的产品,因此,他们更喜欢强调问题、列出长长的投诉清单，来让ASML的工作人员警觉。工程师们被成百上千张幻灯片"轰炸"，每一个丢失的螺丝钉和每一个延误的备件都独占一张幻灯片。

但到目前为止，最大的问题还是污染颗粒，这些颗粒会导致硅晶圆上的偏差。这些问题很快就会上报给ASML的专家，帮助优化生产。据亚洲的一名员工说，这是一份压力很大的工作。白天要见客户，晚上要和费尔德霍芬的设计师开会，清晨还要接听来自圣地亚哥的视频通话，一直在开会，每晚最多只能睡5个小时。"如果有突发情况，那就睡得更少了。"

收集从锡滴爆炸所产生光线的反射镜也需要定期清洗。最初，反射镜每几周清洗一次，后来逐渐延长到每隔几个月一次。ASML开发了一种类似汽车清洗系统的设备，配备了专为收集器设计的高压清洁器。亚洲投入使用的极紫外光光刻机越来越多，所以就地清洗要比不断地将反射镜空运到荷兰清洗方便得多。

ASML在台湾林口的分公司每年要清洗超过200个极紫外光收集器，就连韩国的机器也会送来中国台湾，进入凯茜（Cathy）的无尘室清洁。凯茜刚刚毕业就成为了一名机械工程师，她的工作任务是清理镜面上的锡斑。这些锡斑堆积在镜面上，仿佛一个粗心的画家在上面乱涂乱画。凯茜设定了清理的计时器，使用二氧化碳进行12小时的清理，镜面清理干净后就可以重新装回机器里继续使用了。

大多数经过清理的镜子最终会回到台积电的扫描光刻机中使用。尽管韩国提供了大量的数字存储芯片，但全球的计算能力主要还是依赖于台积电的芯片。

24. 与张忠谋同行

下午5点,在新竹科学园区内,就在交通灯变绿的瞬间,成群的摩托车队从台积电园区驶出。员工们骑着摩托车,在装满气体和化学品的卡车以及为建设"20厂"而来往的施工车辆旁穿梭而过。"20厂"是新建的超级工厂,将从2025年起开始生产精度在2纳米内的芯片。这是一个庞大的工厂,与台积电其他建筑之间几乎没有空隙。

有很多方法可以辨认出台积电的员工,他们摩托车挡泥板上会有"T"的标志,脖子上挂着橙色钥匙链,随身携带着透明的包袋。为了防止员工带走涉及商业机密的物品,工厂要求员工必须背透明包,而且禁止携带手机进入厂区。

芯片工厂24小时不间断运转,生产员工实行轮班制,每班12小时。台积电计划在2023年再招聘6000人,但由于台湾的出生率很低,聘到合适的人才是一项挑战。现在,台积电试图通过吸引高中生每周到这里兼职工作几小时的方式,来应对人力短缺的问题,希望这些学生能在毕业后成为公司的正式员工。目前,台积电的员工总数大约有7万人。这个台湾芯片制造商在芯片行业举足轻重,为索尼的PS游戏机(PlayStation)、苹果的iPhone生产处理器,还为美国芯片制造商英伟达(Nvidia)生产用于运行人工智能应用的图形芯片。此外,特斯拉、亚马逊、阿里巴巴和微软的数据中心和计算系统中使用的处理器和其他关键芯片,大部分都是由台积电生产的。2022年，台积电供应了全球一半以上的芯片和90%的最先进处理器。

要建造一座最先进的芯片工厂，成本高得惊人。芯片设计者更倾向于从像台积电这样的专业"代工厂"租用产能。即使是英特尔，也会将部分生产外包给台积电，因为英特尔自己的极紫外光光刻机生产线还无法实现高效生产。

张忠谋的职业生涯和台积电的发展是全球化的体现。他1931年出生于中国，在美国学习机电工程，并曾在德州仪器（Texas Instruments）工作，之后移居中国台湾。正如前文提到的，他于1987年在飞利浦公司的支持下创立了台积电。从那时起，他口袋里就一直装着一个黑色记事本，随时准备记下新的晶圆订单。他还总是带着他的烟斗，完全无视台积电办公室内的禁烟规定，这也让ASML的员工感到惊讶。尽管如此，没有人敢指责他在办公室抽烟。

张忠谋于2005年卸任首席执行官，但在2009年，78岁的他复出，重新掌舵，将公司带回正轨。他的继任者蔡力行（Rick Tsai）在任时让台积电生产太阳能电池和LED照明的芯片，但张忠谋并不同意，他希望抓住移动革命的机遇。2013年，他成功吸引苹果成为客户，并为ASML带来了超过30亿欧元的大订单。张忠谋在2018年6月极紫外光光刻技术引入后辞去职务，但即使他已步入晚年，仍然在业内有着极大的影响力。外国政要将张忠谋视为工业界的"芯片之王"。他也是台湾企业家如苏姿丰（Lisa Su）和黄仁勋（Jensen Huang）的灵感来源，这两位分别是AMD和英伟达的首席执行官，他们都出生在台南市，也就是现在台积电生产芯片的城市。

张忠谋亲笔写下了自己的座右铭，挂在台积电新竹总部的墙上。座右铭大意为：巨大的障碍背后，是光明的未来。在台湾工作的4000名ASML员工非常清楚这些挑战和困难。台积电是极紫外光光刻技术的领军公司，所以也会暴露和发现该技术所存在的问题。

马丁·范登布林克的办公室里，摆放着一块来自台积电的牌匾，上面写着：EUV，2018年4月。这是他引以为豪的东西，他回忆说："那是一次突破，就一个问题：是成功还是失败？"

答案是：成功了。

然而，到了2018年，新一代光刻机的表现却不尽如人意。机器内部漂浮的不知名颗粒让人头疼不已，导致每片晶圆上的可用芯片数量减少。而在台积电，良品率是至关重要的。每当生产超过1500万片晶圆，每片晶圆包含数百个先进处理器，数量之大，因此良品率至关重要。

由于极紫外光光刻机里的线路非常细，任何污染都会产生影响，ASML会记录台积电每周发现的污染颗粒数量。如果锡颗粒落到掩膜上，台积电的人就会勃然大怒。因为这种情况所造成的影响很大，每一步曝光中，这些颗粒都会在每片晶圆上重复出现。可以在掩膜上覆盖一层保护膜，也称为"胶膜"，这样就能将颗粒挡在外面，防止造成任何损害。这就像在你的太阳镜上有一个污点，尽管你仍然能透过污点看到东西，但它还是会影响一些视线。同样，无论保护膜有多薄，它总会挡住一些极紫外光，这就意味着曝光晶圆所需的时间会更长。在ASML的世界里，每种解决方案都有代价，即使是为了防止污染而添加保护膜，也会带来效率上的损失。

引入了新设备后，台积电暂时不再需要使用双重或三重曝光来在芯片上绘制细线。虽然节省了时间和金钱，但操作和使用这些设备需要较长时间的学习和适应。在使用这项技术时，往往要经过多次尝试和调整，才能找到最佳的方法和解决方案。台积电从早期阶段就开始收集"晶圆移动"的数据，他们的数据分析师会利用这些信息来提高产量。为了更快地填充数据库，台积电还从 ASML 订购了尽可能多的机器。这样一举两得，台湾每订 1 台机器都意味着韩国竞争对手少了 1 台。ASML 的生产能力有限，尤其是最新一代的光刻机。芯片制造商乐于利用这种供应短缺，从而在竞争中占据优势。

ASML 的现场工程师全力协助台积电优化工厂。与此同时，他们还要协调费尔德霍芬的同事一起帮忙。ASML 和台积电部门之间的讨论往往是很紧张的，双方情绪很容易激动。ASML 的设计师们认为台积电没有正确使用极紫外光光刻机，或者是工厂中的其他设备导致了污染问题。如果台积电的一位经理在视频会议中突然愤怒地结束通话，当地的 ASML 团队就知道，他们需要负责处理这些问题和后续的工作。

弗里茨·范霍特说："台积电在提供帮助和推动进展方面找到了一个很好的平衡点。"在解决技术问题时，ASML 和台积电能迅速合作。两家公司之间有一种文化上的契合：台湾人通常英语说得很好，而且他们和 ASML 一样有"外包心态"——如果别人能做得更好，就让他们去做。

与 ASML 相比，台积电内部的管理结构更加等级化，但这种等级化管理还没有达到韩国企业那种高度军事化的程度。台积电的研究部门承担了大量的工作，特别是帮助 ASML 解决技术问题。由于这些问题的解决会对其他竞争对手也有益处，专家们有时会觉得自己的努力不仅仅是为了台积电自身的利益，还间接帮助了竞争对手。

位于台湾西北海岸的新竹市，是台积电研发新芯片生产技术的中心。在这里，分别称为红队和蓝队的工程团队轮流改进新的技术节点。一旦新的制造技术准备就绪，就可以在台南或台中等城市开始大规模生产晶圆。这些地区过去是稻田和果树的种植地，现在被大型和超大型的半导体工厂所占据。工厂运行时产生的噪音充斥整个区域，听起来就像是一直在滑行却从未起飞的飞机。

尽管极紫外光光刻机的大小约相当于一辆城市公交车，其相关的建设却跨越了多个楼层。台积电的主楼层高超过 10 米，容纳了光刻系统、测量设备和其他类型的芯片机器。主楼层下方是"辅道生产层"和"次辅道生产层"，其中有满是电子设备的机架、激光器，以及处理冷却水、气体和化学成分的机器。从荷兰对中国台湾的出口数据中可以看到这些极紫外光光刻机的影响。从 2016 年到 2022 年，荷兰对中国台湾的出口额几乎翻了 4 倍，从 31 亿欧元增至 116 亿欧元。这是一笔巨大的投资，但它是值得的。自 2019 年以来，台积电的年收入已经增长了 1 倍多，达到约 700 亿美元。它现在占据了整个代工市场的 60%，是其最接近的竞争对手三星的 4 倍。

台积电在台湾取得成功的关键之一在于其严格的客户分离策略，负责苹果公司的工程师不会知道英伟达所使用的芯片技术。ASML 的员工也必须遵守这种严格的保密规定，通过电子邮件发送任何文件都需要得到明确的许可，会议期间在白板上书写的内容也严禁拍照。一些工厂的测量数据可以通过安全连接远程访问，这样可以避免浪费时间去无尘室进行无关紧要的检查。

然而，台积电并非总能抵御外界的风险。芯片工厂周围有一些红色的柱子，员工在发生紧急情况时会在这些地方集合避险。此外，台积电也无法完全避免像地震这样的自然灾害带来的影响。1999 年 9 月，一场强烈的地震导致工厂暂时关闭，直接影响了芯片生产，进而在整个行业引发了金融震荡。

每次发生大地震后（台湾每年有几十次地震），ASML 的技术人员都会立即赶到工厂检查机器。这些扫描光刻机配备了先进的空气悬挂系统来吸收震动，这些系统非常敏感。但如果地面震动过于剧烈，系统会自动关闭，需要完全重启才能恢复生产。有时，只需按一下电源按钮即可恢复运行，就像重新启动死机的电脑一样。但是，如果机器上的 20 多个指示灯中有任何一个变红，整个系统就需要进行彻底的检查。

ASML 大约 40% 的收入来自中国台湾。然而，无论台积电与 ASML 的关系多么密切，ASML 如果与其他客户过多讨论极紫外光光刻技术，台积电会立刻表达不悦。ASML 的高层偶尔会访问位于圣地亚哥的高通公司（Qualcomm），苹果的员工也时不时会到费尔德霍芬拜访 ASML。台积电希望保持对技术的控制权，因此对技术知识可能泄漏给其他客户的情况非常敏感和担心。

25. 从未面世的相机

在奥莱也（Oerle）、泽尔斯特（Zeelst）和梅尔费尔德霍芬（Meerveldhoven）这几个费尔德霍芬的小镇之间，ASML建立起了强大的垄断地位。经过多年的投资，ASML在一项看似不可能实现的技术上取得了重大成果。2017年，ASML报告称其新款极紫外光光刻机的收入超过了10亿欧元。同时，ASML在传统光刻机的市场份额也攀升至90%。

尼康咬牙切齿地紧盯着ASML的快速发展。直到20世纪90年代，日本技术集团尼康一直是光刻机市场的领导者，后来ASML横空出世，迅速占领了市场。不过，当你被赶下王位后，还有办法扭转局面，那就是：起诉新的国王。

2017年4月，尼康再次对ASML提起专利诉讼。他们都没料到的是，尼康在对ASML发起专利诉讼时，还将德国镜头制造商卡尔·蔡司的半导体部门也卷入其中。尼康指控他们在荷兰侵犯了11项专利，并在德国和日本同时提出了诉讼。如果法院判尼康胜诉，ASML将无法在费尔德霍芬继续生产光刻机，ASML的处境再次岌岌可危。不论ASML是否是市场领导者，生产禁令的威胁是他们最不希望看到的。但与上次不同的是，ASML早已预测到了这次上诉并做好了准备。

尼康2001年提起的那场诉讼还历历在目。当时非常突然，2004年以所谓的交叉许可协议告终。尼康、ASML和蔡司相当于签订了一份停战协议，以便彼此可以正当合法地继续使用对方的技术。为了达成协议，ASML 支付了 8700 万美元，而蔡司则需要向尼康再支付 5800 万美元。

交叉许可协议的部分条款在 2009 年到期，ASML 尝试与尼康讨论续约，但没有得到回应。2013 年，剩余的协议即将到期，ASML 再次联系尼康，但尼康仍然没有回应。ASML 愿意支付合理的金额以续签许可，但尼康不愿意延长现有的协议，而是希望从 ASML 的收入中分一杯羹。2017 年，ASML 的收入超过 90 亿欧元，尼康希望从中获得数亿欧元，用以弥补其光刻研究成本。2009 年，日本的极紫外光光刻机项目停滞不前，而 ASML 的这款光刻机垄断了市场。加之未能赢得第一次专利战，尼康失去了领先的市场地位，一直心怀不满。

同样，只要提及任何与日本竞争对手有关的事情，ASML 的员工都有强烈的抵触情绪。ASML 的老员工们不会选择使用佳能或尼康的相机，尽管它们是最好的相机。他们更愿意购买奥林巴斯（Olympus）或索尼的相机，虽然这些品牌也是日本的，但它们与 ASML 的直接竞争没有关联。即便如此，员工们也不得不承认，日本生产的相机确实是世界上最顶尖的。

埃里克·梅莱斯意识到日本尼康可能会再次对 ASML 提起关于光刻机的专利诉讼。因此，2011 年，在这位法国人卸任首席执行官的前 2 年，他找到了马丁·范登布林克，提出了一个绝妙的办法——只要尼康对光刻机提出第一项投诉，ASML 就应该利用相机专利来反击尼康，这样可以在尼康的核心业务领域打击它。梅莱斯提前预料到了未来的诉讼风暴，郑重地提醒范登布林克："马丁，你会遇到麻烦的，所以你需要在他们擅长的领域里攻击他们，一定要拿到相机领域的专利，这样才能在法律战中占据有利位置。"

虽然范登布林克经常与梅莱斯发生冲突,但他知道这位法国人的确很聪明。他把梅莱斯的提醒铭记于心,咨询了负责管理 ASML 光刻专利组合的托恩·范赫夫(Ton van Hoef)。范登布林克意识到,要悄悄地把这些专利拿下来。

一个名为公司信息(company.info)的在线数据库显示,2011 年 10 月,ASML 成立了一家名为 Tarsium B. V. 的空壳公司,为的是避开尼康律师的注意。这个公司的正式注册地是在阿姆斯特丹和埃因霍温的一个住宅区。"Tarsium"这个名字似乎源自"tarsier"(眼镜猴),这是一种生活在东南亚岛屿上的夜行灵长类动物,以在黑暗中捕捉昆虫为生。在 2012 年至 2014 年期间,Tarsium 收购了价值近 1000 万欧元的数码摄影相关专利,这些专利来自惠普(Hewlett – Packard)、施乐(Xerox)、联发科(MediaTe)和高智发明(Intellectual Ventures)。Tarsium 在 2012 年 11 月获得了第一个专利,该专利是一种在图像中选择面部的方法,方便快速拍摄集体照。

当 2014 年交叉许可协议到期时,ASML 向威廉·霍因(Willem Hoyng)求助,霍因是阿姆斯特丹律师事务所 Hoyng Rokh Monegier 的合伙人,同时也是知识产权专家。这次 ASML 与尼康的纠纷是他长达 50 年的职业生涯中最大的案件。霍因悄悄组建了一个 20 人的律师团队,准备应对法律纠纷。2015 年和 2016 年,ASML 和尼康曾尝试调解,但却宣告失败,随之而来的是不可避免的法律战。新的专利战打响了,2017 年 4 月 24 日,尼康首先发起法律攻击,ASML 随即反击。ASML 通过 Tarsium 公司秘密积累了大量专利。4 月 28 日,Tarsium 将积累的专利转让给 ASML 和蔡司,两家公司随即反诉尼康。

外界本来以为这场法律纠纷只是关于光刻技术的，但 ASML 提起的反诉却涉及相机专利，这让人感到意外。ASML 首席执行官彼得·温宁克在新闻发布会上表示，ASML 并未侵犯日本的专利，反诉是因为尼康在谈判中态度不认真，因此 ASML 不得不采取法律行动来保护自己的利益。

ASML 在全球范围内面对大量诉讼，特别是日本提出的指控，他们首先需要在荷兰进行辩护。威廉·霍因与马丁·范登布林克见了面，马丁立即向他询问："久仰你大名。你就是那个著名的律师。所以，我们有多大胜算？"霍因估计成功的可能性高达 80%。范登布林克对此表示不满："我们面临的诉讼超过 15 个，若每起案件的成功率都是 80%，那么连续赢得所有案件的概率会大大降低。如果按照这个比例继续下去，最终的结果可能是 ASML 支付不起你的诉讼费用。我要的是 80% 开 15 次方的结果，98.5% 的胜率，在那之前，你每周五下午都要来这里，让我了解最新情况。"

律师们按照马丁·范登布林克的要求，几乎每个周五都来 ASML 开会。首先是与知识产权部门的会议，然后到范登布林克的办公室里进行头脑风暴。律师们认为，尼康的目标并不是要实际逼停 ASML 的生产，而是想要索取大量的金钱赔偿。但马丁·范登布林克绝不会允许竞争对手把自己逼到绝境。

这位荷兰法官看到自己桌上的案件堆积如山，一天比一天多，里面充满了像"onderdompelinglithografiebelichtingsinrichting"这样的词。这是一个有 46 个字母的荷兰词，意为"浸没光刻曝光装置"。法官无奈地召集了双方的律师，认为如果这只是钱的问题，事情应该可以更快地解决。他强制让尼康和 ASML 进行谈判，但尼康无意谈判，他们想先赢得一场诉讼，这样就可以逼 ASML 支付更多的钱。随后在旧金山举行的谈判不到 2 个小时就结束了，律师们当天就飞回了阿姆斯特丹。

在前 4 个荷兰的专利案件中，法庭的判决都有利于 ASML 和蔡司。但还不能高兴得太早，每个案件都关系到公司的存亡，只要在接下来的听证会上输掉一个，他们就会失去一切。蔡司现在与 ASML 完全捆绑在一起，最担心的就是这个问题。两家公司在与尼康的法律战中团结一致，但他们的法律策略和行动都受限于法院的进度，而法院的进展速度在范登布林克看来就像蜗牛一样慢。在专利纠纷中，要想取得突破，就需要有动力。

1 年半后，终于有了新的进展。2018 年 8 月，美国国际贸易委员会裁定尼康侵犯了 ASML 和蔡司拥有的相机专利。一时间，尼康的相机部门将面临美国进口禁令，尼康开始紧张起来。

ASML 和蔡司作为向美国国际贸易委员会提出申诉的一方，需要证明他们确实遭受了实际的经济损失，这意味着必须有使用了这些专利部件的相机在美国市场销售。出乎所有人意料的是，蔡司在 2018 年秋季宣布推出了 ZX1。这是一款全黑色、棱角分明的紧凑型数码相机，配有固定镜头和大触摸屏，内置照片编辑软件和互联网连接。这个相机还有一个响亮的口号："拍摄、编辑、分享"。

蔡司宣布推出新相机 ZX1 的决定让业界媒体感到困惑不解。自从 iPhone 问世以来，数码相机市场逐渐萎缩，大多数人都已经习惯用智能手机拍照，此时蔡司重新进入相机市场的决定显得出人意料且令人费解。

蔡司承诺 ZX1 将在 2019 年初上市，但拒绝透露价格。蔡司在美国分公司的团队制作了一些原型机，并在法兰克福（Frankfurt）的科隆国际影像博览会（Photokina）上发布了 ZX1。那是一场盛大的活动，蔡司的员工们以热烈的掌声欢迎到场的媒体，场面之盛大完全颠覆了人们的预期。12月，一位德国摄影师在 YouTube 上发布了一段视频，展示了他第一次试用 ZX1 相机在杜塞尔多夫（Düsseldorf）的小东京区拍摄的场景，显然是对日本的又一次嘲讽。

尼康开始担忧起来，由于已经输掉了 4 个官司，还面临来自美国国际贸易委员会的进口禁令威胁。尼康最终选择屈服，决定以更合理的条件来谈判新的协议，曾处理过双方前一次冲突的法官爱德华·英凡特（Edward Infante）再次将双方召集到一起。2019 年 1 月 23 日，尼康、ASML 和蔡司发布了一份联合声明，宣布协议达成。蔡司和 ASML 向尼康支付了 1.5 亿欧元（其中 ASML 支付了 1.31 亿欧元），作为在 2029 年之前继续使用其专利的费用。此外，ASML 还需要支付每台浸没式光刻机销售额的 0.8% 作为专利使用费。这一比例远低于尼康最初要求的价格。

现在回想起来，尼康高估了自己的专利地位。即使两家公司是竞争对手，它们在技术开发上也可能会有很多相似之处，因为聪明的人在面对同样的挑战时，往往会得出相似的结论。尼康获得的许多专利是由欧洲专利局授予的，其过程可以说是毫不费力。许多专利不费吹灰之力就通过了欧洲专利局的批准，可能因为这些专利的创新性或技术含量不高。然而，尽管这些专利可能在技术上并不占据绝对优势，关于相机专利的诉讼却对尼康造成了巨大的心理压力，才导致了他们在专利大战中的最终失败。

2019 年 10 月，ASML 为了在专利战中打击尼康而设立的空壳公司 Tarsium 解散了。那么 ZX1 相机呢，那个宣传口号是"拍摄、编辑、分享"的相机又怎么样了？

ZX1 相机的原型机受到了一些测评者的关注，他们在视频和博客里称赞了相机的金属镜头盖、静音快门以及附带的肩带。然而，所有人都有一个共同的疑问：这款相机什么时候才能最终上市？

  2020年10月，人们曾真的以为可以从线上以6000美元的价格订购到这款相机。然而，ZX1从未真正上市，更别说实际交付了。当摄影师们询问此事时，蔡司的官方回应是："我们对相机的各个方面都有非常严格的要求。"事情就到此为止了。2020年，蔡司将ZX1列为"概念相机"，这意味着它更像是一个展示技术的产品，不面向市场销售，仿佛它的出现只是为了法律战中给尼康制造压力，而不是为了满足市场需求。

  尽管ZX1相机没有大规模上市，但它绝非只是一个概念机。马丁·范登布林克在他的办公室里从他的奖状和其他纪念品中翻出了一个白色盒子，盒子正面印有"蔡司ZX1"（Zeiss ZX1）的字样，相机仍包裹在塑封中，说明书也没有动过。他把相机举到眼前，微笑着说："这是全新的。根本不知道它能不能用，我从来没用它拍过照片。"

26. 把高尔夫球打到月球上

"对不起，你得把裤子也脱了。"蔡司的顶级技术主管彼得·库尔茨（Peter Kurz）和托马斯·斯塔姆勒（Thomas Stammler）可不是在开玩笑。不管是谁，只要踏进他们严格管控的无尘室，不仅需要穿上无尘服，还必须穿上无纤维内衣。在进入奥伯科亨的生产大厅之前，还要经过20秒的空气淋浴，确保身上没有任何尘埃颗粒。这种严格的清洁措施是为了确保生产环境的无尘和无污染，从而保证蔡司在这里进行的先进技术开发工作的高质量和高精度。

ASML的新一代极紫外光光刻机被称为高数值孔径光刻机（High NA）。这些庞大的扫描光刻机长达14米，镜面直径宽达1米。光学系统本身由2万个部件组成，重达12吨，是当前极紫外光光刻机光学系统重量的7倍。随着体积和复杂度的增加，新设备的价格也随之上涨。普通的极紫外光光刻机大约需要2亿欧元，而新一代的光刻机价格预计还会翻倍，达到约4亿欧元。

高数值孔径光刻机的价值在于能够以2纳米及更小的精度打印芯片结构，这种缩小芯片规模的能力归功于镜头更大的开口角度。用技术术语来说，数值孔径（NA）从0.33增加到0.55，这就是低数值孔径与高数值孔径之间的区别。

ASML的供应商多年来一直在为这台新机器开发制造零部件。由于镜头制造的复杂性，蔡司需要提前开始生产，因此 ASML 于 2006 年投资入股蔡司，以推动镜头的研究和开发。耗时 5 年，才最终确定所需的技术和材料。

蔡司的高科技实验室坐落在奥伯科亨的群山之间，建在一层厚厚的防震混凝土层上。在 ASML 的帮助下，蔡司开发出了制造新型反射镜所需的测量技术。极紫外光光刻机的反射镜不像浴室里的镜子那样是平面的，其表面形状很复杂，就像游乐场里的哈哈镜那样，映照在镜面上的影像会扭曲变形。技术的难点在于如何测量镜子表面是否足够光滑，以便在不引起光线扰动的情况下反射光线。正如德国人所说："没有精确的测量技术，就无法制造出高质量的反射镜。"

库尔茨和斯塔姆勒走下楼梯，仿佛进入了一个电影《007》里的场景。一个宽阔的房间中心放置着两根闪亮的钢制圆柱，每根圆柱都有潜水艇般宽大，并且被巨大的保险门封闭着。身着蓝色无尘服的人们小心翼翼地在这些"太空时代"的技术设备周围活动。这些圆柱内有与光刻机相同化学成分的真空环境，用于检查镜子的偏差。房间内的设备和环境都非常先进，精度高达原子级别。在房间的左侧角落处，有一个数据中心，处理海量的测量数据。在圆柱后面，一个黄色的机器人有条不紊地从架子上取下反射镜。这些反射镜太重了，人力无法搬动，而且价值极高，不能掉落。

为了确保光刻过程中极高的精度，反射镜的制作必须非常精细，因为即使是最小的偏差也会在晶圆上显现出来。因此，这些镜子采用了一种几乎不受温度变化影响的材料制造。幸运的是，得益于先前航空航天部门的技术积累，蔡司能够成功运用这种材料。尽管卫星和光刻机看似完全不同，但它们都需要在极端条件下工作，必须具备极高的耐受能力和精密度。

在制作这些反射镜的时候，首先由机器人对反射镜抛光打磨数月，以确保镜面的光滑。接下来，蔡司将残余的原子逐个移除。然后，他们在镜面涂上超过50层的超薄反射层，反射镜便制成了。托马斯·斯塔姆勒形象地描述了这些反射镜的精度："如果调整得当，你甚至可以用这种反射镜将高尔夫球击到月球上。如果将这种高数值孔径的反射镜拉伸到德国国土面积那么大，其表面最大的突起也仅有20微米，比头发丝还要细小。"

在蔡司的高科技实验室感到头晕目眩是正常的，但这不是因为实验室内的无菌空气，而是因为仅仅想到制造未来手机芯片所需的工具极其复杂，就能让人感到头晕。这台机器在荷兰的费尔德霍芬被发明出来，装配上来自欧洲各地的零部件制造，然后运送到亚洲和美国的芯片工厂，在那里生产出装满处理器和存储芯片的硅晶圆，并在短短几年内塞进你手中的手机里。

扬·范·斯科特（Jan van Schoot）对这一切都了如指掌。作为ASML的系统架构师，他参与了原始极紫外光光刻机以及新一代高数值孔径光刻机的设计。为了满足新光学系统的要求，这台机器需要进行大量的调整。斯科特说："新的问题不断地涌现"。而他的职责正是解决这些问题。

光线在极紫外光光刻机中传播，首先从光源发出，经过掩膜，再到达硅晶圆。每个反射镜会吸收30%的光线，而新的高数值孔径光刻机比第一代机器少2个反射镜。这意味着更多的光线能够通过，减少了光的吸收损失，从而加快了曝光过程。这种改进对制造商来说节省了宝贵的时间，提高了生产效率。

那么，为什么不一开始就制造带有这些大孔径反射镜的机器呢？范·

斯科特解释说，ASML不喜欢冒险："测量反射镜的设备越来越复杂。每次我们都会问自己，我们能做到什么程度，我们愿意承担多大的风险。在第一代光学仪器上，我们在现有技术的基础上尽可能做到了最好。"

随着新系统的推出，芯片制造商需要调整和适应新的技术要求。在新系统中，光束锐利的区域现在略微缩小了一些，就像人像摄影师只对焦于人的眼睛，而把脸部其他部分模糊处理。因此，需要格外注意晶圆表面的偏差，而其他芯片机器施加的层也需要更薄，以确保整体的制造精度和质量。

在高数值孔径光刻机中，极紫外光的照射角度带来了反射的问题。在高数值孔径光刻机中，极紫外光以更陡峭的角度照射在掩膜上。这种照射角度导致只有一小部分图案能够被正确反射。为了解决这个问题，要使用一种变形镜（也称为"宽屏"镜），这种镜子可以在掩膜上适应更多的图案，但它的视野变小了，因此芯片设计需要进行调整以适应这种变化。

此外，还有"停滞时间"（dead time），是指在芯片制造过程中，晶圆没有被曝光的宝贵几秒。为了减少停滞时间，提高生产效率，晶圆台的加速速度大大提高，使其在极短时间内加速到曝光位置。这个加速度超过了重力的10倍，比战斗机还快。即便如此，在光刻机中运转速度最快的还不是晶圆台，而是带有原始芯片图案的掩膜，其移动速度是晶圆台的4倍。为了应对这些巨大的加速度和力，光刻机配备了一个平衡重物，向反方向移动，保持系统的稳定。

光刻机需要同时处理极高的机械力量和原子级的精度，这种组合需要非常精细的控制。整个光刻机的运作由软件控制，以确保所有部件协同工作。光刻机还需要强大的计算能力来算出反射镜的精确定位，以及一系列传感器不断监控反射镜的行为和状态,确保生产出的芯片图像质量稳定。

托马斯·斯塔姆勒打开了新生产车间的大门,展示极紫外光光刻机反射镜的流水线装配过程。一个工人正随意地用橡胶锤敲打一块光学元件,即使在高科技的生产过程中,简单的工具和方法也能派上用场。经过精心设计和安装,反射镜得以悬挂在光刻机中。这种安装方式确保镜子不承受任何额外的力,不会因为外部压力或安装应力而变形或受到损坏。尽管无法完全摆脱重力的影响,但据蔡司所说,这些镜子看起来像是悬浮在空中的。

在旁边的一个房间里,机器人正使用光刻机的模型机进行练习。这些模型机用于预先编程和测试机器人的移动和操作,确保在处理真正的高数值孔径反射镜时能够准确无误地执行任务。真正的高数值孔径反射镜已经在制造中,但它们处于不同的生产阶段,制造和完善一面反射镜需要整整1年的时间。

整个反射镜系统最终将很快被安装到"光学列车"上,即光刻机中负责传输和聚焦光线的部分。完整的光刻机结构令人惊叹,高达2层楼,装备了大量的高科技部件和系统。为了容纳如此庞大的光刻机系统,无尘室也需要进行扩建。从蔡司园区的外观可以看出,高数值孔径光刻机的组装区是园区最高的建筑。

蔡司约有1000名员工在从事这项新技术的研发工作。ASML和蔡司定期举行会议,确保合作顺利进行。两家公司之间的知识和技术现在完全聚合在一起,公开透明是合作的关键。马丁·范登布林克开玩笑说:"这种合作关系比婚姻还要紧密,因为双方现在根本无法摆脱彼此。"蔡司内部,员工们也开着同样的玩笑。这段"婚姻"的条件很简单,即蔡司仅为

ASML 提供光学器件，而 ASML 则只使用蔡司的光学器件，双方完全共享知识产权。"两家公司，一项业务"的口号仍然适用，且双方都完全没有收购对方的意愿。德国人希望蔡司的半导体技术部门保持独立，因为这个部门带来的收入很可观。从 2016 年的 12 亿欧元增长到 2023 年的 36 亿欧元。这种距离适中且富有成果的合作关系使得双方在短期内都不希望改变这种平衡。

尽管蔡司做了充分的准备，但高数值孔径光刻机未能如期在 2022 年推出。因为 ASML 和其供应商因为其他类型扫描光刻机的需求激增，导致资源分配紧张，无法按时完成高数值孔径光刻机的开发和生产。为了节省时间，远在比利时鲁汶的研究机构 IMEC 立即在费尔德霍芬使用了第一台高数值孔径光刻机进行生产测试，并由快递员来回运送曝光后晶圆到比利时的无尘室进行处理。如果在鲁汶重新组装和拆解光刻机将再耗费 1 年的时间，芯片行业已经等不起了。英特尔是第一家接收首台高数值孔径光刻机的公司。为了将这个重达 150 吨的巨大设备从荷兰费尔德霍芬运输到美国俄勒冈州希尔斯伯勒（Hillsboro）的英特尔研究基地，需要动用 7 架货运飞机。尽管英特尔已经接收了这台"世界上最大的复印机"，但预计它至少要到 2025 年才能开始生产芯片。

27. ASML 的神秘力量

一台光刻机的价格高达数亿欧元,你可能会觉得如此昂贵的机器应该能够完美复制芯片结构,但事实并非如此。

承载芯片原始图像的掩膜不会在光敏层上留下完全相同的图像,因为晶圆上发生的化学过程会产生粗糙和杂乱的线条。但通过使用数学模型,可以计算出如何调整掩膜的形状,这样即使出现偏差,产生的图案仍能正常传输芯片上的电信号。可以把这个调整过程比作 TikTok 或 Instagram 上的美颜滤镜,这些滤镜修掉了脸上的瑕疵,让人看起来更完美。然而,制作掩膜可比自拍费时,芯片上的图案需要数周时间才能转换成完美无瑕的图像。

这项技术被称为计算光刻技术,是芯片生产中不可或缺的一环。马丁·范登布林克在 20 世纪 90 年代末为 ASML 制定了长期战略,早在那时他就意识到:随着芯片尺寸的不断缩小,制造过程中允许的误差空间也随之减小。当芯片的尺寸缩小到一定程度后,制造过程中产生的任何微小误差都会对芯片的性能产生重大影响,只能使用计算机软件来进行精确的调整和校正,通过模拟和优化生产过程,来减少误差并确保每个芯片都能正常工作。

为了增强技术实力,ASML 通过收购技术公司获取到了一系列的专业知识。1999 年,他们收购了美国初创公司 MaskTools,2006 年又以超过

2.7亿美元收购了睿初科技（Brion），睿初科技在硅谷和中国都设有分公司。睿初科技开发的软件可以模拟光刻机的运行，以制作掩膜。生产一个复杂的极紫外光掩膜成本超过50万欧元，而且需要花费大量时间进行计算。而通过使用睿初科技开发的软件，ASML能够显著缩短开发时间并降低成本。

ASML还开发了自己的测量仪器Yieldstar，它可以通过摄像头检测晶圆上的缺损。2016年，ASML以27.5亿欧元收购了台湾公司汉民微测科技（HMI），该公司的机器可以通过电子束对晶圆进行随机采样检测。这些检测产生的大量数据全部存储在芯片工厂的大型计算机系统中，需要强大的算力来处理，而这些数据又反过来推动了对更强大芯片的需求。这就导致了一个循环：为了制造更强大的计算机芯片，需要不断提升算力，推动芯片技术的发展。

尽管硅谷是半导体行业的发源地，但到2009年，这里已经没有大型芯片制造工厂了。不过，硅谷依然是芯片软件开发的重镇，这些专家们并没有离开，他们仍在硅谷工作，并且逐渐融入了新的科技巨头公司，发挥着重要作用。

ASML硅谷分部位于圣何塞（San Jose）的西塔斯曼大道（West Tasman Drive）。公司大厅里，一条用气球做成的巨龙傲然挺立在公司专利展示墙旁边，这些亚洲元素反映了睿初科技和汉民微测科技的背景。中国的农历新年以及每年4月27日的荷兰国王节都是公司的重要节日。为了让每个人在这里都找到归属感，公司还庆祝墨西哥的5月5日节（Cinco de Mayo）。睿初科技的联合创始人曹宇认为，这样有利于培养社区意识。

硅谷的ASML分部与ASML的其他分部不同。2007年签署收购睿初科技协议时，首席执行官埃里克·梅莱斯提醒睿初科技的创始人不要让ASML对他们进行过多的控制。梅莱斯说："如果ASML试图将你们纳入他们的企业结构，请不要理会。如果有问题，给我打电话。"ASML是一个完全专注于制造扫描光刻机的严格项目组织，这与汉民微测科技和睿初科技的运作方式是不同的。

睿初科技向位于圣何塞的公司（如三星和格罗方德半导体股份有限公司）提供其光学邻近校正软件（OPC，optical proximity correction software）。汉民微测科技的测量技术面临的竞争比ASML的光刻机要大得多。但当测量技术、校正软件和扫描光刻机这3种元素结合在一起时，就形成了一个"完整光刻"的核心。这是ASML精心构建的生态系统，可以减少芯片工厂中的误差，提高效率。这个部门在ASML内部被称为应用部门，目前已经创造了数10亿美元的收入。

然而，ASML只是硅谷成千上万家科技公司中的一员。2023年，为了提高公司的知名度，圣何塞的有轨电车贴满了ASML巨大的标志广告。ASML与硅谷的所有科技公司一样，在不断寻找优秀的软件专家。公司的员工们走进美国的各个技术会议和大学，向人们介绍这家荷兰公司及其7000名美国员工所做的工作。ASML甚至还在电视上投放广告，但其广告标语对外行人不太友好。软件专家艾哈迈德·埃尔赛德（Ahmad Elsaid）认为，对于那些没有在半导体行业内工作的人来说，一个更直观的标语会更好一些："你知道我妻子问我的第一件事是什么吗？'每次实现1纳米的突破'到底是什么意思？"

在圣何塞，ASML面临着激烈的人才竞争。2018年至2020年期间，大量员工离开公司，转投谷歌和Facebook等附近的其他公司。另一些人则入职了苹果、Waymo或特斯拉的自动驾驶汽车部门，从事软件开发。尽管硅谷的大型科技公司提供的薪水可能更高，但对物理学家来说，ASML更具吸引力。至少，睿初科技的员工张晨是这么认为的："在这里，我们处于基础科学与经济学的交界处，每天都能学到新东西。"张晨学习的是原子、分子和光学物理学，因此她更倾向于从事芯片机器优化软件的工作，而不是去开发社交媒体平台的美颜滤镜。

在圣何塞的ASML办公室里，除了英语之外，普通话也是常用语言之一，因为他们与在深圳负责软件开发的同事联系非常密切。ASML在深圳还有一个由1500人组成的团队，负责在芯片工厂维护测量设备等工作。

在圣何塞的一间无尘室里，一台全新的人机交互系统正在接受检查，设备的机罩像车库里的汽车一样敞开着。这台设备使用电子束扫描晶圆上的缺陷。这款人机交互系统带有荷兰的技术元素，其电子传感器由一家位于代尔夫特（Delft）的公司Mapper提供，该公司在2018年底宣告破产，ASML收购了其电子束技术，同时，接纳了100名经验丰富的技术人员。Mapper曾希望能够制造一款可以与ASML的光刻机竞争的产品，但最后他们引以为傲的多光束技术却被应用在了ASML的产品中。来自代尔夫特的科学家们现在正在与圣何塞的团队合作，预计将于2025年推出一个更高性能的新版本软件，能够处理检测晶圆所需的巨大数据量。

在这里，一切都围绕着数据展开。用于进行复杂计算的数据中心就位于无尘室旁边。目前，ASML的软件运行在常规处理器或中央处理单元（CPU）上，但新版本的软件将利用云计算，在快速图形处理器上运行，便于应用人工智能来处理数据集。

随着测量数据的爆炸式增长，先前可预测的公式难以捕捉所有变量。

因此睿初科技应用人工智能来探索光束、掩膜和晶圆上的化学反应之间的相互作用。这项技术依托于机器学习，利用神经网络来识别和学习数据中的复杂模式和关系，从而帮助优化芯片制造过程。

在机器学习中，计算机得出的结论往往无法被人类完全复现。这种软件甚至可以提前预测如何设置光刻机以获得最佳结果，因此马丁·范登布林克给它起了个名字："巫术软件"（voodoo software）。马丁指出："没有人确切地知道机器学习到底是怎么回事，但如果完全依赖人工智能，就不会再去想其中的操作原理，这就会带来问题。因为对过程缺乏理解，可能导致对结果的过度依赖，而不明白其背后的机制。"

范登布林克坚信技术应该是可以被计算和理解的。从始至终，ASML一直基于物理定律和数学模型来设计产品。即使是最复杂的蔡司光学仪器，也可以通过计算来实现，确保所有制造出来的产品不仅在理论上正确，而且在实际操作中也能正常工作。

"马丁非常厌恶懒惰，"圣何塞的运营主管吉姆·库门（Jim Koonmen）说道，"他不能容忍团队成员因为无法理解模型而简单地依赖机器学习来解决问题，而不去深入理解和解决问题的本质。他会质问团队成员'为什么选择机器学习，而不是基于物理原理的建模？'"

范登布林克认为，过度依赖机器学习这种不可预测的"巫术软件"，会让 ASML 失去自己的竞争优势。机器学习只能作为加速达成解决方案的最后一步，而不是主要手段："公司需要通过物理模型的附加值来凸显自己。如果没有这些附加值，那就和别的公司没有区别了。"

他将 ASML 的软件与生成型人工智能（如 ChatGPT）进行比较。人工智能虽然可以在几秒钟内生成可读的文本，但并不能创造出新东西。他举例说:"如果让 ChatGPT 写一本关于他自己的书,生成的内容虽然可读,但不会有任何新的东西。"归根结底,ASML 的软件才能将机器的所有组件连接在一起,没有这个软件,光刻机的照明系统、掩膜和镜头就无法结合起来,开始运作。

但该软件也有一个主要的缺点:很容易被复制。2014 年,6 名前睿初科技员工窃取了公司的商业机密,包括两百万行软件代码、算法和手册等信息,并通过电子邮件传送出去。这些员工利用这些商业机密在硅谷成立了一家竞争公司,名为 Xtal(发音为 crystal)。当三星因为出现了这样一个产品性能非常好的新竞争对手而想要终止与睿初科技的合作时,ASML 这才恍然大悟。

2016 年,ASML 对这 6 名前员工提起诉讼。曹宇作为睿初科技的创始人兼技术顾问,在法庭上花费了数十小时的时间来解释复杂的证据。当法官和陪审团在闭门审查 Xtal 的代码时,发现这些代码确实包含了从 ASML 和睿初科技窃取的算法。

2019 年,ASML 获得了 8.45 亿美元的赔偿,但由于 Xtal 早已破产,ASML 实际上并没有拿到这笔钱。这笔高额赔偿金主要是为了震慑那些可能考虑窃取商业机密的人,让他们知道这种行为会受到严厉的法律制裁。

但这一决定导致了适得其反的效果,《荷兰金融报》报道了这个事件,令 ASML 沮丧的是,这个事件变成了政治事件。

由于中美的科技战,ASML 在圣何塞的办公室里存在着一道无形的障碍。美国政府不再签发新的雇佣合同,一些员工由于国籍原因,无法参与面向中国公司的极紫外光光刻机项目或其他先进技术的工作。在中国工作的数百名 ASML 员工担心新出口规定对中国的影响。不过,这也有一个好处。"ASML 经常上新闻，至少我在中国的父母现在知道我在哪家公司工作了。"员工王晨（Chen Wang）说道。

媒体和政界人士逐渐意识到了 ASML 对主要芯片厂的重要性，世界的目光开始聚焦于"那家公司"——人们在美国国会就是如此称呼 ASML 的。这个神秘的公司，拥有超过 4 万名员工，用一些"巫术"，制造出了地球上最复杂的机器。而这层神秘的面纱正缓缓揭开。

第四篇 聚光灯下

机器人发出欢快的旋律，播放着 20 世纪 90 年代的中国民谣《梦里水乡》。逐渐飘近的歌曲提示着华为员工：装满零件的无人驾驶小车正在驶来。

东莞，这座紧邻深圳的繁华城市正逐渐崛起。2017 年夏天，在华为设在东莞的工厂内，约 21000 名员工正在辛勤工作。工厂一楼设有 50 条生产线，每天量产 38000 个移动网络信号塔上使用的放大器。上到二楼，映入眼帘的是正在组装智能手机的华为员工。这是单调乏味的工作，员工们每 2 小时休息 10 分钟，大多数人会选择在休息时间看手机。每天也会有两次歌舞时间，在生产线上工作了几个小时的员工们，会聚在一起放松放松腿脚。

2017 年的华为，乘着移动革命的东风，正一派欣欣向荣。数亿中国人与微信"如胶似漆"，促成了庞大的国内手机市场。政府支持和更低的劳动力成本，也让华为的技术生产成本远低于其欧洲竞争对手爱立信（Ericsson）和诺基亚（Nokia）。出口欧洲的销售额占华为收入的近 30%。而在智能手机的销售上，华为也已经开始与苹果的正面交锋。

华为一跃成为高科技行业新贵，这家中国企业豪掷数十亿美元，用于自主互联网技术和软件研发。2017 年，欧洲专利局共收到 2398 份来自华为的专利申请，数量远超其他公司。这一连串密集的专利申请，实际上是华为为移动网络领域的最新技术——5G，埋下的伏笔。5G 技术支持海量设备与互联网的大规模连接，因此成为推动社会、工业和经济持续数字化发展的关键纽带。可谓"5G 在手，世界我有"。

互联网诞生于美国的一个军事研究项目，一直以来都由美国把握着发展方向。但中国对基础网络技术产生兴趣也在情理之中，毕竟中国拥有超过10亿的互联网用户，数量超过了北美和欧洲用户的总和。科技力量由西向东的转移，与全球53亿网民中的大多数都居住在亚洲这个原因息息相关。

然而，美国对于华为的崛起却始终心存怀疑。早在2012年，美国决策者就妄称中国企业存在欺骗等行为，禁止美国主要的电信运营商在其网络中使用任何华为设备。

华为的另一个竞争对手，中兴通讯股份有限公司（ZTE，简称中兴通讯）的遭遇也不容乐观。

然而，中国技术实惠的价格却让欧盟的电信运营商很感兴趣。此外，斯诺登事件也让欧洲人如芒在背。2013年，吹哨人爱德华·斯诺登揭露了美国中央情报局（CIA）大规模监听的行径，包括在大型科技公司系统内部留有"后门"，入侵电话网络和互联网电缆进行窃听。甚至连欧洲政府领导人也遭到了盟友的监控。

斯诺登的爆料动摇了人们对美国技术的信任。由此，德国最大的电信运营商德国电信（Deutsche Telecom）于2016年与华为合作建立了公共云，使得他们面对微软和亚马逊等强势的美国云服务提供商时能有更多选择。就这样，中国技术深度融入了欧洲数据中心和关键通信网络。

华为，意为"中华有为"。1987年，华为作为首批独立科技公司之一，在深圳经济特区起步。这座城市是全球电子器件的生产地——智能手机、电脑或电视制造过程中所需的所有组件在这里都唾手可得。台湾电子巨头富士康（Foxconn）也在这里设立了组装苹果手机的超大型工厂，场内员工达数十万人。富士康园区的正对面就是华为园区，由公司建造的庞大宿舍内居住了成千上万的员工。紧邻其旁的就是华为创始人任正非的办公室，从窗户望出去是一片迷人的湖泊，还有黑天鹅在其中游弋，宛如仙境。

作为全球最大的电子器件制造中心，中国也因此成为全球最大的芯片消费国。但当时由于本土芯片行业仍处于起步阶段，中国几乎所有的先进处理器都依赖进口，其中大部分来自美国。同样的，中国电子器件中的存储芯片也主要来自外国公司。为了减少这种依赖，自2012年起中国希望能迅速建立自己的半导体产业。

中国提出了以10年为期的"中国制造2025"计划，为建设新芯片工厂及购买外国芯片技术预留了超千亿美元的国家支持。中国的目标是到2025年，70%的核心基础零部件、关键基础材料实现自给自足，包括现代化建设最重要的一块砖——芯片。国有企业制造芯片的时代已经一去不复返了，如今，为了鼓励创新创业，中央和地方直接以投资基金的形式资助芯片制造商。尽管发展道路上也出现了一系列坎坷，但这项政策也成功地促进了一些公司的发展，比如存储器制造公司长江存储。2016年，刚刚成立的长江存储就拥有着巨大的竞争力。苹果公司本考虑从该公司采购苹果手机的大部分存储器，然而，美国认为这笔交易触及敏感领域，苹果公司最终不得不放弃采购计划。

中国还通过华为的子公司海思或紫光展锐等公司，在手机5G芯片的开发方面展开竞争。

这些公司是在进入21世纪后不久成立的，比如在中国芯片销量第一的中芯国际公司，这家公司借鉴了一些台积电的发展策略。同时中国也吸引了曾在西方科技企业工作的华人专家，让他们为祖国服务。

中国政府希望能在2049年，也就是中华人民共和国成立100周年时，实现中华民族伟大复兴。20世纪90年代，中国开辟了一条发展之路，跻身世界第二大经济体。这种快速崛起要归功于前领导人邓小平，他主张发展现代化，并通过建设深圳等经济特区向全球市场开放。20世纪80年代，罗纳德·里根总统放宽了对中国的出口限制。1996年，比尔·克林顿执政期间，美国甚至用中国火箭发射了先进的卫星，在当时引起了轩然大波。一些批评家认为这对美国国家安全造成了威胁。然而，克林顿对这些批评不以为然，并向公众保证："绝不会不恰当地向中方转让任何技术。"经过多年谈判，中国于2001年加入世界贸易组织。中国庞大的市场及低成本的劳动力吸引了许多外国企业家。他们带来了资本和专业知识，中国的经济实力与技术水平逐步得到发展。到了奥巴马执政时期，中国在亚洲的经济和军事实力，促使美国转变其对亚太地区的外交政策。美国认为，中国威胁到了世界，美国内部各政党可能存在严重分歧，但他们都一致认为：中国的技术进步是对美国的威胁。而且很快，美国的这位劲敌将在人工智能等技术领域超过它。

对美国来说，这似乎是昨日重现。它又遭遇了"斯普特尼克时刻"：1957年，共产主义苏联发射了斯普特尼克1号，成为第一个向地球轨道发射人造卫星的国家，展示出令美国人震惊的技术优势。现在，就如同20世纪五六十年代美苏之间的太空竞赛一样，中国和美国都认识到了技术主导权的重要性，而5G技术让美国又一次望尘莫及。美国曾经是网络技术的先驱，但其电信供应商要么破产，要么被收购。现在，美国人不得不依赖欧洲供应商，再看着他们被华为击败。

2017年初，奥巴马政府开始准备反击"中国制造2025"计划。然而，反击任务的实施落在了奥巴马的继任者——唐纳德·特朗普身上。但不同的是，他希望先结束对中国的贸易逆差。

  2017年1月20日，特朗普把手放在两本《圣经》上，发誓要"让美国再次强大"。果不其然，美中之间的贸易冲突迅速演变成一场全面技术战争，而华为自然首当其冲。全球芯片行业被卷入地缘政治冲突之中，令费尔德霍芬惊讶的是，ASML被推到了聚光灯下。科技公司很快就对特朗普钟爱的两大武器熟悉起来：难以捉摸的推特言论和同样不可预测的出口规则。

28. 先开枪，后瞄准

接踵而至的是爆炸性的消息。

2019 年，美国商务部工业与安全局公布了一项变相的出口禁令，华为被列入了实体名单。但华为的子公司海思在台积电的工厂生产了最先进的芯片，这些工厂当时还未受美国出口管制的影响。"我们放任华为走得太远了，"后来在回顾失败的封锁时，当时特朗普的安全顾问蒂姆·莫里森叹道，"华为知道会发生什么，并为此做好了准备。"

特朗普政府还低估了出口管制对本国芯片产业的影响。单边出口限制让华为不得不在美国之外寻找可替代的供应商，这给美国芯片公司带来了烦恼，因为他们突然就失去三分之一的收入。他们警示政府，这一措施很有可能导致行业脱钩：中美企业之间一旦不再相互依赖，美国的地位将会进一步削弱，因为在中国市场的收入为美国新技术开发提供了急需的资金。

然而，作为公司，批评政府的政策是一件危险的事情。总统随便一条带有感叹号的推特就可能立即让公司的股价暴跌。科技行业不得不去敲商务部的大门，并试图在国防部寻找盟友。他们的观点很简单：如果美国国防部希望用本土芯片制造出更先进的武器，就需要繁荣的芯片产业来赚取足够的利润，让美国始终保持领先地位，掌握最前沿的技术。因此，美国芯片制造商私下仍持续获取向中国出口的许可证。

华为事件标志着美国的出口限制向经济武器的转变。一位曾于特朗普执政期间在国务院就职的工作人员，讲述了自己如何协调针对华为的各项措施，他解释说："随后各种政策层层叠加，因为每个人都突然开始担心，5G技术领域的霸主是一家中国公司，而且可能有人给他们的飞速发展开了后门。"

公众从未得到过关于决策的充分解释。"当官的时间宝贵。而特朗普政府擅长迅速决策，然后让我们收拾烂摊子。"这是特朗普时代的典型特征：先开枪，后瞄准。

相关部门的官员会主动避开所谓的"特朗普式疯狂"。他仅用一条推特，就推翻了将中兴重新列入实体清单的决定，并暗示如果中美达成贸易协议，华为的禁令也可能会被撤销。2020年2月18日，他发推文说："美国不能，也不会成为令外国买家感到棘手的卖家，即使用国家安全这种老掉牙的借口也不行。"接着就是一句特朗普标志性的宣言："美国照常开放营业！"

这条推文让美国的盟友们困惑不已，之前美国一直以网络安全为由，敦促他们将华为拒之门外。而现在，似乎美国自己却成了敞开大门的那一方。2020年1月，共和党议员们提出了另一项威胁性的法案，建议美国停止与那些仍在使用华为通讯设备的国家共享情报。荷兰震惊不已，因为该国三分之二的移动运营商在其基站和网络中使用了华为设备。美国驻荷兰大使彼得·胡克斯特拉（Pete Hoekstra）接受了全国性报纸《新鹿特丹商报》的采访，试图缓解担忧情绪，但他唯一给出的承诺只有："我们会解决这个问题。"

与此同时，特朗普的一位经济顾问推动与戴尔、微软及美国电话电报公司（AT&T）的合作，希望加速研发"反华为"技术。司法部长威廉·巴尔（William Barr）建议美国持有欧洲网络供应商爱立信和诺基亚的控股权，以"削弱华为控制市场的野心"。然而，仅仅1天后，白宫就否决了他的想法。

全世界都震惊了，人们看着一系列疯狂的计划接踵而至。理性成了奢侈品，淹没于一连串相互冲突的自我意识以及过度急切的行动欲望。"这混乱的程度堪比三个鸡飞蛋打的鸡舍。"特朗普的一位顾问后来反思道。

2020年5月，特朗普加大了火力，禁止台积电为华为生产先进芯片。这一禁令得以实施，是因为中国台湾工厂使用了美国的技术工具，如芯片设计软件和芯片制造机器。这样一来，美国就进一步扩大了对华为的域外打击范围。全球每一家芯片工厂都使用了美国技术，这意味着所有芯片工厂都得被迫接受美国的出口管制。

没有了华为这个客户，台积电的收入大幅缩水。这殃及了费尔德霍芬，当时台湾地区立即减少了对芯片机器的订购。但随后的连锁反应出乎所有人意料。因为担心随时可能被列入美国的黑名单，其他中国科技公司开始大量囤积芯片。他们不仅订购了最新的处理器，还订购了用在智能手机的旧型号芯片，这加剧了汽车行业芯片短缺的情况。台积电的订单量激增，于是突然间他们要求ASML提供产量更高的光刻机。

中国的担忧并非空穴来风。2020年12月，中国最大的芯片制造商中芯国际也被美国列入实体清单。美国人制定了新的出口规则：禁止再向中芯国际出口用于先进处理器的工具。对于技术较老的芯片机器仍然允许出口，至少理论上是这样规定的。这也影响到了ASML：没有出口许可证，它不能再向中芯国际供应来自美国的备件。

由于谷歌被禁止向华为提供安卓操作系统,华为手机在美国的销量骤降。

而在欧洲,华为也在逐渐失去市场,因为各国政府加强了网络管制。然而,他们远没有美国人那样咄咄逼人。

所有欧盟成员国都能自行决定是否允许华为进入它们的网络。但同时,他们还需遵守一项欧洲安全指令。欧盟花了数月时间审议这份名为《5G安全工具箱》的文件,美国决策者认为他们实在是效率低下。毕竟,他们能在2天内就将一家公司列入实体清单,无需通知任何人,也不用公开解释。这就是美国人的风格。

与美国对华为采取的各项措施相比,欧盟的决策无疑缓慢得多。然而,到了2019年底,情况开始有所改变。荷兰要求,如果移动网络出现可疑设备,且来自"受恶意方控制的供应商",荷兰网络供应商应能轻松地将其移除。任何有关华为或中国的字眼都被严格规避。中国驻荷兰大使徐宏在荷兰全国性报纸《新鹿特丹商报》上发表声明回应,虽然未明确点名美国,但他显然意在指控美国在没有任何证据支持的情况下,对荷兰进行"政治施压",使其断绝与华为的联系:"这种做法是反历史、反文明的倒行逆施"。

为了应对严密审查,华为主动出击,向欧盟递上了一把放大镜。在布鲁塞尔的华为网络安全透明中心设立了一个所谓的"红区",直接连线深圳总部。这个透明中心战略位置优越,位于各国外交使团、欧洲议会和欧洲网络安全组织之间。要进入红区,首先得通过一道安全门和金属探测器,还要穿过一排以著名发明家命名的房间,如香农、爱因斯坦和特斯拉。这就是华为员工的自我认识——他们是发明家。

这对西方的 5G 基础设施是极大的挑战。

至于美国，华为虽是理想的攻击目标，但这绝非最终目的。经济战争的赌注巨大，而美国的手段也才刚刚开始。

29. 商人本色

ASML 一直公开地与全世界做生意。走进费尔德霍芬的 ASML 总部，就能发现谁对订购新光刻机的意愿更强烈。如果韩国客户来访，你会看到接待台上摆放着韩国国旗——当然，紧挨着荷兰国旗。如果中国公司光临，那么就会有员工挥舞着五星红旗表示热烈欢迎，以示友好。ASML 平等地对待所有客户。然而，现实世界已不再如此简单。

在中国，得益于国家数十亿资金的扶持，新芯片工厂如雨后春笋般涌现。2017 年，中国客户订购了价值 7 亿欧元的光刻机。2017 年年底，彼得·温宁克告诉投资者这"破了纪录"，他还预测这将为所有人带来"明确的增长机遇"。几个月后，中国芯片制造商中芯国际的执行董事梁孟松在上海签署协议，购买了首台极紫外光光刻机。

监事会立即指出了这一订单的风险："我们会有麻烦的。美国人不会允许的。"但 ASML 管理层对此不以为然，ASML 从不涉足政治，且中芯国际是他们合作多年的重要客户，ASML 一直向这个中国最大的半导体代工厂供货。中芯的工厂内正运行着数百台 ASML 光刻机。

2018 年 11 月，ASML 高层与监事会来到了中国。彼得·温宁克每年去往中国的频率高达五六次。ASML 向中国出口其最先进的机器有一个绝对前提：珍贵的技术绝不能被复制。中国向他保证，中国将遵守知识产权法。尽管温宁克对此仍保持怀疑，但他认为上策是继续合作，不要将中国完全拒之门外，温宁克永远会为自己留条后路。

2019年1月，温宁克表示，ASML希望看到中国发展。"但如果发现我们的知识产权遭到严重侵犯，合作将立刻终止。"

当时，温宁克仍然坚信EUV光刻机可以顺利发往中国。尽管美国反华情绪高涨，但他声称并未受到来自美国政界的施压。"ASML遵循法律。我们取得荷兰政府的出口许可，能够给中国发货。因此，就算存在压力，那也将是政府之间的博弈。"

他的判断是对的。ASML在荷兰申请了向中国出口的许可证后，美国立即启动了外交攻势，意图阻止EUV光刻机流入中国。2018年末，荷兰首相马克·吕特（Mark Rutte）与特朗普均出席了阿根廷布宜诺斯艾利斯举行的G20峰会，会面时两人提到了"ASML问题"。吕特始终避而不谈美国总统所面临的各种混乱与争议，对他而言，保持与美国的良好关系更为重要。谈话中，吕特的策略包括：避免提及争议，保持微笑，专注于"干货"。

特朗普的安全顾问蒂姆·莫里森随后多次前往海牙，与荷兰政府代表进行会谈。美国国防部、国务院以及白宫工作人员联合推动了外交攻势。但基于多边协议，特朗普紧急向荷兰发出了呼吁。莫里森表示，美国并不是在对友邦国家施压："我们都明白EUV技术的重要性。荷兰政府可以就此事做出独立决策。"当然，最好是美国认同的决策。

极紫外光技术受《瓦森纳协定》（*The Wassenaar Arrangement*）管制，该协定是一项关于常规武器、两用产品和技术的多边出口管制机制。1995年12月，在海牙附近的一个富裕小镇瓦森纳中，该协定在镇内德维滕堡城堡最终敲定。谈判十分胶着，就在庆祝晚宴即将开始前，法国和俄罗斯代表团仍未能就终稿达成一致。在最后一刻,他们才在城堡厨房的一隅结束了争论。1996 年 7 月,协定生效,目前共有 42 个国家共同监管敏感技术的出口。正因如此,出口 EUV 光刻机需要许可证。

《瓦森纳协定》监管用于军事目的的设备出口,其中包括最先进的光刻机。参与国的专家们每年在奥地利首都维也纳开会,决定两用清单中应加入哪些涉及敏感领域的新技术。对于已经广泛使用的技术设备,可通过协商将其从清单上移除。

2001 年,美国批准 ASML 收购其美国竞争对手 SVG 公司,EUV 技术的垄断权落入荷兰手中。然而,通过《瓦森纳协定》,美国人可以影响对哪些国家开放该技术的决策。这将限制中国获得 5 纳米或 7 纳米精度的芯片,从而延缓其创新速度。如果中国想大规模生产更精密的处理器,一台 EUV 光刻机不可或缺。

荷兰内阁陷入了困境:毕竟,他们不得不为本国的科技巨头公司负责。虽然,原则上欧洲无权介入(在欧盟内部,出口管制在法律上属于各成员国的内务),但他们也无法忽视盟友美国的虎视眈眈。内部人士称其对荷兰外交部来说简直进退两难,怎么选都会得罪另一方。

荷兰陷入困境是意料之中。芯片是现代经济的石油,而沿着价值链不断深入,很快就会到达终点荷兰布拉班特省。准确来说,就是在韦尔霍芬南的 32 号出口。

在 ASML,政治一般被视为次要问题,在争取创新补贴,或者在危机时期处理工时缩短问题时能派上用场。任何与技术无关的事情都被认为是不必要的麻烦,从而被忽略。然而,2018 年的夏天,美国限制对中国存储芯片制造商福建晋华公司出口美国芯片机器,一切由此改变。由于这一事件源于与美光科技（Micron）的纠纷，因此其没有像华为事件那样被广泛报道与关注。尽管如此，此举仍震惊了 ASML。

早在 2018 年初，ASML 就已经任命了一名董事会成员，负责加强与政府的关系，因为欧盟向 ASML 发放的补贴已经招致了其他欧盟国家的不满。这名成员就是弗里茨·范霍特，他带领着一个负责政府事务的团队。从 2018 年到 2021 年退休，范·豪特一直代表 ASML 的战略利益与政策制定者们周旋。当紧张的地缘政治局势导致他的工作量激增时，他意识到形势不容乐观了。他认为，ASML 本质上并不擅长外交："我们非常直截了当，所说即所想，不会模棱两可。政府却不习惯这一点。"但 ASML 也必须习惯政府——有时候，他们也会说不。尽管 ASML 可能主导着最重要的芯片机器市场，但它已不再能主宰自己的命运。

这仍然引发了巨大的不满。在 ASML 看来，规则制定者并不了解整个芯片行业的运作方式。这个行业依赖于全球化，具有脆弱的供应链与复杂的技术。这个芯片世界的核心在于具备相互信任、稳固合约与活力的自由市场。政府不应当破坏这个脆弱的生态系统：主要还是因为 ASML 从中赚了很多钱，中国为此贡献不少，而且其在荷兰创造了大量就业机会。

ASML 称，美国希望在中美经济战争中，利用阻止 EUV 出口来增加自己的优势。这项技术能够更简便、更高效地进行先进半导体的大规模生产，但制造出来的不是战斗机用芯片，而是手机用的芯片。在 ASML 看来，担心 EUV 光刻机被投入军事用途简直是无稽之谈，因为武器行业使用的是早已上市多年的成熟光刻技术。此外，大多数在武器中找到的芯片都是现成的芯片，笔记本电脑、洗衣机或汽车中也可以找到，在世界各地都有简便的购买渠道。

但美国不这么看。美国对"军用"的定义远远超出了传统武器的范畴。他们基于自身利益，担忧的不仅是中国人工智能的崛起，还有中国全球领先的超级计算机，以及随时待命的先进网络武器库。而这一切都需要一样东西：先进的芯片。EUV 光刻机出口许可与否，在 2021 年仍由外贸部长席格丽德·卡格（Sigrid Kaag）决定。ASML 一直与经济事务和气候政策部保持密切沟通，该部门在 2017 年至 2021 年间由埃里克·威比斯（Eric Wiebes）领导。然而，荷兰格罗宁根省（Groningen）天然气开采引发了多次地震，他忙于处理灾后损害，所以在 2018 年初，他将自己的职责转交给了国务秘书莫娜·凯泽（Mona Keijzer）。她所在部门对出口许可证的发放几乎没有发言权，只能提供咨询，并通过荷兰驻华盛顿大使馆，试图减轻特朗普政府一系列反华措施造成的损害。

关于 EUV 出口许可的最终决定权落在了马克·吕特的第三届内阁手中，其中司法与安全部、国防部和总务部的地位高于经济事务部。

该部门历来主张不干涉企业，允许他们充分参与世界贸易。作为新自由主义的贸易国家，30 多年来，荷兰一直在全球化的浪潮中不断奔涌。这也意味着他们选择了忽视中国的崛起，而将棘手的政治决策推给企业。用一位荷兰外交官的话来说："你可以称之为天真，但这为我们带来了难以想象的财富。"ASML 正是这种商业精神的化身。

然而，荷兰对中国的看法正在改变。

ASML 一直试图避免涉足地缘政治。事后看来，弗里茨·范霍特过于天真，还以为可以跳过这趟浑水。当你的机器能打印出现代世界的基石时，置身于聚光灯之下无非是早晚的事。

2020 年 1 月，这场外交博弈终于公之于众。路透社报道，美国要求荷兰阻止 EUV 光刻机出口。一夜之间，ASML 成为了焦点。特朗普的贸易战、针对华为和 5G 的辩论引发了一场舆论风暴，而费尔德霍芬登上了头版头条。

只要官方层面出口许可仍处于"审议中"，中国就拿不到 EUV 光刻机。时任荷兰外贸部部长的席格丽德·卡格希望 ASML 向美国人做出解释，让他们减轻压力，但特朗普政府可不好相处。他们线上组织了几场会议，每次约 20 人参加，一边是 ASML、荷兰外交部以及荷兰驻华盛顿大使馆，另一边是美国各部门的代表。没有摄像头，没有寒暄，只有一连串冰冷的问题轰炸。

与此同时，美国不断火上浇油。2020 年 10 月，荷兰国防部撰写了一份机密分析，详述了它收到的"来自其最重要的战略伙伴的紧急请求"。其警告称，如果中国获得了 EUV 光刻技术，他们的国防工业将开发出更智能的算法。

这一建议促使荷兰最终拒绝了 ASML 的许可证申请，但它确保了在措辞中没有明确提及禁止向中国发货。尽管外交包装得很巧妙，但结果不变：中芯国际将不会收到任何 EUV 光刻机。吕特希望这个无期限的暂停按钮能同时满足两个超级大国。美国人对此表示满意，但仍严密监视着荷兰。如果 ASML "不小心"地获得了 EUV 的出口许可，他们也已经准备好了备用计划。"箭已在弦上。"2020 年 11 月，特朗普的一位鹰派人物如是说，他是对华立场强硬的支持者之一。

美国一直留有后手，即所谓的"最低限度"规则。就像达摩克利斯之剑（the sword of Damocles）一样，这条规则悬挂在整个国际芯片产业之上。一旦机器中哪怕使用了一点美国技术，美国商务部就可以对整个设备实施许可要求。通常设定的门槛是含25%的美国技术，但如果这个数字低于10%，ASML将举步维艰。

EUV光刻机中运用的技术大约90%来自欧洲，因此它逃过一劫，免受美国出口法规的制约。扫描光刻机中确实有一个光源的一部分造于圣地亚哥——回忆一下先前提及的乔安（Joann）用手焊接喷嘴，或是那个需要定期更换的液滴发生器。

美国想要知道光刻机中具体装配了什么部件，要详细到每一个螺丝钉，以及每个部件的位置。为了迫使ASML就范，美国官员几次拒绝批准ASML的备用材料交付，那些材料的收货人都是急需芯片的制造商。这一策略的背后，是强大的美国国家安全委员会，为的是打探出一份详细的部件清单。

荷兰外交官代表ASML对此种涉及泄漏ASML商业机密的手段提出抗议。这几乎等同于勒索，甚至连美国国家安全委员会的一些成员也质疑，这样对待盟友是否合适。但显然，当涉及中国时，这些手段似乎是被默许的。

ASML不情愿地编制了一份清单，但在其中添加了足够模糊的想象空间，使其变得毫无用处。后来，一位得到这份清单的美国专家承认，国家安全委员会确实理屈。

2020年，ASML的年度营收中，中国所占的份额不断萎缩。由于对中国出口受限，更多高成本的EUV光刻机卖到了中国台湾地区以及韩国，中国大陆以外地区的销售额占总收入的比例有所增高。受到EUV光刻机销售禁令影响的不仅仅是荷兰：韩国制造商海力士为中国无锡一家工厂订购了一台EUV光刻机，但在美国的压力下被迫取消订单。ASML的第二份EUV光刻机许可证申请也被拒绝。

彼得·温宁克眼睁睁看着公司失去了一个潜在的增长市场，颇感遗憾。虽然他的公司被迫在中国踩下了刹车，但美国人却在加速前进，利用贸易份额获利。中国芯片制造商仍然能够使用传统的浸润式光刻机（DUV），通过多重曝光技术生产更先进的芯片。这需要进行连续多次曝光：就好像一台印刷机，要通过在初版行间的空白处印制额外的句子，使得页面上的字数翻倍。然而，这种技巧需要更先进的沉积和蚀刻机器。这类技术主要来自美国的芯片设备制造商，如美国应用材料公司、美国科磊（KLA）以及美国泛林集团（Lam Research）。如果能挣到更多的钱，这些美国公司当然乐于见到 ASML 失去中国市场。这个数字不难计算：一个芯片工厂如果使用 DUV 扫描仪和多重曝光技术，那么总投资的 20% 将会用于光刻机。而如果采用 EUV 技术的话，这一比例将上升到 30%。考虑到一座新晶圆厂的成本可能高达 150 亿美元，赌注是非常高的。

EUV 事件促使 ASML 加强与政府的联系，与海牙各部委及美国商务部建立了更紧密的沟通，并在布鲁塞尔和华盛顿特区设立了自己的办事处。此外，ASML 在美国建立了自己的游说团队，不再仅仅依赖于半导体行业协会来发声，该协会是美国芯片公司主要的发声渠道。

截至 2023 年底，ASML 在美国的游说支出从几乎没有增长到了 140 万美元。相比之下，其竞争对手美国应用材料公司该年花费了 200 万美元用于影响美国政府的决策。ASML 也将其在欧盟的年度游说成本提高了 6 倍，达到 30 万欧元。尽管这些预算与其他科技巨头相比仍然微不足道，但有一点是明确的：对于 ASML 而言，政治问题不再被忽视。

30. 华盛顿的死亡之握

"牛角男"在电脑屏幕上一闪而过,但他的照片深深刻在了大家的脑海里。2021年1月6日,星期三,雅各布·钱斯利(Jacob Chansley),又名匿名者Q法师,与一群暴徒一起冲击了美国国会大厦,称其不接受总统大选的结果。特朗普输掉大选,随之而来的暴力骚乱给美国这届民主党政府留下了深深的伤痕。拜登上台后,美国人不再满足于对EUV光刻机的出口禁令。美国要彻底扼住中国芯片产业的咽喉,而最好的方式就是迫使ASML进一步退让。

美国到底是谁在制定技术战的规则?穿过拉斐特广场(Lafayette Square)的安全门后,不要左转前往白宫,而是向右转,经过西楼,总统在那里答记者问,然后登上阶梯,走进艾森豪威尔行政办公楼。这座5层楼高的办公楼由坚实厚重的花岗岩组成(他们称之为拿破仑三世风格),这正是美国行政部门的所在地。

办公楼于1888年建成,战争和海军部门在此办公。这段记忆历久弥新,因为每个办公室外都有介绍板,纪念在此工作过的政府官员。走廊上铺着黑白相间的瓷砖图案,像一个无尽的棋盘。即使轻声细语,也能听到回音。

美国总统的"智囊团"们都在这座建筑中。其中最有影响力的是美国国家安全委员会,为拜登提供国家安全和外交政策方面的建议。它的办公室也是最漂亮的，位于大楼二层。

在拜登执政期间，员工人数跃升至超350人，他们计划投入数十亿美元的国家援助，以提振美国芯片行业。国安会还要确保相关部门遵循既定战略。地缘政治需要有纪律的队伍，而不是喧嚣的鸡窝。

拜登在宣誓就职前，竭尽全力与盟友协调出口限制。美国开始四面出击。在欧盟-美国贸易和技术委员会（TTC）的会议中，美国与欧盟展开了技术性谈话，讨论了出口限制和国内芯片行业刺激方案等议题。和美国一样，欧洲也在计划用数十亿欧元的补贴支持本地芯片行业。这本质上是挖了一个黄金矿洞，吸引制造商在亚洲以外地区扩大生产。

美国还试图与日本、中国台湾地区和韩国建立"芯片四方联盟"。然而，日韩之间横亘着复杂的战争和领土争端历史，将他们联合起来难度不小。

美、日、荷三国之间的闭门三方会谈，即所谓的"三边"，对ASML尤为重要。作为芯片制造所需的机器和软件的主要供应国，三边会谈旨在通过限制中国接触先进芯片制造中所需的工具，将西方的技术优势发挥到最大。在EUV案件成功后，国安会将注意力转向了ASML的另一项创新——其先进的浸入式系统。这些系统利用了深紫外光，ASML在该领域占有90%的市场份额。这类机器制造的芯片虽然可能没有EUV那么先进，但通过多曝光技术，它们仍然足以生产用于复杂计算任务的强大处理器。

荷兰早就猜到美国人对这些技术的出口有意见。2020年12月，特朗普的第四位国家安全顾问罗伯特·奥布莱恩（Robert O'Brien），会见了他的荷兰同行杰弗里·范李文（Geoffrey van Leeuwen）。在巴黎的美国大使官邸，奥布莱恩提出了ASML对中国交付货物的问题。范李文认为这个问题只是一件小事，更宏观的问题是技术领导权。

只要对华盛顿的重要智囊团有所了解，那么显而易见，更严格的措施即将到来。拜登的国家安全顾问杰克·沙利文（Jake Sullivan）正在制定一项策略，预备工作由国安会两名成员塔伦·查布拉（Tarun Chhabra）和赛夫·汗（Saif Khan）完成。在进入庄严的艾森豪威尔大楼工作之前，他们各自为布鲁金斯学会（Brookings）和美国安全与新兴技术中心（CEST）等智囊团撰写了详尽的报告。

华盛顿有数百个这样的非营利性咨询机构，它们为现任政府提供信息，并为政府建立人才库。美国各部门的最高官员都是基于政治任命的，共和党和民主党都有自己的专家库可供选择。他们鼓励"旋转门"式的政治，但智库人士更倾向于将其描述为政策和新观点的互惠互利。无论持何种观点，这就是运行华盛顿的引擎。

2021年3月，赛夫·汗（Saif Khan）发表了一项关于中国对西方芯片机器依赖度的研究。汗得出结论称，中国的主要瓶颈在于获取到ASML的先进光刻系统。

如前所述，荷兰根据《瓦森纳协定》的两用清单监管出口许可证。该清单在2014年移除了DUV机器，因为出现了一项新技术：极紫外光技术，即EUV。2019年和2020年，美国试图再次通过《瓦森纳协定》来管制DUV技术。荷兰、比利时和德国统一战线，坚持了自己的立场。荷兰与ASML一致认为，对中国实施EUV限制已经是ASML最大程度的妥协。

但美国人仍不满足。如果《瓦森纳协定》不足以牵绊住中国的脚步，那么荷兰和日本等盟友就必须对自己的芯片机器制造商和DUV扫描仪实施出口限制。否则，美国人将用他们的方式来解决——单边措施。

自2021年初拜登就职以来，美国一直在与这些国家讨论采取何种形式的限制。关键问题是：每个人的任务是什么？什么时候执行？

一位代表拜登政府进行初步协商的谈判官员表示，三方会谈最初进展缓慢。"我们必须首先对自己的产业加以限制，展示美国的决心，只有这样，我们才能真正具有诚意地与日本和荷兰展开讨论。"

ASML最初试图阻止荷兰参与三方会谈。他们认为，对于一个"米老鼠国家"来说（彼得·温宁克将荷兰比喻为像米老鼠一般随和、乐观的国家），夹在大国之间是不明智的。但另一方面，温宁克认为，最好还是坐上谈判桌，以免美国人不经协商就强加规则。

荷兰政府从国家安全的角度出发，对是否限制向中国出口浸入式扫描光刻机持开放态度。但是，只有三方国家同时采取措施，并且确定所有措施都不会加剧现有的芯片短缺时，荷兰才会这样做。它认为任何类似封锁或"脱钩"的措施都过于极端。毕竟，中国是全球最大的稀土金属供应商，这些金属对能源转型和芯片行业至关重要。与美国不同，荷兰并没有能够自行开采的自然资源。

荷兰对中国的态度已经改变，纵使他们不愿意承认。2018年，首相马克·吕特还带着庞大的荷兰贸易代表团访问中国，并向华为颁发了一个奖项，以感谢该公司在荷兰的大规模投资。1年后，吕特态度转变。

中国的崛起还引发了另一个战略方面的担忧。如果中国继续发展并进一步巩固其芯片生产能力，它可能将不那么依赖像台积电这样的台湾工厂。

然而，盲目信任美国是幼稚的。正如荷兰经济事务部的警告，美国人也在利用国家安全推动贸易政策，并维护本国芯片公司的地位。为了捍卫企业和贸易利益，该部门要求在谈判桌上占有一席之地。ASML 是荷兰经济的关键驱动力，他们不会选择不战而败，任凭美国关闭这个引擎。

荷兰和美国的关系越来越紧密。自从英国脱欧之后，荷兰成为美国最亲密的跨大西洋盟友与伙伴。美国国家安全顾问杰克·沙利文和荷兰官员杰弗里·范李文每 2 个月通过加密线路、WhatsApp 或 Signal 等通信软件互通有无。ASML 经常是谈话的主题，但由于俄乌冲突加剧，ASML 并不总是他们的首要议程。两位安全顾问一致同意，西方的技术优势需要得到维护。但是，如何实现呢？

美国人提出了第一步：不允许中国掌握制造 14 纳米以下处理器的自主能力。对于存储芯片，将适用不同的标准。

荷兰谈判代表参考 ASML 向他们提供的信息，来预估这些措施的后果。他们相信，这家在全球芯片产业举足轻重的公司拥有更好的全局视野。作为出口措施的受害者，ASML 参与了合作，以防止局势进一步恶化。在费尔德霍芬，彼得·温宁克亲自为范李文提供了关于芯片技术的速成精华课程，帮助他更好地掌握核心要点。芯片行业一直是一个完美优化过的价值链，一想到人们在不了解其运作机制的情况下相互拉锯，温宁克就感到惊恐。

技术讨论的地点集中在海牙中央火车站附近的外交部，或《瓦森纳协定》起草地附近的美国大使馆。两国的专家聚集在二楼的一个能俯瞰大使馆庭院的房间里。房间内有白色磨砂玻璃制成的桌子，带有 10 个座位，其他人可以通过大屏幕上的保密视频连接加入对话。墙上唯一的装饰是一块白板、一个时钟和一张荷兰地图——牵制中国半导体行业发展所需的一切工具。

有时他们要连续开两个会，一个会议讨论国家机密，另一个会议则包括两家荷兰科技公司的专家。一个是ASML，另一个也是他们熟悉的ASM国际，这家公司在1984年与飞利浦一起为ASML奠定了基础。他们能够参加会议是因为拥有先进的沉积机器。

美国人不仅希望能阻止，甚至还希望能逆转中国芯片行业的技术进步。2021年，芯片行业所能提供的算力和云容量无法满足远程工作人员的需求。

芯片短缺已经迫使法国和德国汽车制造商暂停生产线，他们担心如果进一步限制中国公司会导致更多的短缺。荷兰代表团让法国和德国了解谈判进展，但令ASML大失所望的是，欧洲的参与程度仅限于此。ASML试图劝说让欧盟加入三方会谈中，让德国和法国也能发挥影响力。一个立场统一的欧洲堡垒，将能更好应对中美压力。但最终，荷兰孑然一身。在费尔德霍芬，他们得出了不同的结论。似乎在与美国的比较中，荷兰谈判代表高估了自己的影响力。荷兰人可能身材高大，但他们的影响力却没有想象中那么大。

在华盛顿，国安会对商务部的实体名单实行严格控制。随后，数十家公司被列入了名单。特朗普执政时批准了很多许可证的申请，而在国安会看来，他对芯片行业太过宽容。国安会希望通过"自上而下的政策"牢牢控制出口法规。

ASML要向中芯国际交付一笔重要订单，而由于美国政府实体清单的增加，导致ASML无法获取美国许可证。扫描仪的一些备件在美国生产，比如在Cymer圣地亚哥子公司制造的深紫外光源或康涅狄格州分公司制造的模块。即使它们是经由荷兰发送到中国的，仍将受到美国法规的约束。美国的手已经伸到荷兰了，连 ASML 也无法逃脱。

对于彼得·温宁克来说，这是一个加强与华盛顿政府联系的理由。他联系了美国商务部部长吉娜·雷蒙多（Gina Raimondo），约定 2021 年 6 月在布鲁塞尔的 G7 峰会上与她见面。由于疫情，直到 2021 年 10 月他才得以亲自访问华盛顿。在与荷兰外交官协商后，温宁克在短短几天内安排了 12 次会议，首先访问了美国汽车工业贸易协会，讨论芯片短缺问题。游说汽车行业十分有效，他认为这有助于说服政客们不要过多限制 ASML。

在华盛顿，温宁克在美国国会大厦的地下通道中穿梭，与政客、商务部和国防部代表多方会谈，与国安会的委员共进晚餐。每个人都为"那家荷兰公司"腾出日程。

温宁克再次证明了自己是 ASML 最重要的"外交大使"。他在达官显贵中如鱼得水，他在入住华盛顿的酒店后把员工召集在一起，练习如何与美国人沟通。团队成员会提出关键问题，他会像装饰圣诞树一样耐心，排列论点，逐步完善论据。温宁克坚持以和谐的方式解决问题。他在人际交往方面天赋异禀：他知道快速的点头示意、眼神交流或个人评论就能够让对方放松下来。

温宁克努力避免意识形态讨论，但该来的总会来。"这并不是我们芯片行业的责任。"温宁克回答说。当他把球踢回来，问起美国校园枪击案以及枪支制造商可能承担的责任时，尴尬的沉默随之而来。谁敢质疑美国？

温宁克更喜欢引用事实——一个小时的会议往往他要用 45 分钟介绍

细节。他是一个天赋异禀的老师，尤其精通于解释芯片世界中的相互依赖性。他一再警告美国政客，对中国施加压力将对他们自己的汽车和洗衣机产业链带来不利影响，新的芯片工厂需要数年时间才能开始生产。他把数字摆在他们面前：美国公司占芯片行业利润的最大份额，而他们在中国赚的所有钱都可以用于投资以维持自身技术领先地位。他经常说："你们的自信哪儿去了！"

ASML监事会的一名成员表示，温宁克对此非常精通，他提出的方案往往"随提随用"，几乎无可争议。温宁克竭力避免鲁莽行事，压抑自己的表达欲——故事必须"精致"，叙事手法务必精巧。

但温宁克并非总是一味忍让。一次，面对一位大谈中国威胁论长达十分钟的参议员，他打断了他，直截了当地说："你不了解完整的事实。"

后来，荷兰外交官表示，他那时过于直接了。他那种"记住我的话"的态度以及为表示警告竖起的食指，很容易激怒美国人。然而，2021年底，ASML已获得了对中芯国际出口所必要的许可。

与此同时，美国人对三方会谈的缓慢进展越来越不耐烦。荷兰的谈判代表们从容不迫地研究美国提案的每一个细节。但在2022年2月，情况发生了变化。很明显，在必要时刻，荷兰表现得很果断。俄乌冲突爆发，欧洲国家立即采取严厉的制裁措施进行反击。欧盟表明，已准备好在必要时采取一定的措施，哪怕会对自己的经济造成打击。国家安全显而易见地紧张化，大多数欧洲人只要看看自己的能源账单就能感受得到。

美国人对荷兰的果断态度感到非常惊讶，荷兰也向乌克兰提供了武器。欧洲大地上爆发的战争突出了技术优势的战略重要性，大众也认识到了技术优势的现实意义。几乎每天向乌克兰城市开火的杀手级无人机中都会使用荷兰的芯片,而先进的芯片也被用来增强乌克兰的防空系统、通过卫星收集数据以及协调远在敌后的导弹攻击。在战争的冷光下,这场赌注有点变味儿了。

31. 忘记取的代号

贡萨洛·苏亚雷斯（Gonzalo Suarez，朋友们称他为"贡佐"）深知自己在历史长河中的独特地位。他指着自己五楼办公室的天花板。就在楼上，第二次世界大战期间，曼哈顿计划的总部就设在那里。1942年，莱斯利·格罗夫斯（Leslie Groves）将军就在那里领导团队，研发出了美国第一颗原子弹。

时间来到2023年，华盛顿的这座政府大楼成了外交部所在地，也是中美之间科技战争的新前线。在这里，美国国际安全与防扩散局副助理国务卿苏亚雷斯，肩负着确保"具有战略安全价值的产业"不落入敌手之职责。他在弗莱彻法律与外交学院（the Fletcher School of Law and Diplomacy）学到了做这一行的秘诀。例如，外交官们喜欢笑，但当他们想就一些重要的事情说服你时，他们会降低音量，直到你几乎听不到。

苏亚雷斯参与了美国、荷兰和日本就出口法规进行的所有讨论。但是，与《大青蛙布偶秀》（The Muppet Show）里的那个冒失鬼"贡佐"不同，这个"贡佐"·苏亚雷斯在幕后操纵着这些讨论。自2021年以来，他一直监督着谈判团队，想要剪去中国发展的羽翼。如果美国做主的话，中国工厂将不得生产带有鳍式场效应晶体管（finfet transistors）的芯片。这种鳍状开关可用于最小级别的处理器。鳍式场效应技术于2011年首次进入市场，台积电、三星和英特尔等公司随后开发出了更好的开关，能更高效地将"0"转化为"1"。这些开关需要先进的芯片设备和设计软件，如果按照美国政府的想法，中国将不再拥有这些设备和软件。

美国制订了一项计划，堵死中国获得先进芯片技术的渠道。为了实现这一目标，并为美国供应商设定限制，美国商务部、国务院、国防部和能源部各派出了2-3名精通芯片产业供应链的专家，组成了一个代表团。从2021年开始，他们通过私密的视频链接或在艾森豪威尔行政办公楼的国安会办公室举行会议。国安会负责发起这些讨论，外交谈判则主要交由苏亚雷斯和他的团队负责。涉及技术细节，他们则咨询五角大楼或美国能源部的专家们。

如果没有高质量的蚀刻机、测量设备和能处理极薄晶圆层的装置，就不可能生产出好的芯片。而要得到这一切，就需要一些本地供应商，比如美国应用材料公司、美国科磊以及美国泛林集团。尽管它们的市值略低于ASML公司，但都有数十亿美元的市值。美国公司通过芯片生产从中国赚取了巨额利润（正如彼得·温宁克所说）。但由于出口管制，他们面临着失去大部分收入的风险。他们不断向拜登政府抱怨。"这种批评并没有平息。但我们正试图有针对性地采取措施，避免造成重大经济损失。"苏亚雷斯回应道。私下里，商务部为一方，国防部和国务院为另一方，双方展开了激烈的讨论。在国安会的监视下，美国人对这个冗长的共享文档进行了无数次修改。

与此同时，中国的技术也在不断进步。2022年夏天，中芯国际开始使用荷兰的标准扫描仪生产7纳米芯片。西方拿走了EUV，但这并没有阻止中国的发展。为了改进芯片，中国工厂正在使用主要源自美国的设备。在技术层面上，ASML的浸入式扫描光刻机投射光线的精度为38纳米，低于这一精度的部分则由其他芯片设备供应商负责。这让 ASML 感到不快，他们认为美国正在把对本国工业造成的经济损失转嫁到荷兰公司身上。

但时间已经不多，拜登政府必须得采取行动了。因为 2022 年 11 月的中期选举迫在眉睫，共和党的反对者指责民主党对华政策过于软弱。他们要求采取更严格的措施。

说曹操曹操就到。2022 年夏天第一批细节泄露，完整计划于 10 月 7 日公布。

美国国安会和国务院却都没有想出一个类似"曼哈顿计划"那样具有标志性而又吸引人的代号。苏亚雷斯笑称："我们是一群无聊的官僚，直接叫它'措施'。我们忘了给它取一个代号。"

美国商务部工业与安全局在一个长达 139 页的文件中详细阐述了技术细节。就连出口管制领域的世界冠军凯文·沃尔夫（Kevin Wolf）也看得头晕目眩。"我在这个行业已经 30 年了，对这些事有一定的心理预期，但我不得不把这 139 页读 10 遍才能理清这些混乱的规则。"在他看来，美国的出口规则简直复杂到凡人难以理解的地步。

奥巴马执政期间，他曾在工业与安全局任职，这场科技战争中使用的出口管制规定正是他的手笔。正是他利用实体清单将中国电信巨头中兴通讯逼到了绝境。如今，这位法律专家为著名律师事务所 Akin Gump 工作，负责帮助科技公司解决错综复杂的出口管制问题。他们的办公室位于华盛顿游说中心 K 街，入口宽敞得足以并排停放几辆卡车，完全不必担心车门会被撞凹。毕竟，在华盛顿特区，游说是一笔大买卖。

面对中国愈发凸显的科技优势，美国国家安全顾问杰克·沙利文（Jake Sullivan）说美国开始"在小院子里筑起了高墙"。但对于芯片公司和供应商而言,很难确切判断那堵墙究竟在哪里。简而言之,为了防止中国芯片制造商生产出小于 14 纳米的处理器,他们不再被允许提供在生产时可能使用到的工具。工厂内生产的动态随机存取内存(DRAM)的芯片也不能小于 18 纳米,而存储器(NAND)最多只能由 128 层组成。

出口管制的范围波及所有先进的商用芯片。据沃尔夫称,这使得情况变得特别复杂。"在工业与安全局任职期间,我针对军用的半导体设计了特定规则,比如可编程的处理器和抗辐射芯片。而现在,这些措施针对的是整个国家。"

规则经过了精确调整:一般来说,对中国实施的限制并不会影响整个公司,而是根据每个工厂,有时甚至是每条生产线来确定的。这样做的目的是保持中国仍能顺利供应不太先进的芯片。毕竟,美国人仍然希望购买中国的汽车和洗衣机。

然而,在 10 月宣布消息后,恐慌席卷了整个芯片行业,导致凯文·沃尔夫投入了职业生涯中最长的工作时间。企业尤其对所谓的"美国人员"条款感到震惊,该条款禁止美国公民为中国芯片公司工作。美国芯片设备制造商的股价立即暴跌,像英伟达(Nvidia)和超威 AMD 这样的芯片设计公司突然发现,他们不能再向中国供应最先进的芯片了。

ASML 出于谨慎考虑,要求美国员工暂时停止在中国的活动,直到能够确定这些活动不会造成较大影响。一名国安会的成员后来承认:"我们的公告相当粗糙。"但至少,那份 139 页的文件立刻吸引了全球行业的关注。

这些措施也影响到了在中国经营芯片工厂的境外公司,如台积电、三星和 SK 海力士。美国工业与安全局很快提出了一项修正案,允许这些公司延期一年。但并没有多大帮助。芯片工厂的投资至少数十亿美元，而且投资时间长达数年，而非仅仅一年。

2022年11月，荷兰首相马克·吕特开始了亚洲之行。无论他到哪个国家，谈论的话题都是ASML。他先是在巴厘岛举行的G20峰会上与中国领导人进行了交流。几天后，吕特在首尔会见了韩国总统尹锡悦，他们参加了ASML的彼得·温宁克与三星和SK海力士领导人的会谈。ASML一直在韩国迅速发展，但韩国总统期望ASML能在韩国追加投资，以适应半导体行业的结构调整。韩国媒体纷纷报道了总统与吕特和温宁克的谈话，温宁克的影响力几乎比肩荷兰首相。尽管马丁·范登布林克也在韩国，但他没有成为焦点。他需要集中精力与客户进行技术讨论。

美国已于10月7日迈出了第一步。现在，日本和荷兰也需要采取相应措施。一位彭博社记者通过匿名消息源透露，"协议"几乎已经达成。这一泄露显然是给了荷兰一个明确信号：是采取行动的时候了。但是，负责此事的荷兰各部门的部长们，包括外贸部部长施赖内马赫（Liesje Schreinemacher）和经济事务部部长米奇·阿德里安森斯（Micky Adriaansens），在接受《新鹿特丹商报》采访时表达了他们的个人意见：荷兰需要更多的时间来彻底且审慎地评估，并且肯定不会原封不动地复制美国的出口规则。

就在2022年圣诞节前夕的周五下午，荷兰的三位部长来到位于费尔德霍芬的ASML总部，与彼得·温宁克和罗杰·达森交谈。陪同他们的是外交大臣沃普克·胡克斯特拉（Wopke Hoekstra）。经济事务部和ASML试图拉拢尽可能多的盟友来捍卫商界的利益。他们的立场是，荷兰在EUV技术出口禁令方面已经做出了足够的让步。经济部担心如果对ASML采取更严厉的措施，会影响到在中国开展业务的其他荷兰公司。

说服三位部长固然重要，但最终还是要由首相来拿主意。马克·吕特必须做出决定。在他看来，国家安全高于经济利益，尤其是当今世界似乎处于爆炸的边缘。ASML面临着来自美国政府施加的巨大外交压力。荷兰选择站到了美国那边，并将ASML也拖下水。

合作三方于2023年1月底达成协议。马克·吕特终于收到了前往白宫的邀请，而白宫在当月早些时候已经接待了日本首相岸田文雄。在媒体面前，吕特和拜登互相恭维，在总统办公室的壁炉前两国之间的热情关系进一步点燃。虽然"ASML"这个名字未被提及，但美国总统一语中的："我们的公司……我们的国家密切合作，共同应对挑战。"

当拜登开玩笑地让荷兰首相坐在他的办公桌后面时，两国安全顾问沙利文和范李文则前往艾森豪威尔行政办公楼会面。在他们看来，三方会谈已经结束。但没有签署任何文件，也没有达成什么交易。但这次会谈意味着盟友之间已经达成共识，也是长期伙伴关系的开始。现在困难的部分来了，那就是确定细节。当施赖内马赫部长在3月初宣布荷兰将与日本和美国共同实施出口控制措施时，对于实施细节仍无法定夺。ASML立即与经济事务部协商，发布了一份新闻稿。根据该公司的评估，只有最新一代浸入式扫描光刻机的销售需要许可证。

但这还远未成为定局。尽管"交易"似乎已经敲定，但有关技术限制的谈判仍在进行。如果美国人得逞，谈判将永远不会结束。国安会将继续坚持削减中国的现有产能，这意味着ASML已经交付的部分设备也将停止运行。

这对美国人来说是最佳情况，而对荷兰来说则不堪设想。在中国的芯片工厂里运行着800多台ASML的光刻机。若无维护、修理和备件，这些最顶尖的机器很快就会瘫痪。ASML有义务防止这种情况发生,并且希望履行义务。

美国有能力让ASML妥协,但他们不会过早地打出这张牌,就连特朗普也从未曾强烈迫使过ASML。对这样一个精心打造的联盟,使用太激进的措施不太合适。美国更倾向于采取软措施,使用附加规则来堵住协议中的漏洞,这意味着本已超负荷工作的工业与安全局将承担更多的工作。在华盛顿,美国商务部二楼,350人正疯狂地试图控制芯片领域杂乱无章的管制、制裁和交易。

但有一个问题。

在美国的出口法规中,对中国芯片工厂和在中国办厂的跨国公司做了区分。此外,美国还为中国生产线设立了第三类超敏感类别。荷兰的芯片制造机器被完全禁止参与这些生产线,甚至连对其现有机器的维护也被明令禁止。这些生产线共涉及多家中国工厂,其中有几家装有ASML的扫描仪。

这种出口规则中的差异意味着美国将直接影响荷兰的出口政策。对荷兰来说,他们没有选择权。而主权至关重要:没有主权,他们就无法确定管制是出于国家安全原因还是经济考虑。

争端悬而未决,美国和荷兰保留不同意见。交易仍然没有结果,由此产生的不确定性对ASML来说是一枚定时炸弹。一旦荷兰政府停止合作,美国就会动用可畏的最小比例原则(根据美国《出口管制条例》第734节的规定,最小比例原则适用于非美国产的物项,当该非美国产物项所含美国原产的受管制成分以及该成分的美元价值占该物项总美元价值的比例低于EAR-§734.4中所规定的比例时,该非美国产物项不受EAR管制。），迫使 ASML 终止与中国买家的合同。在 ASML 看来，这让美国得以用自身经济原因限制中国芯片制造商的发展。与终会和棋的国际象棋不同，ASML 陷入的是一场似乎永无休止的斗争，找不到真正的解决方案。

荷兰反对中西方经济进一步脱钩。美国人则坚持认为这不是他们的本意——但听了国会中共和党鹰派的言论后并不相信。美国在政治上不停地呼风唤雨，主要是哗众取宠——无须付诸实践就能给自己轻松加分。

不过，国安会确实希望能够"升级"出口法规，他们必须击溃中国芯片工厂。他们唯一需要的就是锤子。美国手边有几种工具可以使用，比如不让中国拿到常用的美国芯片设计软件，或英国安谋公司（ARM）无处不在的芯片设计。对荷兰来说，有了 ASML 就拥有了前所未有的经济武器。

这对一个小国来说责任重大。为了在大国集团中站稳脚跟，荷兰寻求更多的多边支持。2023 年 3 月，荷兰提议在《瓦森纳协定》的两用清单中列入针对 DUV 的出口限制。这似乎是一个不同寻常的行动，因为荷兰此前曾阻挠美国人这样做。由于俄乌冲突，瓦森纳被冻结，荷兰外交官们完全清楚他们的提议可能会面临的前景。但更重要的是，这一尝试旨在向外界，特别是向中国展示荷兰举措的逻辑。如果使用 EUV 的芯片机器，按照《瓦森纳协定》需要获得出口许可证，那么任何能够生产与 EUV 相同水平芯片的其他技术，也必须遵循相同的出口许可要求。

这听起来很简单。但荷兰不愿独自承担地缘政治影响。荷兰试图拉拢其他欧盟成员国，将出口措施纳入新的欧洲军民两用产品清单，这主要是为了避免成为中国反制措施的唯一对象。但为时已晚。

中国做出了回应，当机立断。3 月中旬，一个中国代表团走进了荷外贸部的大门，与荷兰政府讨论出口管制问题。中方已向世界贸易组织（WTO）提出申诉，称这些措施是以国家安全为幌子的工业限制政策。中国商务部副部长凌激告诫施赖内马赫：要小心。施赖内马赫强调，荷兰无意让中国芯片产业陷入瘫痪，但要改变局面，她一人之言还不够。4月初，中国敦促世贸组织就新的出口限制做出解释。不久之后，荷兰代表团与中国出口专家在上海的锦江饭店会面。这个地点具有象征意义：1972年，理查德·尼克松和亨利·基辛格就是在这里签署了第一份中美协议。中方认为，面对美国的施压，荷兰和中国一样都是美国保护主义的受害者。令人惊讶的是，中国芯片行业的所有领导层都乘飞机前来。

2023年4月，彼得·温宁克飞往中国，与芯片制造商和中国商务部部长王文涛讨论ASML的回旋余地。所有中国客户都在问："什么时候是个头？"唯一可以确定的是，美国人不会放松他们对世界局势的控制，而荷兰人将从旁协助。

6月底，施赖内马赫宣布了官方措施。从同年9月开始，将对能够生产45纳米或更高分辨率芯片的DUV机器的出口实施许可证要求。中国通过大使馆发布了一封公开信，对这一不公正的措施提出了强烈抗议。批评非常尖锐：荷兰自愿成为美国游戏中的棋子，这有损荷兰作为贸易国的良好声誉。

在中国的800多台ASML机器中，有一半在中国的芯片制造商手中。大部分属于中芯国际，其余则属于三星、SK海力士和台积电的分公司。按照彼得·温宁克的预期，出口限制不会对ASML的营业额产生任何影响。外国芯片制造商只会选择在其他地方扩张，中国也一定会先开始攻克过时的半导体技术。ASML试图继续生产扫描光刻机，但却发现自己背负着沉重的官僚主义限制，因为数以万计的"违禁"机器部件现在都需要单独注册。在 ASML 的圣迭戈和威尔顿子公司内，地缘政治问题对其造成了严重的负面影响。

与此同时，中国客户正在增加芯片设备的订单。2023 年第三季度，ASML 几乎一半的收入来自中国大陆。因为英特尔和台积电等其他制造商因芯片市场下滑而暂停了订购，于是中国大陆的订单自然被推到了前面。此外，中国的大客户也试图囤积备件，以延长机器的使用寿命。

同时中国转向"超越摩尔"，将重点转向对最尖端技术依赖更少，但在能源转型、电动汽车、家用物品或工业自动化等方面需要大规模使用的芯片。与此同时，中国芯片制造商也更加谨慎，从不夸耀自己的进步。一些工厂将现有的 14 纳米技术更名为"17"。没有人想引起美国人的注意。

与此同时，华为在 2023 年推出了一款采用中芯国际 7 纳米芯片的 5G 手机。美国迫使荷兰在 2024 年 1 月开始实施限制措施，荷兰内阁也因此撤销了几项已获批准的 ASML 机器对华出口许可。事实证明，华盛顿之所以拉住缰绳，是因为 ASML 向中国出口的 DUV 机器数量远远超出预期。在整个芯片行业按下暂停键的同时，中国却在继续囤积。在费尔德霍芬，彼得·温宁克通过发送视频向中国客户传达消息。如今机器已经准备好，正待发货，但美国人坚持要求 ASML 立即停止发货。费尔德霍芬被告知："关闭大门，马上！"除此之外，美国还通过调整最小比例原则，加大了对 ASML 对华出口的控制。

为了摆脱美国的"锁喉"，中国政府鼓励本国芯片产业开发机器替代进口机器。于 2018 年被列入美国实体清单的福建晋华似乎受到了鼓舞，转而为华为生产处理器。在北方华创（Naura）和中微公司（AMEC）等芯片机器制造商的支持下，中国芯片制造商似乎成功找到了西方技术的替代品。尽管4年来没有任何美国的芯片制造设备被运送到福建晋华，但晶圆仍在生产线上滚动着。

这就是关键——需要有知识技术的员工发挥作用的地方。曾在外国公司工作的前员工将知识带回国内。AMEC已经发展到能够向台积电提供芯片设备，甚至还起诉其竞争对手美国泛林集团侵犯专利。

但光刻技术却是另一回事。2001年，ASML将SVG公司剩下的美国光刻技术一扫而空，这意味着从美国已经无法获得该领域最先进的专业技能。因此，荷兰的扫描仪对中国来说不可或缺——至少暂时是。

中国仍有一家与之竞争的光刻机制造商：上海微电子装备有限公司（SMEE）。正如哈里·范霍特和马丁·范登布林克在2018年和2019年访问时观察到的，他们的竞争对手SMEE起步缓慢。这次访问是出于好奇，他们想了解中国人面临着哪些挑战。尽管政府提供了财政援助，但与ASML的产品相比，SMEE仍需追赶。

现在，这家中国公司主要提供后端设备，包括对现有芯片的加工和封装。当涉及前端，也就是芯片的实际生产时，它仍然卡在对90纳米技术的攻克上。SMEE正在研究更好的技术，如28纳米浸入式系统，但这些实验的技术难度都很大。然而，对中国的出口限制为SMEE提供了一个新的方向。如果采取更为严厉的措施来阻止ASML和尼康的扫描仪供应，中国制造商将选择SMEE，也顺其自然地给ASML这一竞争对手更多的时间和机会来解决自己机器上的问题。SMEE将获得更多的资金，而这些资金反过来又可以用于投资新技术的开发，包括自行研制的浸入式扫描光刻机。中国很有可能就在一眨眼的时间羽翼丰满地紧跟竞争者的步伐，且已能够发展独立的芯片生产链。

这与美国人的目标恰恰相反。这也是 ASML 的人完全无法理解其战略的原因。

2023 年 7 月,荷兰宣布缩减 ASML 出口量不久后,中国也做出了回应。中国开始限制镓和锗的出口,而全球芯片业都依赖中国提供的这两种金属。中国作为世界上最大的稀有金属供应国,地位强势,而稀有金属正是整个全球工业在技术产品和能源转型方面所需的原材料。这是要让西方明白,如果继续限制中国,将会发生什么。

32. 钱如雨下

尽管才 2 月，但阳光已然开始直射在亚利桑那州钱德勒市的英特尔大楼的屋顶上。时间来到 2023 年，这座位于欧普莱斯路（Old Price Road）上的高楼是近距离观察美国芯片业重建的最佳地点。在林立的起重机周围，工人们正在为两座巨大的芯片工厂组装钢架。这里曾经弥漫着大片洋葱田的味道，而现在，卡车和推土机扬起的尘土与空气处理设备中升腾的水蒸气混合在一起，散发出一种新的气息：进步。

到 2025 年，工厂 Fab52 和 Fab62 将开始量产数百万个处理器。这两座工厂足足有四层楼高、四个足球场宽。厂内生产线将运行 ASML 的 EUV 机器，并与配送中心相连接，其为现有的无尘室源源不断供应气体和化学品。

这就是 20 世纪 80 年代初英特尔在钱德勒市建造的 Ocotillo 园区。它成为了这家美国芯片巨头的主要生产基地，也是半导体行业蓬勃发展的温床。这也是为什么 ASML 选择亚利桑那州作为其首个生产基地。

沙漠中雨水稀少，所以英特尔会回收其工厂中的所有冷却水。尽管如此，在钱德勒市，数十亿美元的补贴滚滚而来。英特尔的新芯片工厂符合美国"芯片法案"的要求，这是一项总额达 520 亿美元的支持方案，其中 390 亿美元专门用于刺激美国本土的芯片制造业。工厂的建造和运行创造了数以万计的就业机会。美国的高端芯片依赖于亚洲工厂，其芯片产量在

20世纪90年代初占全球的近40%，而2023年则下降到不足12%。有了"芯片法案"这一武器，拜登誓要扭转这一局面。

要想获得政府援助，企业必须同意不在其他"敏感国家"建立先进的芯片工厂，也不得扩大在这些国家的现有产能。"芯片法案"在各方面都取得了成效：美国芯片产量增加，中国产量减少。

英特尔看到了机会，并牢牢抓住了它。它为亚利桑那州的扩产投资了200亿美元，并申请了80亿美元的补贴，同时还依靠州政府的支持在俄亥俄州新建了工厂。"芯片法案"刚好刺激了美国芯片巨头的发展。现在，它有机会赶上亚洲竞争者了。

2021年2月，英特尔迎来了新任首席执行官帕特·格尔辛格（Pat Gelsinger）。他的上任意味着一段动荡时期的结束，首席执行官终于不再如走马灯一般频繁更迭，产品也不再持续推迟。上任后，他立即联系了ASML。时机恰好，他迫切需要EUV光刻机来扩张美国市场，并希望利用欧洲补贴来建立他们自己的半导体产业。

与此同时，欧盟的政治家们也认识到，在欧洲建立一个韧性十足的芯片产业具有重要的战略意义。新冠疫情迫使欧洲面对一些严峻的事实，即全球生产链在危机时期十分脆弱。口罩和其他医疗用品的突然短缺令欧洲国家惊慌失措。此外，芯片短缺严重影响到了汽车行业，每个人都意识到了半导体供应链的脆弱性。

截至2023年，欧盟的芯片产量仅占全球的8%。完全自给自足难于登天，但欧盟数字事务专员蒂埃里·布勒东（Thierry Breton）雄心勃勃，他希望到2030年，欧洲能供应全球20%的芯片。为了让英特尔的欧洲扩张计划有一个良好的开端，ASML最初为帕特·格尔辛格提供了帮助。2021

年6月,英特尔首席执行官于海牙与马克·吕特会面,鉴于吕特对技术知之甚少,ASML为首相提供了议程。吕特仍然喜欢用他古老的诺基亚发送短信,然后迅速删除。他解释,这是为了释放内存。

会后,格尔辛格直接前往布鲁塞尔,与欧盟专员玛格丽特·维斯塔格(Margrethe Vestager)会面,并参观了鲁汶的研究机构IMEC,它与ASML的合作紧密。比利时布鲁塞尔和荷兰布拉班特之间的通讯便捷。例如,2021年秋,欧盟委员布雷顿(Breton)致电彼得·温宁克,询问ASML是否会与台积电和三星展开合作。他希望与亚洲芯片制造商接洽,以拓展欧洲市场,但他们似乎没有英特尔那么急切。

11月,布雷顿与维斯塔格和欧盟委员会主席乌尔苏拉·冯德莱恩(Ursula von der Leyen)一起访问了ASML,并进行了闭门会谈。彼得·温宁克、马克·吕特和经济事务总干事福柯·维瑟拉尔(Focco Vijselaar)与他们一起参观了ASML的陈列室"体验中心"。第二天,冯德莱恩发表声明称:"ASML将在提高欧洲科技行业的竞争力和独立性方面发挥重要作用。"她也确实分秒必争。访问结束后,布鲁塞尔立即发来请求。他们希望ASML提供一份意见书,对欧洲芯片行业的未来和欧盟芯片法案进行展望。这份文件需要在2022年初完成,赶在美国和欧盟继续在跨大西洋贸易与技术理事会(the Transatlantic Trade and Technology Council,TTC)开始讨论之前。

ASML开始与芯片公司合作制订长期计划。根据ASML的预测,由于数据中心建设需要芯片,而人工智能、自动驾驶汽车和智能电力网络等领域将爆炸式增长,未来10年芯片需求将翻一番。如果欧洲想让芯片工厂在本土生产出最快的处理器,就需要亚洲或美国芯片巨头的帮助。在这场竞赛中，欧洲芯片制造商落后太多，已望尘莫及。此外，汽车等行业需要更多的通用芯片，恩智浦、英飞凌（Infineon）及意法半导体（STMicroelectronics）等欧洲芯片公司也需要扩大规模。

作为该行业的关键角色，ASML似乎成为了制定欧洲芯片法案的主导者。彼得·温宁克认为这言过其实了。他认为ASML更像是一个影响者。归根结底，最终决定权在政客手中，而经济从来不是他们考虑的唯一因素。

但在这件事上，欧盟和ASML的策略选择却不谋而合。2022年2月8日，ASML发布欧洲芯片产业意见书，同日，欧盟宣布了一项价值430亿欧元的经济刺激计划。

不出所料，英特尔也在1个月后宣布了这一消息。这家芯片制造商将投资330亿欧元用于在欧洲的扩建项目，其中包括投资170亿欧元在德国马格德堡市附近建造一座大型工厂。这个选址符合所有条件：靠近德国汽车产业，附近有一所大学，而且与亚利桑那州不同，这里一头牛都没有。

英特尔继续将预算分配给意大利、爱尔兰、法国、波兰和荷兰。作为回报，英特尔希望得到大量补贴。仅马格德堡项目就申请了68亿欧元，占预期启动成本的40%。同时，法国向格罗方德半导体公司和法国意法半导体公司运营的芯片工厂投资29亿欧元。

《欧洲芯片法案》标志着欧盟政策的急转弯。一般而言，各国政府被禁止出于干扰成员国间公平竞争之目的而提供国家援助。各国必须满足严格的条件才能使用公共资金援助企业。新法公然违背了这些历史原则，但鉴于中国和美国之间的紧张关系，欧盟认识到，其产业要想变得更有韧性、更独立，就必须改变政策。欧洲已经因为依赖外国力量而得到了惨痛的教训。俄乌冲突爆发后，欧洲不得不放弃俄罗斯的石油和天然气供应，陷入了前所未有的能源危机。鉴于此，欧洲急于避免类似的情况在半导体领域重演。芯片短缺敲响了警钟。

实际上，欧洲经济刺激计划的 430 亿欧元包括了复苏基金、调整后的创新计划以及最重要的，来自成员国自身的大笔资金。2023 年初，欧盟通过了该提案，却与芯片行业的低迷不期而遇。长期来看，该行业可能会增长，但难免起起伏伏，就像潮起潮落一样。

这一下滑导致英特尔放慢了在德国的扩张步伐。由于工厂的投资成本从 170 亿欧元上升到 300 亿欧元，英特尔出人意料地将其对国家援助的要求从 68 亿欧元提高到 100 亿欧元。英特尔希望在马格德堡建立更多的生产线，因为台积电将其对亚利桑那州工厂的投资增加到 400 亿美元。这如同一颗难以下咽的药丸，但德国人同意了。

在美国，帕特·格尔辛格同样是这场补贴大潮中最耀眼的明星。他出席了 2022 年的国情咨文讲话，当时拜登正试图在国会推动他的"芯片法案"。这一过程花费的时间比预期的要长：两党都认为美国芯片产业需要支持，但他们在其他问题上的分歧太大，让他们难以做出务实的决策。

这让英特尔首席执行官沮丧至极，随后在 2022 年 6 月，他决定停止俄亥俄州项目的建设。他的意图很明确：我们需要看到真金白银，项目才能继续。当美国《芯片和科学法案》（CHIPS）最终于 8 月在白宫花园签署时，格尔辛格露出了笑容：威胁按下暂停键的做法奏效了。

英特尔在俄亥俄州平原上建造的工厂，拜登称这个平原为"梦幻之田"（the fields of dreams）。耗资约 200 亿美元，就像 Fab52 和 Fab62 一样。它们完全是钱德勒市新建厂房的翻版，甚至连入口和内部设计都一模一样，连洗手间都在同一个地方。这也难怪，何必要费钱费力去修改一个明知可行的设计呢？

英特尔还将这一"完全复制"原则应用到生产线上。生产过程中的每一个细节都经过仔细检查，解决每个错误，然后在其他工厂完全复制这一过程。芯片专家们潜心研究、再研究，直到将方法转化为精心设计的程序。在这个过程中，英特尔决定慢工出细活。在俄勒冈州希尔斯伯勒（Hillsboro）开发部的无尘室里，EUV 机器已经进行了多年的测试。该公司希望先规避一切风险，再于竞争前实现关键的一跃。但是，即使对于英特尔这样的芯片巨头公司来说，这样的飞跃也是困难的。毕竟，台积电和三星早在 5 年前就已经开始了大批量的 EUV 生产。亚洲的竞争者们对待风险则没有那么谨慎，当他们的芯片机器还在依靠一根线固定在一起时，就已经建立起了生产线。快速切割晶圆，快速解决问题，这就是当时的情况。谁犯错快，谁的创新就快。

但英特尔的做法不同。作为一家集成设备制造商，它设计并制造自己的芯片。英特尔所谓的 x86 架构长期以来在全球占据主导地位，自 20 世纪 80 年代以来，市场上几乎所有 Windows 的个人电脑或服务器都采用了这种芯片。如果你的电脑是 2006 年前购买的，那么你可能已经从电脑正面撕下了"Intel Inside"（内含英特尔）的贴纸。而更新后的标语"Leap Ahead"（超越未来）却出现在新贴纸上。

几十年来，英特尔凭借其稳固的个人电脑销售市场称霸芯片行业。但后来，来自东方的挑战出现了，它带来了灵活的代工模式和军事化的纪律。这些亚洲竞争者更好地顺应了智能手机革命，而且相比于英特尔主导的个人电脑市场，其创新周期要短得多。英特尔的处理器也比不上高能效的 ARM 芯片设计，而后者已经成为整个移动手机产业的基础。

高通、超威和英伟达等芯片设计公司通过采用无晶圆工厂的技术，可以更早地通过与其合作的亚洲工厂获得更先进的技术。他们可以根据晶圆需求，在每个季度调整与台积电的订单。英特尔终于抓住了这一"无晶圆厂"趋势，帕特·格尔辛格一上任就成立了一个新的业务部门，名为英特尔代工服务（Intel Foundry Services），为其他公司生产芯片。虽然它不像台积电那样是纯粹的代工厂，但它也十分重要：如果没有其他公司的订单，美国人将无法达到足够的业务规模，也就难以回收他们在最新技术上的投资。对于一家在变革中挣扎的公司来说，这标志着英特尔企业文化的一次彻底转向。

格尔辛格将公司的未来作为赌注，但他还有一张王牌。英特尔是仅存的一家有机会赶上亚洲竞争对手的美国芯片制造商。没有了英特尔，重新平衡芯片业将成为天方夜谭。三星和台积电必定更愿意保留最先进芯片的生产，使得亚洲继续稳坐芯片业中心地位。

亚洲芯片公司也从补贴中获益匪浅。三星公司耗资 170 亿美元准备在得克萨斯州建造一座工厂，并考虑在欧洲也开设一座工厂。台积电也在日本进行扩张，得益于日本提出的 Rapidus 项目的补贴政策。此外，台积电还计划与欧洲芯片制造商博世（Bosch）、恩智浦和英飞凌一起，在德国城市德雷斯顿（Dresden）建厂。这家工厂将获得 50 亿欧元的补贴。

与韩国芯片公司和台积电在本土的扩张计划相比，这些项目的规模都不大。台积电仍对在美国生产最先进的芯片技术持谨慎态度，因为这可能会削弱台湾岛的"硅盾"，影响台湾芯片工厂的不可或缺性。2022 年年底，台积电将其在亚利桑那州的投资从 120 亿美元增加到 400 亿美元，并纳入了更新的生产技术。

早在台积电开始动工前，ASML 就已清楚台积电在亚利桑那州凤凰城以北建厂的计划。台积电也需要时间来培训支持人员：学习如何维护复杂的 EUV 机器需要两年半的时间。ASML 在台湾台南市提供培训，同时在亚利桑那州建立一个培训中心，每年可培训 16000 人。现在只剩一个问题：学校可以想建多大就可以建多大，但会有足够的学生吗？

技术人才的缺乏是美国芯片战略的致命弱点。对于拜登来说，"芯片法案"提供了一个改善美国教育体系的契机。他要求国会拨款数百亿美元投资教育，让他们能胜任未来的技术工作。不仅仅是芯片产业，整个国家都需要升级。

2022 年 12 月，拜登在亚利桑那州的台积电工厂迎接了第一批芯片机器。为了纪念这一时刻，尽管工厂属于一家中国台湾公司，但大楼上还是挂起了"美国制造"的巨幅标语。现场的环境是典型的美国风格：沙漠平原上星星点点地长着仙人掌，旁边是热闹的本·艾弗里射击场（Ben Avery Shooting Facility）。这个公共射击场对所有人开放，即使是 5 岁的孩子也可以在这里射击，前提是枪支必须装在带锁的箱子里。

台积电庆祝的香槟酒开得正欢，开幕式结束后，拜登与一个特定的小组举行了一次座谈会。超威、英伟达和苹果公司的领导人观看了台积电董事长刘德音向拜登赠送刻有文字的晶圆。这种光亮的圆片在芯片行业是标准礼物，但仍让拜登喜笑颜开。彼得·温宁克坐在美国总统的右侧。这一次，他的姓终于被写对了。当总统的摄影师拍照时，温宁克就站在美国国旗旁边，他的橙色领带与星条旗恰好齐平。

台积电创始人、芯片技术先驱张忠谋也出席了仪式。他为新工厂举杯祝酒，但他的讲话却流露出消极观点。他表示："全球化和自由贸易一样，几乎已经死亡。"除了政治目的，他认为在全球范围内推广和复制芯片生产毫无意义，因为整个供应链必须随之转移，而张忠谋并不推崇西方那一套职业道德。这也难怪台积电美国工厂的启动速度比原计划慢。尽管有数十亿美元的补贴，但迁厂的成本会导致价格上涨。而如果制造商的运营效率降低，投资创新的资金就会减少。摩尔定律也将没落，成为科技战争的牺牲品。

33. 五角大楼之殇

莫娜·凯泽不喜欢传达负面的消息，尤其是在圣诞节前夕。但这一次，她别无选择。这位荷兰经济事务国务秘书走下公务车，匆匆穿过旋转门，来到位于费尔德霍芬的 ASML 总部。在 20 楼，她向 ASML 董事会讲述了她在电话中无法说出口的话："我们和美国有麻烦了。是关于 Mapper 公司的。五角大楼……你们得帮我们！"

2018 年 12 月，华盛顿、海牙和费尔德霍芬之间的外交连线热闹非凡。就在中美科技大战在国际舞台上全面爆发之前，一场完全不同的博弈正在幕后谋划。这关系到荷兰的芯片技术会不会被中国掌握。

这一切都源于位于代尔夫特的 Mapper 公司，该公司自 2000 年以来一直致力于研究电子束技术。电子可以在芯片上刻蚀复杂的图案，凭借所谓的多波束技术，Mapper 实现了技术飞跃，但它销路并不好。台积电在 2010 年试用了 Mapper 的机器，但认为 ASML 的光刻机更适合大规模生产芯片。无须电子，仅使用光子（也就是光）就可以一次性复制芯片图案。台积电选择了 EUV，并将机器送回了代尔夫特。

Mapper 公司不得不转换赛道，却不幸陷入了严重的财务困境，并最终于 2018 年底破产。因此，其积累的宝贵的技术知识成为众人争夺的对象。它虽然没有取得商业上的成功，但它的技术却具有重要的战略意义。这让美国国防部感到不安。

2019年1月28日，在莫娜·凯泽访问费尔德霍芬的一个半月后，ASML购买了Mapper公司的知识产权，并吸纳了那些才华横溢，却一度备受冷落的员工。新闻稿没有提及的是，ASML为这个破产的企业花了多少钱，也没有讲述之前发生的令人难以置信的故事。

这个故事要从美国说起。

2018年，格罗方德半导体公司停止对EUV项目的投入，美国国防专家的担忧得到证实，即美国已经失去了对最前沿芯片的控制。这个问题迫在眉睫。美国国防部希望大部分现代芯片都能在美国本土制造，并接受美国的监督。这一原则被称为"可信代工"原则，对美国人来说，这是一种战略需要。如果F-35战斗机、先进的无人机或特工设备的芯片来自国外工厂，那么它们将更容易遭到破坏或黑客攻击。

格罗方德退出，英特尔又未能跟上亚洲芯片制造商的步伐，这导致美国处境不利。美国国防部不能容忍这样的情况。2018年，美国国防专家与台积电和三星进行了讨论，这些公司愿意在美国建造更先进的芯片工厂，但作为回报，他们要求获得30亿—80亿美元的国家援助，这远远超过了国防部的可用资金。但就在这时，一份来自代尔夫特的高科技礼物出现了：Mapper。

Mapper在代尔夫特理工大学诞生。当时，带电粒子光学领域的教授皮尔特·克鲁特（Pieter Kruit）要求他的学生设计一种可用于商业光刻的电子束系统。他的2名学生伯特·简·坎贝尔（Bert Jan Kampherbeek）和马可·维兰德（Marco Wieland）认为这项技术大有可为，在克鲁特的指导下，他们毕业后于2000年创办了自己的公司。维兰德主要负责技术，而坎贝尔专注于销售业务。他们的公司也需要筹集资金来维持公司的运营。

Mapper 公司由阿瑟·德尔·普拉都共同出资，这位荷兰芯片业的先驱再一次站在了最前沿，助力推进这个有潜力的技术。由于资金短缺，他于 1988 年被迫退出 ASML，但他依然对有潜力的半导体技术独具慧眼。

有了 Mapper 的技术，就不再需要昂贵的掩膜。计算机中的芯片图案仅占几个 TB，利用电子束反复扫描，作用于对电子敏感的光刻胶上。这一过程通常需要花费数小时，但多波束绘图器（multibeam Mapper）能够利用微小的透镜将电子分成超过 13000 道不同的光束，每道光束又包含 49 条射线。类似于老式凸面电视的绘图原理，利用电子束通过数百条扫描线在屏幕上绘制图案。

Mapper 公司的第一个概念于 2007 年提出，并出售了两台样机：一台卖给了台积电，另一个卖给了法国格勒诺布尔的 CEA-Leti 研究机构。这家新公司认为，只要能将产量提高到每小时 10 个或 20 个晶圆，它就能很好地替代迟迟未投入使用的 EUV 设备。就算 10 台这样的设备放在一起，其成本仍将低于 ASML 的一台扫描式光刻机。至少，理论上是可行的。

事实证明，现实更难以掌控，台积电退回原型机后，Mapper 改变了方向。大众市场不需要电子束，还有需要少量制造先进芯片的小规模市场。美国国防工业是这一市场的主要客户。例如，美国国防部高级研究计划局（DARPA）早在 2003 年就已经为电子束项目投入了资金，最新的 Mapper 机器将更加先进，但生产它需要投入额外的资金。2012 年，俄罗斯国家纳米技术投资基金鲁斯纳诺（Rusnano）以 4000 万欧元收购了 Mapper 公司 14% 的股份。Mapper 公司多了一名俄罗斯董事，并随后在莫斯科的高科技企业聚集地 Technopolis 建立了一家工厂。工厂开始为镜片生产微机电系统。这些所谓的微系统是一种使用普通光刻机生产的芯片。为此，Mapper向他们在费尔德霍芬的竞争对手订购了一台机器。内部通讯稿的标题很有讽刺意味："Mapper买了ASML。"德尔·普拉也甚觉有趣，在2013年访问莫斯科期间，他装模作样地坐在一个废弃的ASML包装箱上，表情顽皮，恰好跨坐在费尔德霍芬的标志上。

尽管大股东热情高涨，但技术失利还是限制了Mapper的发展。这并不是说他们的技术无用，恰恰相反，这种电子束不仅可以用来光刻，还可以用来检查芯片是否有误。这引起了ASML的兴趣——它们将完美地辅助HMI检测设备，HMI（汉微科）是ASML于2016年收购的一家台湾公司。那时，马丁·范登布林克和乔斯·本肖普（Jos Benschop）多次造访代尔夫特。他们想知道维兰德是否愿意为ASML研发电子传感器，但这位创始人拒绝了。他决心为自己的公司带来辉煌。ASML曾研究过是否可以全资收购Mapper，但并未认真提出过收购要约。

2016年9月，阿瑟·德尔·普拉都去世，享年84岁。这实在是个令人震惊的消息，因为他去世的前几个月，还一直积极参与Mapper的工作。而随着他的去世，公司也失去了最重要的资金支持者。德尔·普拉都的家族资金无法继续维持这家科技公司，因为他在遗嘱中规定，他的资金将用于癌症研究。他的妻子在年轻时因癌症去世，这也是他对妻子许下的诺言。

到2018年初，Mapper只剩下6个月的时间来寻找另一位投资者。当坎贝尔解释公司危在旦夕时，似乎没有人相信他的话，毕竟他们的机器已经收到了2亿多欧元的投资，而且即将完工。另一个麻烦在于，公司的部分股权掌握在俄罗斯国家基金手中。然而，公司股权中俄罗斯国家基金的存在，加之近年来国际政治风云变幻，尤其是俄罗斯与西方国家的紧张关系，使得融资之路更加崎岖。

坎贝尔不遗余力地寻找资助者，他与日本、新加坡和美国的芯片设备制造商谈过，但都无功而返。坎贝尔曾一度认为美国应用材料公司会感兴趣，但最终他们还是打了退堂鼓。

Mapper 将目光投向了中国。维兰德来到以大熊猫而闻名的成都，向投资者和官员们表示可借此在中国开发 EUV 的替代方案，希望能吸引他们。坎贝尔则飞往北京与投资者会面。投资商兴趣浓厚，但 Mapper 公司太急迫了：破产在即，他们需要尽快达成交易。中国人无法立即敲定这个突如其来的提议。与此同时，Mapper 不情愿地将莫斯科工厂卖给了 Rusnano，以便能够继续支付 240 名员工的工资。Mapper 的时间已经不多了。

2018 年夏天，Mapper 向美国国防部求助。先前国防部曾表露出对多波束技术的兴趣，毕竟它还可以用来为现代武器系统或其情报部门的设备"刻画"独一无二的芯片。他们希望确保设备不会被黑客攻击，而通过给每个芯片一个唯一的编号，他们就可以确定是在和谁通话，在不被敌人截获的情况下安全地进行通信。

美国国防部认为，Mapper 公司的技术可用于在可信的代工厂小规模生产先进芯片。但俄罗斯投资者的存在让这笔交易绝无可能。国防部的一名雇员试图动员美国公司入股 Mapper 公司，摆脱俄罗斯投资者，但武器制造商并不在乎这一提议。不过，位于美国得克萨斯州沃斯堡的 SecureFoundry 公司收到过来电，该公司由前海军陆战队员、美国网战司令部技术总监莱克斯·基恩创办。他仍活跃在这一领域，专门研究半导体，主要工作是从大学里获取先进芯片的专利，用于国防项目。

国防部并没有直接向 SecureFoundry 下达命令（那样会引发权责关

系），而是给出了一个明确的暗示：Mapper 公司当前资金紧缺，如果有人能出手挽救荷兰的技术，而使美国国防工业受益，那将是再好不过的事情了。基恩卷起袖子：这项任务他当仁不让。

他会见了来自代尔夫特的团队，并邀请坎贝尔前往沃斯堡几周，以促成交易。坎贝尔暂居基恩（Lex Keen）的财务顾问家中。基恩是一位当地的银行家，有着荷兰血统，每天早上 6 点他都会和他的家人围在桌边研读圣经。他家中还有一个装满步枪和手枪的大橱柜，得克萨斯人的待客之道尽显于此。当主人鞠躬祈祷时，坎贝尔心想："万福玛利亚。"他要冲去"战壕"拯救他的公司。

基恩和坎贝尔携手美国国家安全局，共同制订了一项计划。美国情报机构向 Mapper 订购了 2 台多波束机器，总价达 2000 万美元。如果五角大楼以美国国家安全局的名义直接支付这笔款项，SecureFoundry 公司将获得向美国政府机构供应机器的经销权，而 Mapper 公司则可以利用新的资金继续运行。五角大楼初步应允，但前提是必须妥善解决与俄罗斯方面的复杂关系。

基恩在阿姆斯特丹会见了 Rusnano 公司的代表。自 2012 年以来，俄罗斯人在 Mapper 公司的持股已增加至 27.5%，但他们对被收购毫无兴趣，因为这将导致巨额投资缩水，而且还会成为全国的笑柄。Rusnano 公司更希望看到 Mapper 公司破产，这样他们就可以将责任归咎于不可抗力。不过，如果 Mapper 公司能在接下来几年继续从莫斯科购买芯片，俄罗斯人愿意放弃他们在董事会的席位，并将他们的股份转让给一家外部信托公司。基恩同意了，对他来说，这笔交易可行。整个事件的处理过程中，SecureFoundry 与荷兰经济事务部密切协调，因为 Mapper 对多个债权人仍有价值 3200 万欧元的未偿贷款。基恩收到了荷兰驻华盛顿大使馆经济使节签署的声明：他已获准投资 Mapper 公司，而且荷兰外交部并不要求他立即偿还贷款。似乎没有什么能阻挡 Mapper 的自救了。

12 月初，莱克斯·基恩在代尔夫特召集了 Mapper 公司员工，宣称协议已经达成，他们崎岖的隧道尽头出现了曙光，言犹在耳，却未料真相另有乾坤。第二天，当基恩飞回美国时，他在冰岛雷克雅未克停留期间接到了同事打来的一个令人震惊的电话。国防部突然陷入沉默，已经不再做出回应。

五角大楼内部的政治斗争，以及将军们与强大的国防工业之间的阴谋算计，让 Mapper 成了牺牲品。虽然 2000 万美元的专款已划拨给了国家安全局的 2 台机器，但负责这笔交易的人却另谋高就，他的继任者将这笔资金转到了英特尔公司的一个安全芯片项目上。有影响力的英特尔公司管理着一家 GoCo 工厂，即"政府所有、承包商运营"（Government-owned, Contractor-operated），并在军方的监管下生产处理器。与此同时，一个来自美国武器工业的游说团体强势介入，极力阻挠荷兰竞争者。

基恩眼睁睁地看着自己的交易一步步破裂。到 2018 年底，五角大楼的官僚机构走得比以往要更拖沓。前总统老布什的葬礼让他们的工作停滞了几天，当五角大楼再次尝试为 Mapper 交易申请资金时，他们又遇到了一个拦路虎。12 月 22 日，由于民主党人阻止了特朗普在墨西哥边境修建隔离墙的计划，美国政府关闭。这持续了 35 天，成为美国历史上冻结预算时间最长的一次。这对于 Mapper 公司来说无疑是雪上加霜。代尔夫特的工程师们已经好几个月没有领到工资了，创始人维兰德已经算好了日期，为了保证员工们还能领到失业金，他不得不在 12 月 19 日申请停止支付，并于12月28日宣布破产。Mapper的18年多波束探险，就此黯然落幕。

美国国防部意识到他们搞砸了Mapper的交易时，他们开始恐慌了。他们害怕Mapper的破产财产落入俄罗斯之手，尤其是其他大国可能也盯上了它。他们的担心是有道理的：Mapper过去曾与ASML的中国竞争对手SMEE交流过，而中国投资者也表达了对多波束的兴趣。

美国人给荷兰拉响了警报。12月，五角大楼向荷兰国防部和经济事务部发出紧急信函。信中表示：你们的关键芯片技术即将落入他人之手，你们需要进行干预。他们通过美国大使馆亲自联系马克·吕特首相，恳求他不要让这项技术流入他国。他需要确保这项技术留在荷兰，即使这意味着要摧毁它。五角大楼认为，如果Mapper交给ASML，多波束技术就会走入死胡同。但不论怎样都好过让它落入中国人手中。

这就是为什么莫娜·凯泽在2018年那个冬日突然闯进费尔德霍芬，还告诉ASML："你必须买下Mapper。"如果中国买家想出手，荷兰政府也无能为力：为此他们专门起草了一项法律，但仍需时间获得批准。所有的希望都寄托在ASML身上，ASML不认为多波束光刻技术有任何优势，毕竟该技术潜力有限，而EUV已经在芯片工厂投入使用。但他们反而对代尔夫特的专利和技术知识很感兴趣，它只需要Mapper公司的工程师们放弃生产芯片的老路，转而专注在对芯片的检测领域。

在Mapper公司申请暂停付款的第二天，彼得·温宁克对荷兰BNR电视台的一位记者说："我们一定会和他们谈谈的。"像一位娴熟的政客一样，他设法回避直接回答这些问题，但显然，ASML已经看到了Mapper知识的价值。2018年6月，马可·维兰德荣获"马丁·范登布林克奖"，甚至由马丁·范登布林克本人为他颁发。

与此同时，财产保管员组织了一次Mapper剩余资产物品拍卖会，以清偿核心债权人的债务，主要是德尔·普拉都基金和荷兰经济事务部。SecureFoundry公司的莱克斯·基恩也是竞拍者之一。2019年1月，这位前海军陆战队员迅速组建了一个荷兰投资者团队，与前Mapper公司员工一起竞拍破产的资产。组织者还联系了代尔夫特工程师们之前接触过的中国投资基金。他试图抬高价格，却反过来打了美国人的脸。中国决不能接收Mapper的技术，而他却正好邀请他们参与了这场游戏。

对于政客们来说，拍卖只能有一种结局：Mapper的资产落入ASML手中。ASML出价3500万欧元时，基恩仍能与之相匹敌。当ASML公司再掏腰包，豪掷7500万欧元时，竞争对手只能偃旗息鼓。"7500万一次，7500万两次……"，Mapper的"遗产"就这样被卖掉了。

虽然ASML不得不付出高昂的代价，但它愿意按计划行事。Mapper的专业技术非常有价值：在费尔德霍芬方圆130公里内，哪里还能找得到100名芯片技术专家？董事们也认为，保留Mapper的知识也不失为一种爱国主义的表现，又简单又能增加好感度。2019年1月，一个来自费尔德霍芬的代表团站在了代尔夫特一间挤满了人的会议室前，而仅仅6周前，莱克斯·基恩还像个救世英雄一样出现在Mapper员工们面前。就在他们即将登上临时搭建的舞台之前，Mapper其中一位创始人俯身对ASML的代表耳语道："你们赢了。"

240名员工被邀请听取了这个保留岗位和知识的计划，只要他们愿意，每个人都可以加入ASML。虽然机械师必须在布拉班特工作，但工程师可以留在代尔夫特，以延续Mapper的文化精髓。100多名技术人员加入了位于圣何塞的部门，与 HMI 并肩作战。Mapper 的创始人马可·维兰德并没有立即做出决定，但经过了深思熟虑并接受了园艺疗法的 6 个月后，他接受了 ASML 的邀请。他被任命为荣誉研究员，以表彰其开创性的技术工作。坎贝尔则选择了另一条道路，与他的几位前同事创办了一家新公司，生产用于郁金香种植的农业机器人，创造又一个优秀的荷兰出口产品。

Mapper 的知识产权落入了 ASML 的手中，这为 ASML 抵御任何专利索赔提供了必要的保护，毕竟 ASML 在这一领域面临的战斗已经够多了。代尔夫特剩余的所有笔记本电脑和硬盘驱动器都被小心翼翼地销毁，以防敏感信息泄露到第三方。

美国国防部和能源部希望 ASML 将多波束机器保留给马萨诸塞州一家值得信赖的代工厂，来生产带有唯一代码的标准芯片。然而，ASML 婉言谢绝了，并建议美国人最好使用其他技术来达成目的。ASML 对 Mapper2.0 没有兴趣，它只会让代尔夫特的人才分心。

2019 年 10 月，Mapper 的创始人与股东们最后一次聚餐。在代尔夫特一家鱼餐厅，他们围坐在一张圆桌共话多波束 18 年的历史。他们承认，与国防部的交易是最后一根稻草，尽管他们早就走投无路了。没有指责或埋怨，只是遗憾未能在德尔·普拉都有生之年将机器推向市场。这是他们能给他的唯一缅怀。

Mapper 事件凸显了荷兰对本国芯片技术的战略价值认识不足。他们的大意很容易让这些敏感知识落入外国人手中，这给荷兰敲响了警钟。2023 年，沃尔夫法案（VIFO Act）正式出台，该法案就潜在的国家安全问题对投资、兼并和收购进行筛查。该法案对重要供应商和"活跃在敏感技术领域的企业"（如半导体行业）进行监管，并从2020年9月起具有追溯效力。此外，政府还在2023年预留了1亿欧元，确保在危机中的战略公司不被不良势力掌控，他们可以立即进行干预。荷兰希望借此防止Mapper事件重演，引起恐慌。

关于Mapper的交易仍有迹可循。有7000万欧元正存放在荷兰拍卖管理人的账户中，在一名法国受托人因行政问题提起的诉讼结果出来后，款项就将分配给债权人。至于那台多波束机器，你只需走进代尔夫特理工大学的物理大楼便可以近距离观察。在咖啡机旁边有一个真空室，通过窗户可以了解到内部技术。2023年初，这一珍藏品由伯特·简·坎贝尔和皮尔特·克鲁特教授亲自揭幕。

克鲁特已经退休，并于2021年开始了新的职业生涯，领导应用材料公司的电子束部门。这家美国芯片设备制造商正在制造一种检测设备，与ASML的设备一样，也是利用电子技术工作。他的"昔日爱徒"，才华横溢的马可·维兰德，曾在这个领域一骑绝尘，现在是时候看看这位学生是否已经青出于蓝而胜于蓝了。

对于莱克斯·基恩来说，多波束探险还没有结束。这位前海军陆战队员最擅长的就是坚持不懈，无论前面有多少挫折。基恩购买了Mapper法国分部的CEA-Leti的机器，并将该设备用25个箱子分装空运到美国东海岸，而此时全球正被新冠疫情危机所笼罩。自2022年以来，该设备一直放在马里兰州诺思罗普·格鲁曼公司（Northrop Grumman）的无尘室中，等待开始生产芯片。作为Mapper专利的持有者，基恩需要与ASML合作才能获得许可。他还不确定他的客户是谁，但有一点他可以肯定：如果五角大楼有意合作，他们必须先付钱。

第五篇 痛苦加倍

"我们不能再隐藏财富了。"马丁·范登布林克的声音中透着浓浓的遗憾。他看着窗外绵延到远处的工厂、办公室和建筑塔吊。在他看来,这些新建筑非常别致。当然,设计本可以略有不同,但他不能事事插手。

范登布林克的办公室位于20层,是观察ASML如何扩张的绝佳地点。或者,更合适的说法是:开疆扩土。塔楼周围是美式风格的园区,有热闹的餐厅、带屋顶花园的礼堂、私人超市、天蓝色的跑道以及供阅读、游戏或编织使用的"充电室"。在这里面生活一辈子都可以。

2023年,ASML跻身全球最具价值公司榜单的前50强,拥有超过42,000名员工,比6年前增加了2倍。超过20,000人在费尔德霍芬工作,预计未来6年这一数字还会翻一番。算上供应商,这意味着布拉班特地区将增加70,000个工作岗位。对ASML来说,这庞大的数额比外界关注的政治动荡更重要。毕竟他们还有更重要的事情要做,而不是被地缘政治牵着鼻子走。拖延不是办法,唯一的出路就是做得更好。

40年来,ASML经历了非凡的转变。从一家初创公司发展成为规模化公司,成为市场领导者,并巩固了其垄断者的地位。即使在中美科技战不断升级的今天,ASML仍在不断扩张。能源转型和人工智能革命导致对芯片的需求呈爆炸式增长,各个国家想要的都一样:更多的芯片机器。英伟达等公司完全依赖台积电,竭力生产出足够的处理器,来提供ChatGPT及其衍生应用所需的计算能力。分析师预测,到2030年,全球芯片市场规模将再扩大一倍,成为一个价值万亿美元的产业。这将直接转化为ASML的订单。

这些订单由销售总监桑妮·斯塔内克(Sunny Stalnaker)负责,她已多次与芯片制造商达成数十亿美元的交易。但是，即使是像桑妮这样经验丰富的人，面对诸多订单也束手无策。

时间来到 2017 年，马丁·范登布林克刚刚要求斯塔内克与英特尔达成高数值孔径的 EUV 机器的购买交易。他对 EUV 未来的总规划就取决于这一订单。斯塔内克所要做的就是想办法弥合 5 亿美元的差价。

这本是不可能完成的任务。目前，高数值孔径机器只是纸上谈兵，ASML 仍在努力确保 EUV 机器能正常工作。斯塔内克打趣道："我们自己都不知道什么时候才能正常运作。"不过，在她的说服下，英特尔入伙了，其他芯片制造商也很快跟进。任务圆满完成，未来有了保障。

但是，EUV 的发展势头刚一起来，ASML 就迎来了新的问题。令人惊讶的是，对深紫外设备（DUV）的突然需求让 ASML 措手不及。先前，ASML 每年生产约 200 台这种系统。预计当 EUV 机器一上市，这些浸入式扫描仪的订单数量就会减少，ASML 已经对工厂工人进行了相应的再培训。但现实情况却发生了变化。到 2020 年，桑妮·斯塔内克却发现 DUV 的订单翻了两番，每季度需求近 200 台。ASML 的生产能力已达极限，他们根本无法生产这么多产品，但马丁·范登布林克却不以为然。他对同事感叹道："扩大规模有什么难的？把平时做的事情翻两三倍不就行了。"

订单增加的原因之一是中国战略的转变。迫于美国出口管制的压力，中国决定采用成熟的芯片技术，使用 DUV 机器。汽车逐渐变成"有车轮的计算机"，对先进性稍逊一筹的芯片需求量很大。与此同时，对 EUV 扫描光刻机的需求也在不断增长。斯塔内克手里的订单价值已高达数百亿欧元，但还在不断增加。更复杂的是，用 EUV 技术生产芯片需要更多的 DUV 设备，用来曝光芯片中的次关键层。因此，总需求量持续攀升。

这的确是一场风暴，而费尔德霍芬正处于风暴的中心。

公司取得的空前成功反而是在作茧自缚。2021年，ASML只能交付当年订单的三分之二。压力无处不在，从拥挤不堪的工厂、劳累过度的物流组织，再到整个费尔德霍芬周围的气氛。尽管每个月都有几百名新同事加入，但每位员工的工作量却在不断增加，在ASML的海外分支机构和供应商网络中，建筑起重机已成为一道熟悉的风景。

ASML在制造业中的关键作用已毋庸置疑。一个新的经济奇迹从飞利浦的废墟中崛起，成为了荷兰高科技地区"智慧港"（Brainport）地区的基础。但是，无论是埃因霍芬周边的高速公路，还是爆炸性增长的劳动力市场，抑或是拥挤不堪的住房市场，布拉班特省都已开始在繁荣中不堪重负了。

在缩小芯片方面，ASML已经没有什么可学的了。但是，要以这种规模发展组织而不迷失自我，那就是他们要学习的另一重大课题。

34. 唇亡齿寒

如果闭上眼睛，你几乎分辨不出他们谁在说话。他们操着布拉班特口音，声音响亮，但没有一句多余的话。但有一点很清楚：他们是一对不折不扣的企业家。

维姆·范·德·里戈特和威廉·范·德·里戈特并肩坐在VDL集团（范·德·里戈特家族公司）的埃因霍芬总部。这对父子背后的家族建立了荷兰最大的工业帝国VDL。他们旗下有100家公司，涵盖整个制造业：无论您需要的是巨型建筑还是纳米级精度，他们都能满足您的需求。

VDL的辉煌历程跨越三代人：彼得·范·德·里戈特（Pieter van der Leegte）于1953年创建了公司；他的儿子维姆很快接管了公司；2018年，孙子威廉在姐姐和弟弟的支持下，成为首席执行官。范·德·里戈特家族在马路的另一侧目睹着ASML开始急剧扩张。当然，也搭上了此次科技浪潮的顺风车。

维姆·范·德·里戈特在2006年从飞利浦手中收购了Enabling Technologies Group（ETG）公司，他当时宣称："我们的生产闭环由此产生了。"他对历史的走向看得很准。早在20世纪50年代初，他的父亲就曾在ETG工作过，当时该公司的全名"飞利浦机械厂"还清晰地写在外墙上。范·德·里戈特家族为收购ETG向飞利浦支付了5100万欧元。而后，他发现这笔交易非常划算。借着ASML的东风乘风破浪，他们的家族企业后来发展至员工人数超过 15,000 人，年收入近 60 亿欧元的集团公司。2015 年，维姆还收购了兄弟杰拉德·范·德·里戈特（Gerard van der Leegte）的公司 GL Precision，进一步巩固了家族团结。

与蔡司一起，VDL 是 ASML 最重要的合作伙伴。他们为费尔德霍芬提供组装功能光刻机所需的关键构件。较新的机器由 30 多万个部件组成，供应商约 700 家，这一外部网络占光刻机总制造成本的 80%。

踏入阿尔默洛的 VDLETG 工厂，你就能了解荷兰制造业的变革。在最先进的激光设备之间，你仍然可以看到 20 世纪 70 年代青苔绿色的飞利浦机器，就像过去时代的遗物。只要它们还能工作，就不会被丢弃。

VDL 在这里生产制造 ASML 光刻机的底部零件。从一块重达 20 吨的意大利铝块开始，经过精心铣削，最后变成了一个重达 1500 公斤的框架，过程堪比把一辆公交车锉成一辆 Mini Cooper 小车。

框架内装满了重型磁铁，如果你身上有任何金属物品，只要一靠近车架，就会永远吸附在那里。驱动电动马达正需要这种力量，它让晶片台在机器中来回移动，就像磁悬浮列车一样。

EUV 的真空室以及蔡司特制 EUV 反射镜的模块也是在阿尔默洛生产的。这些组件必须满足极其严格的要求，严格到进入无尘室的员工需要使用规定的洗发水和除臭剂。对蔡司来说，任何来自阿尔默洛的微小杂质都是致命的。

作为一家市值十亿美元的公司，VDL 已能够应对芯片行业的起落。这家工业集团拥有大量需要先进技术的客户，VDL 也得以收回 ASML 所需的投资成本。威廉解释说："ASML 设立的高标准让我们不得不不断努力。"他的公司甚至采取了额外的措施：由 VDL 完全负责 ASML 机器的一个部件。该部件被称为"晶片装卸器",它是一个机械臂,可以将硅晶圆精确地放置在晶圆台上预定的位置,随时准备进入纳米世界,开始生产芯片。VDL 自己负责设计和维护,并确保其他公司提供必要的部件。这让 ASML 少了一个后顾之忧。机器已经够复杂了,如果别人能做得更好,那就交给他们吧。

与所有其他供应商一样,VDL 必须跟上 ASML 的发展。这意味着要招聘新的技术人员和开发人员、投资新的厂房并建立应急无尘室以扩大产能。然而,并非 ASML 产业链中的每一环都能够,或愿意以同样的速度加速。对于小型供应商而言,ASML 是他们既渴望又害怕的客户。这个反复无常的买家提出的要求和高标准,令人充满向往又极具挑战。费尔德霍芬有严格的指导方针,供应商只能使用 ASML 指定的公司产品,任何可能影响芯片生产稳定性的因素都被严格排除。

ASML 的标准不断提高。供应商每年都需要在精确度、干净度和性价比方面实现飞跃。在这里,连一个指纹都不能有。甚至眼镜腿上的橡胶防滑套也可能释放有害气体,从而对脆弱的 EUV 镜面造成损坏。

ASML 不仅要求严格,而且难以预测。在发展阶段,供应的速度和产量远远达不到订单需求。但一旦订单减少,一切就会过剩,给供应商留下大量资本密集型产品。负重如此巨大还要保持运作,这绝非易事。规模较小的公司在为 ASML 投资高端生产线时,还要冒着被市场淘汰的风险,因为这样的投入对其他客户来说可能过于奢侈。

为了减小风险,ASML 保证其供应商能最多从费尔德霍芬获得 40% 的收入,防止这些小公司在芯片行业不景气时倒闭。然而,面对芯片市场无节制的增长和随之而来的大量订单,执行这一准则说起来容易,做起来却很难。在这种情况下，ASML 的对策通常都是：想办法。

采购团队会对造成延误的公司进行详细记录。如果上了 ASML "黑名单"中的前 5 名，那问题就大了。一旦某个供应商出现问题，ASML 就会派出增援人员帮助解决，直接发号施令。例如，如果一家荷兰供应商因产能问题而陷入困境时，ASML 能立即确保从美国空运设备过来。必须保证没有意外情况。如果能节省几周的交货时间，那么数万欧元的运输成本便物有所值。

每个供应商在 ASML 公司内都有自己的对接人。但是，如果出现严重问题，更高层的管理会进行干预。2021 年，当一家关键的机电一体化组件供应商反复出现问题时，彼得·温宁克坚持认为公司应该更换管理层，没有商量的余地。他说："我们的专家团队已经完成了调查工作，我只是宣布结果。"有时，ASML 会通过注资来帮助供应商，比如为了得到高数值孔径技术而资助蔡司。最后一种办法是收购。例如当时 Cymer 无法提供能让 EUV 机器正常工作的光源，于是 ASML 便斥资将其收购。ASML 在 2012 年收购了规模稍小的 Wijdeven Motion，这家濒临破产的公司拥有 90 名员工，负责生产直线电机。

供应商 Berliner Glas 也无法满足 ASML 的要求。这家德国公司是一个家族企业，拥有 1600 名员工，生产放置晶片的超平反射镜。2020 年，ASML 要求 Berliner Glas 为下一代 EUV 投资 7000 万欧元，但德国人对此不感兴趣。为了加快进度，ASML 直接收购了这家公司。在必要的时候，ASML 会毫不犹豫地主动出击。一年之内，Berliner Glas 更名为 ASML Berlin，多余的业务部门被卖掉，新建筑已经完工，还租用了更多办公室。德国人的谨慎文化已成过眼云烟。

马丁·范登布林克称:"我们这里什么都不制造。"虽然略显夸张,但他的意思很明确:ASML只组装光刻机,而零部件由众多供应商负责提供。这种模式保障了生产线的运转。它使ASML在成立后的头几十年里具有非凡的自愈恢复能力,而其日本竞争对手却仍停滞在自主生产大部分零部件的阶段。轻量级拳击手总是能比重量级拳击手更快地站起来。

ASML并不想吸收过多的供应商,以免破坏灵活性。所有供应商都有自己的责任,也激励他们从其他客户订单中盈利,以弥补对ASML的高科技投资。这也是为什么ASML拒绝了维姆·范·德·里戈特的非正式提议——他曾在2006年提出与ASML各出50%,共同收购ETG。

虽然整个光刻系统的监督和管理主要由ASML负责,但ASML试图将这些职责进一步分散开来。由于光刻机最复杂的部件都是单一采购(这些关键部件只有一个供应商),因此信任至关重要。这种方法与传统的采购策略不同,传统策略通常是让供应商相互竞争,以降低成本和风险。但ASML的模式有一个优势,供应商实际上成了他们的共同开发者,他们的深入参与意味着可以帮助解决那些其他的问题。

2010年,弗雷德里克·施耐德上任ASML首席运营官。他看到ASML如此愿意将自己的命运与少数几家公司的成功捆绑在一起,深感惊讶。施耐德希望为所有关键部件找一个备用供应商,但董事会决定继续坚持单一采购模式,与供应商相互依赖。在整个芯片行业中,在那些最可靠的关系中,往往只能有一个值得信赖的合作伙伴。弗里茨·范霍特打了个比方:"想象一下,如果你和别人举案齐眉,你的配偶会做何反应。"

芯片制造商也会将自己的命运托付给少数几个关键的、高度专业化且不可互换的供应商。ASML就是一个典型的例子:它对光刻机的垄断虽然颇有争议，但其地位也毋庸置疑。半导体行业是由深厚但脆弱的联系构成的，就像一条无比珍贵却又脆弱不堪的链条。

然而，2018 年 12 月，单一采购的危险逐渐凸显出来。一场火灾在 Prodrive 公司爆发，这家科技公司位于费尔德霍芬附近的桑镇。Prodrive 负责为光刻机的电机提供控制系统。实际上，这是在大型数据机架上运行的软件。一夜之间，ASML 该元件的唯一供应商灰飞烟灭。

Prodrive 的第一个电话打给了消防部门，第二个电话直接打给了费尔德霍芬。同一天，ASML 派出危机小组评估损失。他们的 IT 系统已无法运行，ASML 立即提供了 50 台重型计算机。在保险公司评估损失之前，员工们尽力从燃烧的工厂中抢救出了可用的设备。其他供应商也伸出援手，尽管他们并非完全没有私心。如果 ASML 无法交付机器，所有人都会受到影响。

而这并不是 ASML 最后一次"救火"。无独有偶，2021 年 10 月，当 VDL 遭受网络攻击时，费尔德霍芬的 IT 专家立即赶到现场。没有办法，VDL 只能拔掉所有电脑的插头阻断黑客。而所有 IT 系统恢复正常运行需要长达 1 个月的时间。

然而，供应链面临的最大威胁就来自 ASML 自身。公司完全低估了芯片行业的增长，新冠疫情期间突然增加的需求也让供应商措手不及。ASML 无情的增量和变更让供应商们应接不暇，而这种情况有时每周要发生二三十次。事后，ASML 承认，他们的信息更新有待改善。相对于供应商们所面临的需求，这过于轻描淡写了。此外，新冠疫情危机也扰乱了他们自己的供应链，因为他们需要机器来为新的芯片机器制造组件，而这些制造组件的机器反过来也在等待芯片。他们陷入了一个缺货的恶性循环。

ASML 陷入了解决这些瓶颈问题的持久战中，就像一个交警站在一个繁忙的十字路口，到处都是按喇叭的汽车。哪个组件最紧急？谁等待的时间最长？优先给谁？

更复杂的是，费尔德霍芬的不同部门同时向供应商施加压力。工厂和开发人员经常相互掣肘，就像两只狗抢同一块骨头。技术图纸有时会相互矛盾，因为不同的团队为了赶工期，会同时对图纸进行修改。供应商在与 ASML 打交道时，也能看出来哪些是 ASML 为应对快速增长而招聘的新员工。虽然他们精通技术理论，但其中许多人缺乏实用的专业知识，难以走出"各种缩写的迷宫"。

VDL 承认，费尔德霍芬的团队在极度扩张中挣扎。维姆·范·德·里戈特说："当你在短时间内雇佣如此多的员工时，很难保持公司的文化。"他认为 VDL 也是如此："他们的问题会影响到我们。这是相互依赖的必然结果。要么双赢，要么双输。"

在外界看来，供应商陷入困境之际，ASML 似乎无法独自应对激增的芯片机器需求。因此，投资者抱怨 ASML 在供应链管理方面存在缺陷。殊不知，这其中另有隐情。就在公司历史上最繁忙的一年里，ASML 得了一场急性心脏病。

35. 欢迎来到 5L 地狱

"……感谢大家参加今天的会议!"

接线员刚刚宣布投资者电话会议正式结束,彼得·温宁克和首席财务官罗杰·达森就开始在费尔德霍芬的会议室里聊天。时间来到 2021 年 7 月,他们刚刚完成第二季度的业绩报告。一个多小时内,达森和温宁克轮流回答了分析师的问题,一个由 7 位金融专家组成的团队陪同旁听。他们到场是为了回答任何意料之外的问题,但一个也没有。所有问题都是关于芯片短缺和对额外光刻机的迫切需要。正如达森在投资者电话会议中总结的那样,这不过是"有关产能的二十种不同的问法"。

这对搭档相识已久。达森和温宁克一样也曾在德勤会计师事务所工作过,他们俩互相磨合,合作默契。

"罗杰,股价有变化吗?"温宁克问。

"只有 595,又到了 600。"达森回答道。

应对和参加投资者电话会议,温宁克已经有 20 多年的经验了。"每次都需要精彩的演出。在这 1 个小时里,你必须全情投入。"

ASML 的发展速度太快,几乎快要不堪重负,开始吱嘎作响了,就像费尔德霍芬高大的总部一样。刮风的时候,你可以听到钢结构在呻吟。"它本来就会响。"温宁克一边模仿着声音,一边安慰道。远处,建筑工人正在对费尔德霍芬园区的物流中心进行最后的装修。这座先进的仓库 35

米高，近 1 公里长，有 10 个足球场那么大。在不到 2 年的时间里拔地而起。它的顶层是可容纳 3000 人的办公室，下方则可容纳 30,000 个运货板。

过去，ASML 的物流中心分布在各处。新机器的备件和组件存放在不同的仓库，组装好的系统在另一个大厅包装运输。但这座新建筑可以同时处理所有物流流程。这就是 5L 自动化仓库，ASML 的新心脏，"血液"流入和流出互不干扰。

新的物流中心配备了移动机器人、自动货架和螺旋滑道来分发包裹，堪称技术杰作。物流中心的主动脉是通往 ASML 工厂无尘室的中央走廊，与这些配置无缝连接。整个建构图令人惊叹。

5L 于 2021 年 7 月底投入使用。但是，ASML 的新生命线一开闸就堵塞了。一个接一个的问题接踵而至。控制仓库的软件没有和工厂内对接。电路烧毁了，而且没有可用的包装盒或标签。在进入 ASML 的工厂前，组件往往需要经过仔细的清洁，但现在这已经无法实现。因为没有任何东西进得去，也没有东西能出得来。

仓库外供应商的卡车排成长龙，不用说也知道，仓库内肯定也堵得水泄不通。一些司机愤怒地在推特上写道："我已经在这里空等了一个半小时了。"而另一些司机则掉头去运送其他货物，但由于 ASML 急需这些零件，他们只得再次掉头。一位卡车司机在推特上写道："荷兰最糟糕的地方，ASML 的 5L。"

桑妮·斯塔内克正在度假，结果收到了一位韩国客户的信息："我们订购的光刻机在哪里？它现在本来应该在货机上了。"然而，物流中心找不到任何包装材料，而机器还在 ASML。斯塔内克希望这只是暂时的拥堵，她在邮件中回复说这是"仓库搬迁中的一个小问题"。但一周后当她回去时，5L已经完全瘫痪了。而此时，订单正急速暴增，她的客户急需更多的机器。

在出问题的第一周里，没人敢告诉高层领导，5L已经让工厂陷入停滞。8月初，当彼得·温宁克带着英特尔公司董事长奥马尔·伊什拉克参观ASML工厂时，映入眼帘的场景令人震惊：无尘室里几乎看不到一个工人。为了不让外人知道发生了什么事，他用荷兰语问一名员工："发生了什么事？人呢？"而他得到的回复则是："他们都回家了，我们已经一个多星期没有收到任何材料了。"

ASML制造了世界上最复杂的机器，却不知道怎样搬运仓库。伊什拉克一走，温宁克脸上礼貌的笑容就消失了。他怒气冲冲地回到办公桌前，"捶打"键盘，发送出一封邮件："这到底是怎么回事？"

在下一份季度报告中，罗杰·达森指出ASML的物流中心遇到了"启动问题"。与此同时，费尔德霍芬组建了一个危机处理小组。5L的问题导致替换零件无法交付给芯片工厂，而在芯片严重短缺的情况下，大规模停机是全世界最不想看到的情况。ASML感觉肩负着整个芯片行业的重担。

8月初，ASML向数千名工人发出动员呼吁，恳求他们帮助5L。邮件中充满了绝望的语气："你们能改变一切！"来自公司各个角落的志愿者们拿着打包单和气泡膜来回奔波，很快就把会场挤得水泄不通。无法利用软件，除了依靠人工，他们别无选择。

志愿者团队穿黄色马甲，后勤人员穿蓝色马甲。他们已经为5L取了一个绰号——"5L地狱"。工厂的员工们数月来一直警告称这样做可能会带来麻烦，但他们的声音从未传到高层的耳中。由于5L工厂的问题，数亿欧元的收入化为乌有，每个员工都顶着巨大的经济压力。职工委员会深感忧虑，他们在2022年对董事会薪酬政策的评论中提及了这一困境。车间的混乱状况并没有影响高层管理人员的奖金发放。但工厂里的工人缺勤率增加了，公司的心理咨询约满了。在如此大的交付压力下，员工们不被允许说不，这让他们陷入了无法摆脱的困境。

而公司从不拒绝客户。虽然ASML的订单已经排得很满，但"使命必达"的心态已经坚定不移，费尔德霍芬不惜一切代价提高产量。他们重复使用零件以扩大产能，ASML还启动了快速交付服务。通常，机器要经过2次测试：一次在费尔德霍芬，另一次则是在芯片工厂组装完成后。将测试地点从费尔德霍芬转移到客户所在地，可以缩短3-4周的交货时间。芯片制造商们纷纷表示：比起拖延几周后才到货，他们宁愿要一台可能管用的机器。毕竟，绝望的汽车制造商和愤怒的政客们都在密切关注着他们。

5L造成的严重延误持续了3个多月。在进行广泛调查后，ASML认定问题原因在管理不善。他们严重低估了风险，原本以为只是一个小项目，结果却要给整个公司的"心脏"做开胸手术。此外，他们从未做过备用方案，以至于遇到问题时，就连ASML的首席运营官弗雷德里克·施耐德都措手不及。

涉事的负责人被安排了新职位，但没有被解雇。ASML的企业文化中从来不曾包括惩罚。"责任心是我们的弱点之一。"桑妮·斯塔内克叹息道。但彼得·温宁克不这么看："当然，我们非常生气。在其他公司，责任人必定会被解雇，但我觉得自己也有责任。在这种时候，我们都需要自我反省。"

物流中心的志愿者行动增进了友谊，但也让ASML直面一些残酷的事实。人力资源主管彼得·巴利埃表示:"我们不知道该如何发展。我们太专注于客户和产品,以至于忘记了自己。"

2018年,当巴利埃进入 ASML 工作时,他以为自己将进入一个高科技的天堂,每一个流程都将臻于完美。但事实恰恰相反:ASML 严重滞后,所有大公司应有的系统和流程都没有到位。

巴利埃曾在汽车行业工作多年,汽车工业追求一切的最优化——每一分钱都要花到实处。但他发现,费尔德霍芬的法则不同:他们更看重是否能按时向客户交货,而盈利似乎是事后才考虑的问题。

随着 ASML 的规模不断发展,他们也承认流程需要改进。"但不能变成官僚机构。"巴利埃补充道。这个词会令 ASML 的员工感到愤怒。

公司在组织变革中挣扎。技术人员要求的自由与规定的流程相冲突,导致"牛仔"与"官僚"之间经常发生冲突。这一点在 ONE 项目的实施过程中体现得最为明显。ONE(Our New Enterprise,我们的新企业)是一个旨在改善库存管理的长期项目。每台扫描光刻机都由成千上万个部件组成,这可不是一项简单的任务。这些各式各样的部件来自数百家不同的供应商,几乎没有2台相同的芯片机器。企业资源规划系统(ERP)以千禧年时期的软件为基础。它后来本应得到彻底更新。当然,事情并非如此。

这标志着彼得·温宁克所说的"弗兰肯斯坦"库存系统的诞生。它就像怪物科学怪人弗兰肯斯坦一样,靠着螺丝、螺母和令人困惑的按钮,在 ASML 公司里跟跄地维系着运行。

如果晶圆厂的芯片机器发生故障,他们必须保证替换的备件要么就在手边,要么能立即送往现场。ASML 也会额外支付高昂的费用,让定期货运航班优先送货。把其他货物拖走,也要给这些运来的备件腾出空间。然而，ASML 经常在包裹寄送方面出错：装箱货品不正确、寄错物品，甚至寄出空箱子到世界各地。这是一场噩梦，就像科学怪人弗兰肯斯坦一样。

在其他改进方案失败后，费尔德霍芬转向了 ONE。2019 年，威尔顿分部成为第一个测试该系统的部门。然而，美国员工却发现自己一头撞在了官僚主义的围墙。由于登记有误，实际在仓库中的零件无法发货。得到的答复通常都是："电脑说不行。"

ONE 与公司根深蒂固的习惯和捷径相冲突。"公司里一半的人要求你抓紧时间，因为芯片制造商急需零件，而另一半却要求你遵守所有规定。"一位员工气愤地抱怨道。不幸的是，她需要向马丁·范登布林克解释，仅仅因为 ONE 系统设置的一些行政障碍，她需要等待几周才能从威尔顿拿到材料。范登布林克火冒三丈，回复道："你疯了吗？你现在就给我上车，把那个零件从仓库里拿出来。"

正如公司生产的机器一样，ASML 的规划也充满了不确定性。新工厂和办公室都很小，甚至物流中心从一开始也很拥挤。这种情况一再发生。2013 年，ASML 建造了一座耗资 6 亿欧元的 EUV 工厂，但结果，其需要比计划多得多的电力和氢气。ASML 不得不安装新的管道，为了弥补这个错误，数百万欧元打了水漂。

但是，估算似乎是这个过程中不可避免的一部分。在确定机器具体将如何工作或将有多少客户将订购之前，工厂就已经建成。有一点 ASML 可以肯定，那就是如果要规避所有风险，芯片设备永远无法按时交付。在建造新的无尘室时，每一周都至关重要。如果费尔德霍芬的承包商能在荷兰规定的 3 周施工假期间继续工作，以完成工厂的建设，他们就会获得丰厚的奖金。ASML 承认他们并不总是处于最佳运行状态。弗里茨·范霍特甚至对此有自己的准则："重复做的事情当然需要标准化。但是，如果提高某种低效率会占用大量时间，以至于你无法做其他更重要的事情，那么你应该容忍这种低效率。你可能会问，难道我们不能阻止它吗？但我们认为，算了吧。"

对于一家运作良好的公司来说，这是能够承受的"人力奢侈"。以2021年为例，ASML的利润接近60亿欧元，比上一年增长了70%。

但这一年积累的组织问题迫使ASML面对一些严峻的事实。彼得·温宁克解释说："我们在处理后勤方面的失误时存在盲点。因为我们能生产EUV机器，我们就认为我们也能做其他所有事情。"有远见者可以在1英里之外看到光刻系统中的技术障碍。但直到客户开始打电话询问机器在哪里时，他们才意识到物流出了问题。

因此，2023年，韦恩·艾伦（Wayne Allan）被增补任命为董事会成员。艾伦拥有丰富的运营背景，因此被委以重任，负责改善采购和管理供应网络。此举打破了董事会中"牛仔"和"官僚"之间的平衡。范登布林克始终将自己定位为ASML自由技术文化的拥护者，他认为这种文化绝不能被程序和流程所束缚。在会议期间，只要提及KPI（关键绩效指标），他就会冲出会议室。他认为这完全没有讨论的必要："我会在隔壁房间讨论有意义的东西，想谈KPI的人可以留在这里。"

但是，ASML知道组织需要更精简，以避免整个运营内部再次崩溃。费尔德霍芬在经历了5L的挫折后，开始实施了一项"进阶版"的改进方案，即BPI（业务绩效改进）。缩写名称换了，但解决的还是老问题：数百家供应商提供的产品不断地变化，这些产品的物流网络该如何处理。该计划旨在通过严格的程序管理库存，ASML也是这样制造机器的。无法解决的问题可以分解成具有明确里程碑的小问题。这是驯服怪物的一种方法，至少在理论上是这样。

BPI 项目从基础的机器设计开始，因此由 ASML 技术总监马丁·范登布林克负责。归根结底，他也希望能解决混乱，不管混乱有多小。

36. 请先阅读细则

四周一片狼藉，主人却乐在其中。

2016 年夏天，ASML 一年一度的高层烧烤活动变成了泥浆浴。这场活动由马丁·范登布林克主办，地点选在了他僻静的住所，紧邻一条未铺设过的公路。宾客们的车停在旁边的田地里，几个小时的暴雨后，田地变成了一片沼泽。50 多辆汽车完全陷进沼泽，就连马丁从邻居那里借来的拖拉机也被淤泥吞没了，他不得不再找来一辆拖拉机来把汽车拉出来。

马丁赶紧换上一身旧衣服，穿上他最喜欢的格子衬衫。好戏开始上演。

范登布林克并不是要幸灾乐祸，而是想亲眼观察布拉班特这片泥地中上演的社会实验。ASML 领导人们争夺着优先权，纷纷摔倒在车旁，与合作伙伴争吵不休。在高压环境中，人们佩戴的面具往往会滑落——这时你才能真正了解你的同事是怎样的人。

法国董事会成员弗雷德里克·施耐德的雷诺 Espace 无法摆脱泥泞。汉斯·梅林驾驶着四驱的沃尔沃轻松地超过了他。车选得很明智，还有一个更明智的建议：你应该随时留意，确保你的逃生路线畅通无阻。即使是原始的穴居人也知道这一点。几名 ASML 的员工尝试从另一个出口离开，但被一些杂乱的树桩卡住。一位员工的特斯拉汽车无法切换到越野模式，导致他被困在车里，而他的同事们则在翻阅手册。

一辆萨博（Saab）汽车被拖拉机拖拽后反而陷得更深了。首席财务官沃尔夫冈·尼克尔（Wolfgang Nickl）不喜欢别人靠近他的车，更不用说拖拉机了，所以他决定自己处理。他的妻子穿着高跟鞋和白色晚礼服，从后面推车，他则坐在驾驶位上。"一，二……走！"汽车向前冲去，他的妻子也一样，然后头朝下，冲进了泥地里。最后，足足花了4个多小时才把所有车解救出来。

对马丁·范登布林克来说，ASML就是一个大的社会实验场所。他喜欢制造一些混乱，给人们带来麻烦。随后观察他们的行动，看看他们是否会动摇。他想通过戏弄人来观察他们的反应，就像猫玩弄老鼠一样。但一旦发现弱点或技术问题，范登布林克就会鼓励其他人介入："你们看，他遇到什么问题了？你们得帮帮他。"

马丁的同事表示，他有一种不可思议的能力，能看穿你的心思。他能发觉到不对劲的地方，但他绝不会告诉你该怎么做。你需要跟他辩论，要捍卫自己的立场，而不是认同他说的每一句话。研究部门主管乔斯·本肖普对此深有体会："马丁最不想听到的话就是：'哦，布林克，你的计划太妙了！'在这种混乱而又嘈杂的技术辩论中，往往才能产生最有创意的解决方案。这也是找出问题的最佳方式。毕竟，只要光刻机上有一个薄弱环节，一个松动的螺栓，整个芯片工厂就会陷入停滞。

因此，即使是ASML的最高领导层也对技术细节了如指掌。弗里茨·范霍特解释说："这很烦人。看起来我们好像总是知道得更多。事实并非如此，但如果我们想了解出错原因，就需要知道细节。我们必须深入调查，找出这个错误是一年发生一次，还是经常发生。"范登布林克的方法为ASML卓越的企业文化奠定了基础。他创造了一种环境，试图让这家全球科技公司保留初创企业的感觉。有些人可能会说，这是一项不可能完成的任务，争论当然存在。

ASML 的许多经理都试图模仿范登布林克的风格。公司里甚至诞生了 BIG 一词，即"布林克模仿行为"的缩写（荷兰语为"Brink Imitatie Gedrag"）。这种对抗方式在技术团队中尤其流行。同事们公开质疑彼此，高层之间关系紧张，连荷兰人自己都感受得到。罗杰·达森建议："在来这里工作之前，应该先阅读一下'ASML 患者手册'上的详细说明。在这儿工作可能产生的副作用包括心变硬、脸皮变厚。"

2019 年，达森努力推行 ONE 系统，他的同事们对他大加指责。他知道这不是针对他个人。毕竟，众所周知，实行 ONE 系统绝非一件易事。然而，这种激烈的情绪仍然影响了他。他刚来公司就注意到，ASML 的员工们经常互相掐架。"一开始我还想，'老天爷，这是怎么回事？'但当他们离开房间了，他们又会勾肩搭背，一起去喝咖啡或啤酒。"

挑刺在 ASML 是最受欢迎的活动。而这绝非仅仅局限于技术方面。彼得·巴利埃注意到同事们甚至会抱怨 PPT 中使用了"错误"的字体。2018 年，当他接手人力资源部门时，自己也经历了一场"炮火"的洗礼。在第一次向董事会介绍复杂的欧洲隐私法规时，他突然被打断了。他并不完全了解法规的细节，而对于他这种级别的管理者来说，了解到这种程度根本不够，他被告知："在 ASML，什么都要深入了解。这是个大团队，不是茶话会。"走出会议室后，这位新任人力资源总监以为自己肯定会被当场解雇。

许多 ASML 员工都有类似的"濒死"经历。你必须忍受痛苦，振作起来，赢得一些战斗。这也是在检验自己是不是那块料：有真东西，不好假面子。在ASML，你常常要面对你一无所知的东西，以至于你都懒得吹嘘你知道的东西了。彼得·温宁克说："在1英里外就能辨别出哪些是ASML的员工。他们看重的是把公司放在第一位的人，而不是他自己。"

对错误的持续关注往往让新人要么在严格的规则中挣扎，要么彻底走人。一般来说，ASML很难留住"横向入职者"，尤其是管理职位。过去，这类新同事有一个绰号叫"横向入职小领带"。在最初的30年里，很少有外部人员担任重要职位。因此，ASML或多或少地与外界有些隔离。

2013年，当温宁克和范登布林克同时担任总裁时，ASML的员工接受了"文化意识"培训，以了解其他国家的同事是如何看待这种公司里的"对抗文化"。第一课是：在说任何话或做任何事之前，都要设身处地为对方着想。但对许多ASML员工来说，这种换位思考是单向的。他们认为每个人都应该尽可能表现得像荷兰人一样，开门见山、直抒胸臆。

然而，并不是每个人都是在"荷兰式的直截了当"中长大的。ASML的员工来自世界各地144个不同的国家，教育水平普遍很高，90%的员工拥有大学学位或接受过某种形式的高等教育。他们中既有物理学者、机械工程师，也有软件开发人员和计算机研究员。他们齐聚一堂只是因为对技术的热情。但是，费尔德霍芬的这些理科生与国外分公司的理科生之间存在很大的文化差异。在亚洲，公司的等级制度十分严格，而ASML的风格要松散得多。在那边，你绝不会公开批评你的上司，即使他们管理得很糟糕。但在ASML，为了让国际员工发声，ASML设立了一个名为"说出来"的匿名举报点，用于投诉经理或不合理的行为。

ASML有7000多名员工在美国分公司工作。对于美国员工来说，荷兰人的直接很快变成了越界和唐突。圣地亚哥分部的员工断言："美国人绝不会这样相处。"

2001 年，ASML 接管了威尔顿的 SVG，荷兰员工们一开始就给他们的同事留下了粗暴和咄咄逼人的印象。这并不是唯一的文化差异：美国员工不愿意直接把问题摆在桌面上谈。这与美国人的赢家心态和对完美的追求不符。

为了解决这一问题，威尔顿的员工接受了培训，ASML 将其比作对荷兰围垦地的管理。围垦地需要堤坝保护，每个人都要相信其他人已经检查好了自己的堤坝。其寓意在于：不要掩盖自己的缺点，而要表明自己的需求，这样别人才能帮助你。不要试图靠一己之力拯救世界，就像汉斯杰·布林克尔（Hansje Brinker）所写的著名的荷兰童话一样，如果你想只用自己的手指堵住堤坝，那所有人都会淹死。

在低地国家（荷兰、比利时、卢森堡），头衔并不重要。只有做出贡献，才能赢得尊重，这样才能让最好的想法浮出水面。

荷兰纳米光刻高级研究中心（ARCNL）的领导者朱斯特·福润肯（Joost Frenken）与 ASML 紧密合作了多年。他认为，这是科学的理想状态。"没有人会告诉你怎么做，如果你有一个好计划或发现了错误，直接说出来。即使是刚来一周的新人也要参与讨论。"他觉得这是典型的荷兰人作风。"在其他国家，等级制度会妨碍讨论——高层的自负会吞噬集体思考的所有力量。"

虽然这里没有职务等级，但在费尔德霍芬的丛林中还是有法则的。彼得·温宁克对其了如指掌：你要敢于发声，直抒胸臆，并且永远做出鸿篇巨制的 PPT，用数据轰炸你的同事。

在 ASML 的一天充满了竞争：谁能展示最多的数据，谁能在别人的幻灯片中发现最多的错误？开发部前主管赫尔曼·布姆（Herman Boom）说："总有人说你正在研究的东西不对。工程师们可能需要几周的时间才能接受他们的错误，然后指出这一点的同事随即也抛之脑后。"工程师们以小组为单位研究替代方案，互相竞争，看哪一个智慧的结晶能被采用。最终的结果往往是各种想法的组合：很少有发明只有唯一的"雏形"。

人们非常关注错的东西，但很少称赞对的东西。一位经理说："我的一位同事在他的邮箱里建立了一个单独的文件夹，如果他收到了赞美，就保存进去。"为了激励荷兰人多多称赞，ASML设计了一款名为"表扬工具"的应用程序。现在，同事之间可以在网上互相拍一拍：积累到足够的积分，就可以获得一张价值50欧元或250欧元的礼品卡，在网上商店进行消费。

庆祝技术突破的方式也很低调，通常只是一件T恤衫或一张照片。费尔德霍芬的宗旨是做生意，而总有一个又一个即将到来的截止日期。光源功率创下新的记录、DUV设备实现每年生产100-200万片晶圆、第200台EUV设备交付使用……人们的反应都只有：竖起大拇指。但弗里茨·范霍特认为，永远不要庆祝第一。"没有人能保证第一台机器能一直运行。它可能也会回炉再造。"困难的问题也会得到最多的关注，因为"简单的问题"不够有趣，不足以让你成为房间里最聪明的人。这种现象为ASML的"救火"文化创造了完美的温床。一发现问题，员工们就会立即行动起来，但他们对"避免问题"却兴致缺缺。正如一位经理所说："ASML鼓励英雄的出现。如果你跳上飞机去解决紧急问题，那你就是英雄。如果你只是按部就班，你将不会得到任何关注。"然而，这种"救火"文化也有可能培养出纵火犯，他们制造问题，只是为了能像英雄一样解决问题，成为焦点人物。ASML 是一个被迫跑马拉松的短跑运动员。上一次严重衰退是在 2009 年，从那时起公司一直在成倍增长，没有时间停下来思考如何改进组织。当 2023 年芯片行业再次暂时放缓，订单延迟时，你几乎可以感觉到费尔德霍芬松了一口气。

此时，ASML 有大量的新员工需要培训。2023 年，公司三分之二的员工入职不到 5 年，四分之一的员工入职不到 1 年。2022 年有 10000 名新员工加入，比原计划多出 6000 人。拥有 2 年以上工作经验的同事担任教练和同伴，应征帮助新人平稳地在"ASML 星球"上着陆。这似乎起作用了。95% 的新员工在 1 年后仍留在公司，这样的留用率在其他科技行业是绝无仅有的。但培训这些新员工需要时间，老员工的工作量因此加重。

然而，重中之重的是，ASML 的管理者们往往缺乏同理心和待人接物的技巧。面对他们的叫嚷或直言不讳，即使不把其当作一种针对，还是难以忍受。ASML 的员工可能已经习惯于这种管理风格，但在其他组织，这种激烈的冲突很容易被视为越界。

2023 年，人力资源主管彼得·巴利埃表示："ASML 渴望变革。"在他眼中，公司就像一个需要成熟起来的青年。因此每年公司都要举办 1500 多场领导力培训，整个公司的高管都需要参加一个讲习班，为 ASML 的未来做好准备。由于巴利埃将于 2024 年退休，ASML 需要快速成长。

即将到来的代际更替令人担忧。除了彼得·温宁克和马丁·范登布林克，一大批早期的工程师也即将结束在 ASML 的任期。这些老将拥有宝贵的技术诀窍，而他们很快就不能再为 ASML 所用了。他们的知识不在任何一本操作指南中；他们通过口耳相传，工作间的冷光下传授知识。老员工对 ASML 的方方面面都了如指掌，他们知道在需要的时候给谁打电话，或者在饮水机旁和谁聊天。由于新员工增加得太多太快，这种"集体记忆"正在逐渐衰退，而拥有它们的老员工也在慢慢消失。曾经自然而然的事情现在需要记录下来，并正式形成规章，否则就有可能完全消失。

不过，ASML的员工向来不喜欢规则。工作中，他们有自己的想法，这往往会导致冲突。有一次，工厂和开发部门的员工因争夺资源发生了冲突。两边的经理不得不采取学校的管理方法，决定在同一间办公室工作，为员工树立榜样，表明他们有共同的目标。

这个问题也是5L问题的核心所在。按照彼得·温宁克的说法，ASML需要更多的"横向忠诚"。"新员工一进公司就会一头扎进自己的任务中。这几乎成为了ASML的'自然法则'。这可能适用于特定任务，但不利于全局。"

ASML需要经验更丰富的领导者来维持专家之间的联系。它需要培养"T型"管理者，即在一个领域具有专长，并能对相关领域有充分了解的人才。要成为"T型"人才，需要在公司工作较长时间，并担任过一些职务。

温宁克还认为，ASML的员工需要打开自我。一如既往，他以身作则，调整了自己的晨间作息，以便更频繁地出现在员工面前。早上7点半，他总是在ASML园区的Plaza餐厅喝咖啡、吃羊角面包和酸奶麦片。他的想法很简单："只要愿意，任何人都可以来和我聊天。"当一个来自其他国家的年轻员工敢于跨越内心的障碍，大胆地拍拍他的肩膀时，温宁克非常开心。

同时，ASML在各个领域的多样性都在不断增加，无论是性别、性取向、国籍还是认知方面。1984年创立这家企业的婴儿潮一代，如今两鬓

253

斑白、身着白大褂，只占公司总人数的一小部分了。大多数员工属于 X 世代和 Y 世代，平均年龄为 39 岁。

由于女性员工仅占员工总数的 20%，ASML 努力增加女性员工的人数。当一部介绍 ASML 的电视纪录片播出时，片中出现了大量年轻的女员工，而马丁·范登布林克打趣说，他大部分时间是和超重的白人男子在一起。毕竟，女性在高层的人数仍然有限，只有约 11% 的女性担任管理职务。

但公司尊重并重视女性的见解，至少桑妮·斯塔尔纳克这么认为："作为一名物理专业学生，我已经习惯了在女性很少的环境中工作。在 ASML，当我发表意见时，他们会认真对待。我是女性这一事实并不会影响到我的工作——即使偶尔会，我也不会感到困扰。"有一次，另一个部门的人跑去问桑妮的男同事，她对某个技术问题的看法是否正确。她听到后对这个男人说："不好意思，我刚才不是跟你解释过了吗？"

据估计，ASML 中自闭症或多动症员工的比例远远超过平均水平。这项工作高度专业化，涉及的都是复杂的问题，需要长时间关注最微小的细节，因此非常适合自闭症患者。范登布林克本人也毫不讳言自己有阅读障碍，并积极倡导给这一群体提供工作。他们正是 ASML 所需要的具有分析能力和创造力的思考者，但往往也是难以设身处地为他人着想的人。

要在运转良好的组织中融入如此多的新人和新个性是一项艰巨的任务。如何让 40000 多名刚愎自用、受过高等教育的员工在公司保持和谐？ASML 称其提供了一个自由的工作环境，在这里你可以不拘一格，但仍然必须考虑到你的同事。这一矛盾也体现在 2020 年 ASML 引入的三个核心价值观，即所谓的"三 C"：挑战（Challenge）、合作（Collaborate）和关怀（Care）。合作已被纳入奖励机制——如果你只专注于自己的任务而不进行协作，你就很难获得丰厚的奖金。ASML一向不缺挑战，同事间相互关怀却有待加强。

就在新冠疫情之前，所有ASML员工都参加了一个纸牌游戏，以强化"三C"。游戏中包含一些问题，例如："本周你为同事做了什么？"或"上次征求你的意见是什么时候？"这有助于在疫情期间保持团队精神，但疫情过后的高强度工作让玩游戏成为一种奢侈。

彼得·巴利埃认为，"3C"反映了马丁·范登布林克的工作方法。"应该被模仿的不是他的行为，而是他的目的和价值观。了解马丁的人知道，他是一个充满爱心的人。他当然也很有主见，但这不是因为自负或政治因素。"

范登布林克的领导风格并非芯片行业独有。监事会的一位成员认为，媒体行业也一样，通常有一位有远见的人领导，他专注于细节，要求所有人都全心投入。即使这意味着严厉斥责。ASML的工作处处渗透着微观管理和紧迫的交付期限。它时刻准备着：所有事情都需要在今天前完成，明天就会过时。尽管范登布林克的方法论在任期内逐渐成熟，但他仍用"基于争论的公平竞争"来形容他火爆的会议风格。"我并不是因为知道某人怕我，且想让他更怕我才对他大喊大叫。我之所以大吼是因为我想触发某些事情，让其有所进展。这就是我为什么会投入情感。而且对于不同的人，我的做法也会有所不同——我知道自己的能力。"

当全球因新冠疫情转而使用Teams和Zoom进行电话和视频会议时，很难判断应该投入多少"情感"才恰当。他回忆说："视频会议让我失去了80%的反馈环节。"马丁需要解读肢体语言，而当人们只是屏幕上的一个小方块时，他就很难解读。他甚至坚持要与 ASML 的亚洲客户面对面坐下来交谈。尽管出行被限制，马丁还是在 2021 年 9 月与彼得·温宁克一同飞往中国台湾，并在新竹英迪格酒店与台积电的高层会面。他们到达后发现，整个酒店被完全一分为二：一半供 ASML 使用，另一半则留给台积电的员工。

温宁克和范登布林克被实时监管。离开房间后，他们按照规定路线被带到酒店中央的一个大会议室。房间中央有一条分界线，按照安排，与会者之间相隔 4 米，中间隔着有机玻璃。警卫负责确保每个人都佩戴了口罩，即使在用餐时也是如此。与会者基本听不清对方在说什么，必须使用麦克风。范登布林克事后总结说："尽管如此，这仍是一次非常棒的会议。"有机玻璃可能阻止了病毒的传播，却无法阻止马丁解读对方的肢体语言。

37. 别停在我家后院

著名的实业家弗里茨·飞利浦（Frits Philips）一定会很骄傲。在埃因霍芬音乐厅里，有一个以他的名字命名的大厅，此刻，厅内正有一支乐队在演绎非凡的乐曲。其他房间里的声音也飘了进来，与他们的印尼流行音乐融为一体：一会儿是印度舞曲，一会儿又是南非摇滚，最后收尾的是巴西狂欢音乐。这些表演者有一个共同点：他们都是 ASML 的员工。这家高科技公司让埃因霍芬及周边地区与全球接轨。在这里，你会遇到来自世界各地的聪明人。正在演出的是一年一度的"舞台上的 ASML"音乐会，所有人都可以参加，包括家人、朋友甚至邻居。

时间来到 2023 年 3 月，ASML 已经完全占据了舞台中央。它别无选择——公司太大了，无法躲在布拉班特其他大型企业的背后。一直以来，这家来自费尔德霍芬的芯片设备制造公司一直是该地区"五大"最重要的制造企业之一，其他四个企业分别是：达夫卡车（DAF Trucks）、飞利浦、芯片制造商恩智浦和 VDL。然而，2020 年，对光刻系统的需求激增，ASML 因此脱颖而出，成为增长最快、雇员最多、研发投入最高的企业。2023 年，ASML 研发投资达 40 亿欧元。布拉班特省东南部已成为荷兰高科技产业的核心，因此被称为智慧港地区。ASML 位于 A67 公路和一条名为 Kempenbaan 的长路之间。如果想了解公司的发展速度，可以从费尔德霍芬南出口出 N2 公路，或者从埃因霍芬中央车站乘巴士前往德润工业园区。

2022年,那座自20世纪80年代便投入使用的、以独特的白色"帽子"为特征的原总部大楼被拆除。很快,可容纳上万名员工的新办公大楼拔地而起。原大楼的一面外墙被保留了下来,作为纪念。有一件往事,那是1986年的一个星期五,弗里茨·飞利浦先生造访了这里。那天是12月12日,年过八旬的飞利浦先生坚持要亲自驾车前往总部。然而,他却意外地来到了另一幢白色大楼,这幢大楼的主人是办公家具制造商阿伦德公司(Ahrend)。当然,他们顺势邀请了这位令人尊敬的工业家参观公司。时间渐晚,ASML管理层迟迟没见到这位飞利浦先生,越来越担心。通过座机打了几次电话后,他们终于找到了那位失踪的客人。当天晚些时候,他终于出现在了正确的白色大楼里,在这里的所见所闻给他留下了深刻的印象。离开时,他低声说了几句箴言:"先生们,坚持下去。"他们做到了。

如今,ASML的总部已经非常引人注目。位于德润工业园区内的综合大楼正在不断扩大,随着这家芯片设备制造商不断发展,周围的土地、道路、企业和房屋都被"吞并"。ASML甚至买下了一整条街,包括13栋房屋和附近的一个体育场馆,以便日后拆除,就像在玩大富翁一样。但在大多数情况下,这家科技巨头其实是在玩扭扭乐(Twister)。它不惜一切代价抢占空地,并努力避免在此过程中摔得粉身碎骨。它们并不总能成功。例如,2023年,ASML被迫拆除自己的部分办公室和研究部门。这是一种资金浪费,但工厂急需空间来扩建无尘室。没有犹豫的时间,只能不断前进。附近的居民一直迷惑不解,因为这个大块头邻居不停地扩张、建造新楼。在2023年,ASML在其所有地点的新建项目上花费了超过10亿欧元。

当涉及区域变更规划时，费尔德霍芬市政府一贯强调这家芯片制造机器生产商在"全世界、全国和全地区"的经济重要性。换句话说：必须允许其发展，即使是垂直发展。标准的 EUV 系统高 3-4 米，而新型高数值孔径（High NA）系统则高达 5-6 米。如果再加上吊装部件所需的额外米数，以及处理无尘室空气所需的整个地板，那么工厂的高度将达到 20-30 米。而且，再多的绿化带和隔音屏障也挡不住其对周围环境的影响。

由于机器日益复杂，ASML 希望将工程师们团结在一起。比起远程工作，开发部门更希望数千名技术人员能面对面一起工作。这样可以更容易地讨论接口问题，即机器模块之间的连接元素，促进与工厂的合作。就像马丁的人生哲学中所宣扬的反馈，ASML 的员工面对面坐着时更能"读懂"彼此。这减少了沟通中的误解，同时也增加了通勤者的数量。

在布拉班特东南部，每天的通勤是个大问题。大多数人都开车上班，这导致每天附近 Kempenbaan 路和周边的公路都会堵车。无论 ASML 建造多少停车场，似乎都不够用。

2019 年，ASML 出资 1250 万欧元帮助改善当地道路，供应新的巴士，并实施自行车替代方案。它甚至参与了政府主导的一项名为"MaaS"（Mobility as a Service，移动即服务）的实验，希望以此鼓励员工少开车。当费尔德霍芬周围又像疫情前一样拥堵时，政府意识到他们的灵丹妙药失效了。MaaS 项目被认为"过于复杂"，于是在 2023 年终止。作为替代方案，公司为员工提供免费的公共交通服务，并建造了更多的锁车柜来停放自行车。现在，费尔德霍芬约有 40% 的员工骑自行车上下班，超过了全国平均水平。

提升园区便利性的措施，往往也会撞上民主程序所带来的障碍。

ASML 曾计划在德润和高科技园区之间修建一条 4 米宽的高速自行车道，但受到了来自埃因霍芬居民的抗议。其在周边地区修建大型停车场的计划也遭到了类似的抗议。没有人希望自家后院被 2500 辆汽车塞满。

实际上，ASML 的扩建计划很少被否决，只是有时候图纸可能需要调整，有些情况下还需要对一些抗议的居民进行经济补偿，比如当时在没有许可证的情况下建造了 22 层楼的总部。"这里不是新加坡。"该省的一位项目经理说。即使是全球性企业也必须遵守费尔德霍芬的规则。就像摩尔定律一样，要把 ASML 的所有扩张计划都纳入这座城市，难度将会越来越大。

多年来，智慧港地区一直在从各种渠道筹集资金，以改善该地区的基础设施。然而，要适应 ASML 翻番的预期规模，需要更多的预算。埃因霍芬城区由 9 个市镇组成，到 2040 年，将需要增加约 62,000 套住宅和 72,000 个岗位。对于构成整个智慧港地区的 21 个市镇来说，则需要增加 10 万套住房。尽管这一增长规模不能完全归咎于 ASML，但它们肯定是主要驱动力。据智慧港估计，ASML 每增加 1 个工作岗位，该地区就要相应增加 1.5 个工作岗位。费尔德霍芬看来，"1.5 个岗位"都说保守了。高科技行业还间接促进了建筑业、医疗保健和教育领域的就业。将这些因素考虑在内，创造的就业岗位数将跃升至 2-3 个。

智慧港基金会是该地区的神经中枢，地方政府、企业和教育机构都集中在这里，共同协作。他们形成了统一的战线，因此能够向政府施压，要求提供额外的财政支持。但是，无论市长和企业如何努力寻求荷兰政府的帮助，南部的高科技制造业都几乎得不到任何实质性帮助。这触动了人们的历史痛点。布拉班特在兰斯塔德（Randstad）之外——兰斯塔德是荷兰所有主要城镇的集合体，居住着荷兰一半的人口。通常情况下，权力中心、文化资本和国家资金都集中在这些地区，而这对南部地区不利。但正如智慧港基金会（Brainport Foundation）所说，布拉班特省在科研方面的投资超过了兰斯塔德省。此外，由于 ASML 及其供应商网络的存在，埃因霍芬及周边地区的居民人均附加值高于鹿特丹或阿姆斯特丹。

面对智慧港的恳求，荷兰政府通常是左耳进右耳出。在大多数决策者眼中，ASML 在为一个难以理解的市场制造同样难以理解的设备——应该与芯片或计算机有关，但他们并不十分确定。2018 年，吕特内阁更关心的是通过取消股利税，将大型跨国公司留在荷兰。他们耗资数十亿美元的计划最终以失败告终：联合利华（Unilever）于 2020 年离开荷兰；壳牌（Shell）于 2021 年将总部迁往英国，与荷兰脱钩，以一种反向脱欧的方式彻底变成了英国公司；总部位于林堡（Limburg）的食品公司帝斯曼（DSM）也紧随其后，成为第三家跳槽的跨国公司。飞利浦仍留在荷兰，但已大不如前，其市值与 ASML 相比也相形见绌。

只有灾难性的芯片短缺和地缘政治局势的急剧升级才能让荷兰政府搞清楚状况。ASML 除了是荷兰最大的跨国公司之外，还是重要的就业岗位提供者，需要政府支持才能持续发展，并带动周边地区共同发展。但主管部门却迟迟没有采取行动。财务总监罗杰·达森与智慧港基金会的其他高管，多年来一直敦促政府提供财政支持。巧合的是，当决定性的电话打进来时，达森正好在场，尽管是在几千英尺的高空。2022 年 6 月，米奇·安德里亚安森斯部长（Micky Andriaansens）和施赖内马赫部长正乘坐荷兰政府专机前往柏林参加会议。罗杰·达森也在场，他是科技公司代表团成员之一，坐在飞机后排。在德国领空时，安德里亚安森斯致电基础设施和水资源管理部部长马克·哈伯斯（Mark Harbers），问他是否愿意考虑为智慧港地区拨款。他同意了，到 2022 年底，荷兰政府留出了 16 亿欧元，计划通过一个多年期基础设施和交通项目，来改善智慧港的基础设施和住房。其中三分之一的费用将由地方和省级政府承担，还将在商界的帮助下，开通一条从埃因霍芬中央车站到德润的优越公共交通线路。然而，这还远远不够。为缓解交通拥堵，费尔德霍芬周边需要建设新的交通枢纽，还有房屋，而且是大量的房屋。从各方面预测，埃因霍芬的居民人数将在未来 20 年内从 23 万增加到 30 万。许多 ASML 员工都希望住在这里，但建筑工程进展缓慢，新员工不得不在附近的城镇和村庄寻找住房，这只会造成进一步的拥堵。

来自国外的新员工在住房市场上占优势。他们来到荷兰的头 5 年可以享受税收减免，而且不用缴纳占工资 30% 的所得税。他们在买房时更灵活，但那些收入稳定的本地人却没有这种优惠政策。当荷兰政界人士建议取消税收减免时，ASML 和其他科技公司非常不满。他们认为，这不利于吸引和留住国际人才，从而影响荷兰的经济增长。但另一方面，荷兰严重的住房危机正迫使许多收入一般的年轻人与父母同住，而且这种情况还没有好转的迹象。

在布拉班特，他们经常回忆起飞利浦对住房短缺问题的处理方式。20 世纪 30 年代，这家电子公司为来自荷兰北部的外来员工建造了德伦茨多普（Drents Dorp）小区，提供了数千套住房。当时，妇女和小孩去工厂干活，他们的手小，非常适合组装设备，而男人则留在家里种菜。因此，德伦茨多普的许多房子都有很长的院子。

ASML 无意建造自己的村庄。但该公司确实向智慧港旗下的住房基金投资了数百万欧元。其目标是让每个人都能买得起普通的中档住房，甚至是技术行业以外的员工。ASML 不想成为另一个飞利浦，而埃因霍芬也不想成为另一个旧金山。

在费尔德霍芬和埃因霍芬定居的外国员工不断丰富着这个地区，并为其增添了全新的特色。工作之余，这些外籍人士会结伴去运动。每个周末，印度和巴基斯坦的运动员都会在当地的足球俱乐部 VV Gestel 打板球。目前，约有两三千名印度人在埃因霍芬附近生活和工作，其中有一条街因住着十三个南印度家庭而被当地人称为"咖喱巷"（Curry Lane）。与"炒锅园（Wokhoven）"相比，这个名字友好一些。这是埃因霍芬机场和费尔德霍芬之间新建的一个国际社区，叫梅尔霍芬，而"炒锅园"则是它的昵称。含蓄从来不是荷兰人的强项。

然而，智慧港地区还需要更多的技术人才。人才供不应求，而 ASML 抢走了大部分劳动力。即使在芯片行业开始放缓的 2023 年，ASML 仍以每月 400 名新员工的速度持续增长。

如此小的劳动力市场造成了 ASML 与布拉班特其他企业家之间的摩擦。ASML 的薪水比其他智慧港里的公司高出约 20%，而且 ASML 慷慨的分红和奖金政策也几乎无可匹敌。这也带来了风险，如果供应链上的公司招不到新员工，ASML 就会陷入困境。同时，ASML 也无法阻止其他公司的员工跳槽到 ASML。

这家芯片设备制造商更倾向于在别的"池塘"里寻找"新鱼"，因此转而从海外大学等渠道招募人才。但与所有制造公司一样，ASML 也需要熟练的技术人员来组装芯片机器。这样的技工非常稀缺，所以 ASML 需要竭力吸引汽车修理工。但效果不尽如人意，他们提出的标语"从脏车库到无尘室"带有贬义，在布拉班特不受欢迎也是意料之中。这与费尔德霍芬精心打造的形象格格不入：他们本应是友好的邻居，为当地居民开放有益身心的探访日，并为"贝茜奶奶"（Grandma Betsie）立一块小小的纪念碑，因为她家的房子为了给5L物流中心腾地而被拆掉了。

费尔德霍芬就像ASML的家一样。经常能看到平易近人的彼得·温宁克在当地超市购买日用品或排队领取优惠券，毕竟他自己也是这个小镇的居民。但长期以来，ASML都不只是个"普通的邻居"。它是欧洲最有价值的科技公司，这意味着衡量它的标准远远超出了这个小村庄的范围。因此，当ASML试图摆脱米塔莱克特罗集体劳资协议的束缚时，自然遭到了工会的鄙视。AMSL认为，传统的集中财务安排不再适合高科技跨国公司。它的确是个跨国公司——走在园区里，你就能感受到这一点。公司40%的员工来自外国，费尔德霍芬正在成为一个地球村。

多年来，管理ASML一直还处于"生存模式"。他们唯一考虑的问题就是如何度过下周，甚至是明天。但如今，随着公司规模的日益壮大，外界对它的审视视角也悄然转变。反过来，ASML也需要走出舒适圈，以更成熟的姿态面对世界的变幻。因此，监事会敦促公司给出别出心裁的年度报告。他们说，不要只是抛出一些枯燥的数字，而是要讲一个引人入胜的故事，从而赢得人们的支持。一般而言，ASML的报告只是一串串装订在一起的数字。直截了当就是ASML的一贯风格。前任首席执行官埃里克·梅莱斯总是调侃说："把它印在卫生纸上。"

ASML从不敷衍了事。现在，它们的年报已成为一份大部头的出版物，记录了过去1年里公司完成的每一项任务。2023年的报告有300多页，其中一半专门讨论了可持续发展、多样性以及公司的社会责任。

ASML 不仅要制造更好的芯片，还希望能让整个世界变得更好。这个承诺旨在激励新一代的高科技人才，他们欣赏的老板也不仅仅专注在利润底线。

2023 年，ASML 启动了一项"社会与社区参与"计划。目标是自 2025 年起，每年至少投资 1 亿欧元用于符合 ASML 利益的社区项目，重点鼓励技术教育。ASML 因此成立了少年学院，让布拉班特东南部的 6 万名小学生学习和了解技术。智慧港地区急需更多的双手和头脑来挽救困境中的制造业，尤其是 ASML。在荷兰，科技行业不断发展，而劳动力却逐渐老龄化，这导致行业空出成千上万个的职位。但是，要填补这 70,000 多个职位空缺，需要的不仅仅是加强初等教育。

埃因霍芬工业大学、蒂尔堡的方提斯学院以及苏玛学院等高等教育机构无法培养出需要的科技人才。工科大学本希望到 2032 年，学生人数能从 13,000 人增加到 21,000 人，但因为住房不足，不得不将感兴趣的人才拒之门外。此外，尽管企业需求量很大，但职业教育项目中选择技术专业的年轻人越来越少。

因此，ASML 在布拉班特的发展极限正在逐渐显现。预计到 2030 年，该公司将拥有 80,000 名员工，其中一半将在费尔德霍芬工作。ASML 带来的繁荣与周边一切的福祉似乎达成了平衡，但这种平衡并非是一成不变的。一个巨大的企业正在发展壮大，吸纳着该地区的技术人才，并主导着供应链。同时，它也为荷兰知识经济提供了最多的就业机会。这让人难以拒绝。

埃因霍芬地区深知，不能把所有赌注都押在一家大公司身上。20 世纪 90 年代，飞利浦的大裁员摧毁了这座城市，也摧毁了本地劳动力的精神。飞利浦仍在解体：2023 年夏天，飞利浦面临裁员，而 ASML 突然从中挖走了 100 名在埃因霍芬的专家。

智慧港希望能保持多元化，并为 ASML 以外的科技公司提供足够的发展空间和人才。基金会旨在让埃因霍芬及其周边地区的不同公司专注于新兴的关键技术，包括医疗、能源转型、量子芯片或光电子（即能够产生和引导激光的半导体）等领域。一旦扩大这些新技术的工业生产规模，就可以向周边地区发展，如比利时的佛兰德斯或林堡北部。这是飞利浦老策略的新用法，即在全国各地建厂，但核心的创新实验室（NatLab）则被保留在总部。

由于费尔德霍芬的厂房已经爆满，ASML 开始使用卫星办公室，如埃因霍芬的高科技园区、登波士的"总部"和代尔夫特的老 Mapper 部门。他们搬走了部分实验室，转而与埃因霍芬技术大学共用，在这个巨大的"扭扭乐"游戏中，这是最后一块空地。虽然这个项目投资耗资数亿欧元，但 ASML 需要呼吸的空间。

然而，ASML 的发展不仅局限于布拉班特。海外分公司也跟上了步伐：2022 年，ASML 在韩国京畿道和中国台湾新北市投资，每次扩建都耗资数亿美元，并增加数千名新员工。康涅狄格州的威尔顿分部也大幅扩张，将这个拥有 18,503 名居民的小镇（根据 2020 年的人口普查）改造成了一个充满活力的高科技中心，并为"荷兰式通勤"配备了宽阔的自行车道。丹伯里路沿线的广告牌都是 ASML 的招聘信息："加入我们，加入世界"。新英格兰的森林有足够的空间来容纳这种增长，至少当地的政治家们乐于为他们提供空间。ASML 缴纳的财产税贡献了 2% 的市政预算，而它继续增长意味着威尔顿公共服务将获得更多资金。我们给你们空间生产芯片机器，你们给我们钱建操场和运动场。这对于威尔顿来说，挺划算。

如果费尔德霍芬再加一把劲，他们可以在国外组装部分标准机器。虽然这能缩短与芯片工厂的距离，但 ASML 现在并不想这样做。供应商网络不容易搬迁，而且最新一代的扫描仪总是需要在靠近开发部门的地方生产。这就是 ASML 的工作方式——短生产线加快了学习速度，让错误更容易被识别和修正，从而加快了发展。

ASML 曾考虑过将部分生产搬出费尔德霍芬。1997 年，ASML 开始计划与合资伙伴合作，在中国台湾增设一家工厂。台积电的影响力不断扩大，ASML 也想跟上步伐。他们的计划本来已经准备就绪：新竹的厂址已经选好，工程师也选好了，随时可以搬迁。但随后亚洲金融危机爆发，计划被迫搁浅。

ASML 承诺，即使是最老的机器，他们也会坚持维护，这也引起了热议。几十年前马丁·范登布林克开发的 PAS 5500 机器仍未损坏。截至 2023 年，全球仍有近 2,000 台这样的机器在运行，用这种"成熟"技术制造的芯片需求量很大。ASML 设立一个名为"旧货店"的部门，负责在翻新这些机器，设立在埃因霍芬机场附近和台湾林口区。但是，由于这些机器非常耐用，根本没有坏的迹象，ASML 面前摆着一个问题：他们是否应该无限期地继续这种维护工作？

虽然这些机器看起来坚不可摧，但它们仍然需要更换部件。但是，ASML 的供应商都忙于处理新设备的订单，而且生产这种老部件的价格很高。

因此，在 2018 年左右，ASML 开始考虑将这些机器授权给中国竞争对手SMEE。如果他们接手这些机器及其零部件的生产，ASML就可以将资源集中在更复杂的新技术上。这笔交易还能将SMEE局限在ASML不感兴趣的、不太先进的利基市场。但这个计划并未实施。马丁·范登布林克断绝了这一想法，他希望保持对"用户基础"的控制，这是他对全球各地运行的5000多套ASML系统的称呼。为了遏制竞争，这家"旧货店"应运而生。

这个决定很明智。因为几年后，ASML最不想做的事情就是，向华盛顿和荷兰政府解释他们与中国竞争对手的紧密合作。

38. 一块拼图

司机将车停在五角大楼北侧。从这里可以眺望波托马克河（the Potomac river）对岸，看见直插云霄的华盛顿纪念碑。河岸这边则是弗吉尼亚州的阿灵顿市（Arlington），这里有美国最大的政府部门——国防部。

彼得·温宁克漫步来到 VIP 入口处。ASML 的负责人将在那里与负责研究与工程事务的国防部副部长徐若冰会面。

时间来到 2022 年的夏天，有关对华出口限制的谈判正在如火如荼地进行。温宁克有 30 分钟的时间向美国人解释，过度打压中国芯片业将带来危险。但徐若冰对其他风险很好奇：中国客户能否直接拆开 ASML 的光刻机然后复制？

"哦，不，不可能。"温宁克回复道。他们尝试过，但硬件只是 ASML 机器的基础。如何将所有这些部件组合在一起，才是真正的奥妙所在。没有 ASML 专家的专业知识，中国客户根本不可能复制这些机器。

ASML 2022 年的年度报告讲述了一个故事。2022 年上半年，一位前 ASML 雇员带着商业机密从费尔德霍芬潜逃。这一行为可能违反了出口规定，这意味着 ASML 需要公开披露这件事。时机太糟糕了。就在谈判出口规则的紧张时刻，ASML 被迫站出来，并承认它是多么不堪一击。但正如彼得·温宁克在费尔德霍芬召开的一次会议上向投资者保证的那样，这一负面事件不会产生切实的后果。被盗的信息"只是一块巨大拼图的一小部分,甚至连带有图片的盒子都没有。"换句话说,毫无波澜。

地缘政治的紧张局势让费尔德霍芬成为国际焦点,也让ASML成为众矢之的。仅在2022年这一年,公司就记录了2800起网络事件,从勒索软件攻击到窃取知识产权,不一而足。黑客来自公司内部和外部,他们都把目光瞄准了费尔德霍芬拼图中的一块。

ASML的知识涉及大量不同的环节,既包括内部环节,也包括供应商网络内的环节。光刻机的设计、生产和操作等各个层面都很复杂,仅仅依靠一张蓝图无法交付1台正常运行的机器,也没有一个人对这些机器的所有工作原理了如指掌。就连马丁·范登布林克也不例外,尽管他是光刻系统的总指挥,且拥有40年的丰富经验。

大多数工程师只负责一个小部件,对该部件了如指掌。正如弗里茨·范霍特所说:"知道该怎么做的人却不知道为什么要这么做,而知道为什么要这么做的人却不知道应该怎么做。"

在保护敏感数据方面,ASML投入的精力极少。过去,图纸或其他技术数据很容易获取,即使你的工作与它们并不直接相关。现如今,你仍然可以在网上找到有关EUV光源工作原理的研究。ASML奉行开放的创新文化,建立了一个庞大的知识网络,无论是在会议上,还是与客户、合作伙伴公司或研究机构之间都可以自由交流。ASML内部缺乏的专业知识很快就能被发掘并弥补。在工程师们看来,在这种信息自由流动过程中,每形成一道堤坝都会延缓进步。在这个环境里,容不得半点猜疑。马丁说:"出于这个原则,我信任每一个走进我办公室的人。否则,我将无法开展工作。"

这是一种十分乐观的态度。但对监事会来说,这种想法太单纯了。他们不停地警告 ASML，公司需要为知识产权筑起更高的围墙。但是，吃一堑才能长一智。2015 年的黑客事件让 ASML 对 IT 安全进行了彻底的专业化升级。原本只有 10 人的安全团队也发展到 300 多名专家。

从那时起，ASML 的安全专家们就肩负着一项艰巨的任务，那就是说服同事们更好地保护手中敏感信息。这不是官僚主义的繁文缛节，而是他们的迫切需要。由于制裁，伊朗和叙利亚等国的国民被禁止从事某些技术工作，ASML 必须依法对他们屏蔽某些信息。员工不再有机会接触光刻机的每一个部件，现在，他们只能索取与自己的工作密切相关的部件信息。如果你是一名在晶圆台工作的工程师，你不需要知道其他人在圣地亚哥的工厂用锡滴做什么，也不用清楚在代尔夫特工厂怎么利用电子束。

ASML 在内部数据盗窃方面也有过惨痛的教训。到目前为止，防止员工恶意窃取数据的最佳方法，是在他们踏入公司大门之前就将其清除出去。正因如此，彼得·巴利埃在 2018 年就任人力资源总监时，惊讶地发现 ASML 并没有入职审查的流程。对于申请某些特定职责岗位的候选人，没有进行过一次背景调查。从 2021 年开始，担任 ASML 重要职位的人员必须提供无犯罪记录证明，对于某些特定职位，ASML 甚至邀请荷兰情报部门 AIVD 协同进行安全调查，这些调查类似于机场员工在安全区接受检查。但是，尽管 ASML 多次要求采取这些严厉的控制措施，但荷兰政府却无所作为，只因 AIVD 没有审查这么多人的能力。

ASML 还尝试与外国政府合作，在荷兰境外审查新员工。登上世界舞台后，每年到 ASML 应聘的人数增加到约 30 万。一位 ASML 员工感叹道："如果我们还是默默无闻的小公司就好了，现在招进来的完全是另一类的员工。"

荷兰情报部门多年来一直警告像 ASML 这样的公司，要小心间谍活动，而且荷兰情报局已经开始建议携带敏感信息前往他国的人在回国后清除记录甚至销毁他们的设备。ASML 公司的管理者们觉得这很麻烦，他们对设备的管理就松懈得多。有时甚至过于松懈，其中一位经理坦言，在他们看来，笔记本电脑里没有什么石破天惊的东西，有的只是一些增进设备销售的计划以及关于机器故障的客户邮件。

作为世界上最复杂机器的唯一供应商，ASML 假定没有其他公司有足够的智慧，将机器中所有独立的零件整合在一起。万一出现这种情况，ASML 可能也会祝你好运。机器太复杂，外行人无法操作。这就好比让一个三流司机驾驶一级方程式赛车——你知道他们会在第一个弯道就撞车。

这种对自身能力的无限自信，在一些外人看来显得天真或傲慢。知识产权盗窃在短期内似乎影响不大，但从长远来看，其后果是显而易见的。对此，ASML 采取了绝对务实的态度。要想在技术竞赛中获胜，只有一个办法——你必须比对手跑得更快。不要赌自己的保密工作永远天衣无缝，也不要赌自己的专利在国外永远受到尊重，那样太天真了。工业间谍活动随处可见，你的每一步都会受到所有人的监视。在此期间，尽可能多地赚钱，并将资金投入到研究中，领先一步。如果想在竞争中获胜，就必须"比别人更创新"。

然而，这一战略的经济逻辑日益受到科技战争的破坏。越把他国逼到墙角，越阻止其获得先进的芯片制造技术，它就越会不屈不挠地追求拼图缺失的那一块。比如，为发展独立的民族芯片产业，中国政府划拨了大量预算。当对手的腰包那么鼓时，你就很难赢了。

在 ASML 的员工中，荷兰人最多，美国人其次，紧随其后的就是中国人。约有1500名ASML员工在中国工作，硅谷也约有一半的员工是中国人。对持有中国护照的员工的权限采取了限制措施。

这些区别对待也体现在与ASML合作的机构中，如各种工科院校和荷兰国家应用科学研究院（TNO）。荷兰政府正在制定一项旨在防止学生泄露敏感技术知识的法律。当然，半导体和光刻机的研究也囊括在内。

虽然国籍歧视也有违ASML的政策，但不能无视地缘政治红线。俄罗斯是一个敏感地区：费尔德霍芬终止了与俄罗斯科学院光谱学研究所（ISAN）的合作，ISAN曾协助ASML研究EUV光刻机的等离子源。ISAN位于莫斯科南部，它拥有微缩版EUV光源，俄罗斯等离子体物理学家可以用其进行实验。他们与搬到费尔德霍芬的俄罗斯研究人员一样，都为EUV技术做出了至关重要的贡献。

彼得·巴利埃说："我们包容，但不再天真。"ASML也意识到了费尔德霍芬的内部存在危险，并开始监控员工在网络上的行为。公司安装了先进的检测软件，如果有人可疑地复制文件或向个人邮箱发送电子邮件，软件就会触发警报。这种监控很有效，偶尔有人试图窃取文件时会被拦截。巴利埃明确指出，此举旨在通过强有力的威慑力，确保一旦违规行为被捕获，将受到严厉的惩罚，以此维护公司信息安全。

他最不想在ASML营造的就是"恐惧文化"。员工必须能够无条件地相互信任；如果没有信任，绝大多数工作都将难以进行。尽管如此，安全措施却变得更加严格。现在，ASML工厂和研究实验室的员工必须通过检测门以防止盗窃。公司网络上的屏障也已经提高。不能再随意从库存系统中下载技术图纸，工程师们用来分享实用技巧的一个维基百科风格的网站也被转移到了更严格的IT环境中。桑妮·斯塔内克指出，ASML还请来了重量级武器来提高芯片工厂的安全性。"他们给我们制定了很多必须注意的新规则，每一条都至关重要，但我们还是需要抽出时间来完成工作。"

员工还接受了识别网络钓鱼攻击的培训。邮箱中收到随机的求职面试邀请？请小心——在这种情况下，人们最终会对自己工作的公司大谈特谈。有些面试完全是为了套取信息的钓鱼攻击。

实地专业知识尤其容易受到此类网络钓鱼的攻击。在工厂负责完善芯片设备的工程师拥有丰富的实践经验，经常接触到来自英特尔、三星和台积电等客户的敏感数据。

由于最大的芯片制造商台积电几乎与外界完全隔绝，这些数据对网络钓鱼者来说就是黄金。正如台湾人所说："你不能相信任何人"。

在2018年至2020年期间，一个黑客组织渗透了台湾新竹的七家以上芯片公司，窃取芯片设计技术。同一个黑客组织在芯片制造商恩智浦（NXP）的计算机网络中潜伏了两年，恩智浦的总部就在ASML附近。黑客以芯片设计技术为目标，窃取邮箱和其他敏感信息。当恩智在2020年初报道这一事件时，ASML也得到了警示。幸运的是，当时位于费尔德霍芬的ASML网络没有受到威胁。

台积电自己的计算机也难逃被入侵的命运。2018年8月，台积电一家供应商的一名员工用笔记本电脑登录账户，却意外传播了Wanna Cry计算机病毒的变种，导致几家工厂不得不关闭。

2022年9月举行的全球网络安全峰会上，台积电信息安全处长屠震也出席了。

这时，屏幕上出现了一张荷兰面孔。他就是ASML的信息安全主管阿尔诺特·雷默（Aernout Reijmer）。他从费尔德霍芬远道而来，深夜起床作了一场关于"信任圈"的演讲。"信任圈"是荷兰十大公司的安全主管之间的一项合作，该组织的成员有权向其供应商分享有关数字漏洞和黑客组织的实时警报，并共享安全服务数据。由于目前还没有保护经济活动的官方措施，因此该倡议只是一个应急措施。在荷兰，决策者往往低估了制造业的战略重要性。

2021年10月，VDL遭到网络攻击而瘫痪，供应商的脆弱性显而易见。作为预防措施，ASML暂时对外关闭了公司网络。1年后，VDL的威廉·范·德·里戈特在AIVD代表的陪同下参观了ASML园区，并与来自智慧港地区的近200名企业家分享了他的经验。VDL的观点是：如果连荷兰最大的工业公司都会受到网络攻击，那么ASML的小型供应商需要迅速行动起来，优先考虑自身的安全问题。只需一次勒索软件攻击、一次故障，就会影响整个价值链。

机器设计并不是ASML唯一的敏感问题。ASML还密切关注全球几乎所有的主要芯片工厂，对于自愿分享生产数据的制造商，它会从其光刻系统中接收实时更新。大多数制造商都乐于这样做，因为这样ASML就能够更快地解决技术问题并跟踪总产能的数据，而芯片制造商也就能更好地估计他们需要再订购多少台机器。如果订购过多机器，就会造成产能过剩，过剩的芯片会导致市场崩溃，这是任何制造商都不希望看到的。你可能认为ASML希望每年销售尽可能多的机器，但从长远来看，它更希望市场保持平衡。

在2009年的重大危机之后，ASML开始采用新策略。制造商只能查看在全球芯片生产中自己当前和预测的份额，这意味着只有ASML可以全面了解整个芯片生产情况。这些高度敏感的数据受到严格保护，能接触到这些数据的ASML员工数量少到一只手就能数过来。该系统由客户审计，其安全性甚至比 ASML 自己的蓝图还要严格。

费尔德霍芬终于明白：要保护欧洲最有价值的科技公司的商业机密，就必须加固堤坝。但有些事情永远不会改变。2023 年初，马丁·范登布林克把他的手机落在了台北的一辆出租车后座上，手机就这样被遗忘了 1 个小时，但大家都并不感到惊讶。尽管谁都有可能拿走它，但马丁并不为此而烦恼。他相信手机会找回来的——他总是这样。他周围的人都意识到，马丁的脑子里几乎没位置能装下日常琐事。当你展望的是 15 年后的未来时，这确实很难。

39. 马丁的法则

如果他想告诉你什么,通常会先问一个无关的问题。

"托马斯,你什么时候退休?"马丁问道。

蔡司技术总监托马斯·斯塔姆勒(Thomas Stammler)回答说:"大概还要 10 年吧。"这是 2021 年的夏天,两人正在庆祝蔡司和 ASML 达成新的商业协议。啤酒畅饮、美食佳肴,这是展望未来的最佳时刻。

"那就让我们为未来做个规划吧,为你退休后的 5 年或 10 年做个计划。"

在过去 40 年里,ASML 光刻机的线宽从微米缩小到纳米级别。几乎缩小了大约 1000 倍——从肉眼看不到发展到几乎无法测量。机器每一次都会更精确地将光子引导到硅晶片的感光层上,令人叹为观止。到目前为止,ASML 已经做到了。但它最终会发展成什么样呢?

随着高数值孔径(High NA)机器投入生产之日越来越近,范登布林克的退休之期也越来越近。但马丁不会止步于此,这绝不会是他的 ASML 皇冠上的最后一颗宝石。"你不应该在做完最后一件事之后就停下脚步。我想留下一份'看不到终点'的遗产。"然而,地平线上的终点已经有了名字:超高数值孔径光刻机(Hyper NA)。目前还不确定这台机器是否真的能研制成功,但在 ASML,什么是绝对的呢?2021 年,在与托马斯·斯塔姆勒交谈之后,ASML 询问蔡司是否有可能设计出孔径更大的 EUV 光学镜片。如果 High NA 的镜头孔径为 0.55，那么 Hyper NA 将超过 0.7，这将使其能够曝光更精细的芯片结构。镜头是最好的选择，但如果增大反射镜的尺寸，就必须扩大整台光刻机的规模。而这台机器已经很大了。

设计 High NA 机器的复杂度已经远远超过预期。广角镜头非常棘手，晶圆需要以更高的速度移动，而反射镜需要精确到能在月球上击中高尔夫球。但是，在攻克了这些技术难关之后，蔡司再次焕发出迎接新兴挑战的精神锐气。从技术角度来看，这个新思路似乎是可以实现的。蔡司预计 Hyper NA 不需要任何全新的测量技术，这将节省宝贵的时间。但谁会斥巨资购买这些机器还尚未可知。

作为 EUV 领域的垄断者，ASML 在推出新光刻技术时似乎唯我独尊。但有一点它不能忽视：经济。

摩尔定律已经走到尽头。按照目前的速度，根本无法持续实现每 2 年晶体管产量翻一番。ASML 研究总监乔斯·本肖普认为，阻挠进步的是经济而非物理。他认为，如果不寻找新思路，再过 40 年，原子就无法在芯片的线路间穿行了。

按照半导体制造商营销部门的说法，芯片图案仍在迅速缩小。最新的潮流是用埃米来描述他们的技术。然而，这一术语掩盖了一个事实，即芯片行业正迅速逼近一个临界点，进一步缩小芯片面积所需的投资将越来越多，以至于无法收回成本，这才是真正限制发展的因素。如果芯片制造商无法再为 Hyper NA 机器增加价值，那么 ASML 生产它们将无利可图，通俗来讲就是成本太高了。只有少数几家大型芯片制造商还能负担得起最先进的芯片设备。如果英特尔在与三星和台积电的竞争中失败，那么剩下的将只有这两家领跑者。只要基础市场如预测的那样持续增长，ASML 其实并不关心还剩下几家芯片制造商，这也其实没必要担心。数据中心、通信网络深处的数据处理、更智能的工业和医疗保健、能源转型以及更智能的人工智能，都需要越来越多的计算能力和存储。全世界都对数据"上瘾"，而事实证明，这是一个无法戒除的习惯。

Hyper NA 可能具有的功能让这类芯片的制造商非常心动：能够在纳米尺度上打印出精细的图案，以实现复杂的结构，效率还有可能更高。例如，新一代更高效的晶体管已经取代了老式的鳍式晶体管技术，被称为"全环绕栅极"或纳米片。比起鳍状开关，这些开关更像被挤压的微型管子，在将 0 转变为 1 的过程中损失的能量更少。

ASML 还努力游说内存芯片制造商订购 Hyper NA 设备。但对于用于数据存储的 NAND 闪存芯片来说，这些最细的线已不再必要。NAND 芯片是由数百层细节相对粗糙的芯片堆叠而成的三维结构。而且，用于工作存储的 DRAM 芯片也有可能采用堆叠结构。如果这一设想实现，那么缩小芯片面积的速度将会放慢。但令范登布林克自己都大吃一惊的是，在与制造商讨论后，他认为 Hyper NA 在制造更小的存储单元方面很有吸引力。"然而，一旦我让客户对某件事情感到兴奋，我会在走出门的一瞬间开始怀疑自己。如果我们选择 Hyper NA，并在 10 年内将其研制出来，一切将天翻地覆。"

范登布林克让 ASML 占据了垄断地位，但他总是强调公司对芯片制造商的依赖程度："无论我们赚多少钱，我们都依赖于我们的客户。如果忽视了这一点，就会出问题。"

但芯片制造商们也完全依赖 ASML。他们花了 4 亿欧元购买了 High NA 机器，而机器出厂时根本无法工作。唯一能保证他们的投资有回报的就是 ASML 的承诺，他们承诺会实现这一目标。ASML 有限的生产能力也是芯片制造商之间竞争的武器。当英特尔购买第一台 High NA 机器时，他们就知道三星和台积电将因此为了下一台机器等待更长的时间。此举是英特尔击败竞争对手的宏伟计划的第一步。

一些芯片制造商有意坚持使用 ASML 的旧机器，因为这些系统仍有日本的替代品机器。这给了他们一些讨价还价的余地，如果他们对 ASML 不满意，还可以采取强硬手段。

由于占据主导地位，ASML 需要一直保持敏锐。因此，马丁在各条战线上都宣扬谦逊。他最担心的是，ASML 巨大的市场力量会引来傲慢或自满——20 世纪 90 年代的尼康就是这样。当时日本人主导了光刻机市场，但他们未能跟上芯片制造商需求改变的步伐，这就给了新竞争者介入的空间。如果光刻机出现问题，ASML 会负责解决。尼康则不那么灵活，结果眼睁睁地看着市场从自己手中溜走。

马丁会"亲自指导"那些不懂得"保持谦逊"的同事。ASML 的员工不仅要解决客户的痛苦，还要对其感同身受。当一位工程师提出，芯片制造商面临的晶圆翘曲问题是他们自己造成的，马丁的眉毛就会气到竖起来。"当然是他们的责任，与我们无关，"他冷嘲热讽地回答道，"照你这么说，我们干脆不要在机器中使用晶圆好了。那问题就解决了。"

一位经理说："如果一个小举动就能平息事态，那就不必犹豫。赠送价值几百万欧元的镜头永远不会给你惹上麻烦。但如果那位客户因为你拒绝合作而打电话给马丁，你就倒霉了。"公司保持巅峰状态越久，就越难想象未来会失败。这也许是自然规律的一部分，但范登布林克知道，世界并非如此。他明白为什么年轻一代很难理解这一点：毕竟，他们还没有经历过严重的芯片危机或大规模裁员。"有些人认为一切都会自然而然地发生，我们想出的一切都会成功。如果我们成功了两次，那么当然会有第三次。"

他珍视自己的多疑。危险潜伏在每个角落。他的血管里流淌着怀疑的血液，即便当他与工程师们讨论他们即将踏上的道路时也不例外。"如果我们决定右转，那么当晚我回到家里，躺在床上时就会想：我们真的需要右转吗？"

马丁对风险并不陌生：毕竟，在20世纪90年代初，ASML就冒险决定投资数十亿美元到一个不可能实现的EUV项目上。但同时，范登布林克也害怕走错路。他认为这并不矛盾。"我从未为了冒险而冒险。我们总是有另一种策略来继续赚钱。"

在未来的10-15年里，ASML将赌注押在线性比例缩小上，即增加每平方毫米的晶体管数量。此外，其还将通过优化软件和计量检测来改进晶圆厂，并将在不久后得到Mapper的技术增强。有了这些技术，就能确保芯片各层更好地贴合在一起，尽可能减少偏移。所有这些测量结果都会反馈到光刻机上，这也使得该技术更难复制，为未来提供了保障。

既然EUV技术已经有了一定的可靠性，开发人员便开始着手升级其他扫描光刻机。汽车行业所需的芯片用不太复杂的DUV设备，甚至是更老的PAS系统（20世纪80年代的"老式"型号）。这是一个快速增长的市场，ASML不会让它从指缝中溜走。同时，工程师们也在努力提高现有EUV机器的产量和工作效率。光源仍然是一个限制因素，ASML希望最终能将液滴的频率从每秒5万次提高到每秒10万次。范登布林克说，只要不全部爆炸就行。

液滴破碎的效率也有所增强。目前，激光可以击中锡薄饼两次。不过，锡饼并不是完全平整的，与其说它是薄饼，不如说它是"饼皮很厚的比萨"。这意味着并不是所有的锡都能被充分利用，但如果给激光增加一个额外的脉冲，就能粉碎锡滴。不出所料，这种三级爆炸产生了更大的能量。

未来十年，一切都将围绕能源展开。缩小芯片规模的步伐可能会放缓，但芯片的能耗却需要继续降低。为了降低能耗，芯片制造商们正在尝试使用新材料和新金属，这些材料和金属的名字会让你的高中化学老师哑口无言。另一个诀窍是将一个芯片的多个专用组件（称为芯粒）黏合到一个系统中，从而形成一个更强大的处理器。将这些半导体塞进单个封装中非常复杂，但台积电计划每两年将能效性能（EEP）提高3倍。ASML需要提供实现这一目标所需的工具，因此至关重要。2021年，马丁将EEP预测作为未来十年的指导方针。摩尔定律可能会放缓，但马丁定律仍在继续。

EUV扫描光刻机的效率仍然是个问题。激光对能量的消耗极高，其中大量的能量在过程中被浪费掉了。要解决这个问题，可以去德国南部城市斯图加特附近的迪琴根（Ditzingen）寻找答案，通快（Trumpf）就是在那里制造EUV机器的活力之源——激光器。

与ASML简朴的建筑相比，通快的工厂就像一座现代博物馆。它线条流畅，地下走廊网络连接着完美无瑕的生产车间和圆形的布劳托普夫餐厅。一到中午，餐厅就会提供热气腾腾的午餐。德国巴登-符腾堡州的午餐时间总是准时开餐，就像他们的激光器一样。

在附近的实验室里，一位通快公司的工程师正在对三重激光放大器进行测试。二氧化碳、氦气和氮气的混合物会产生极度刺耳的嘶嘶声，而激光束如同喷气发动机一样强大。它周围有 15 个大型计算机机架，用于控制功率。这台巨型机器极为复杂，里面装满了精密的反光镜、管道、过滤器和传感器，专家们需要花费数周时间才能找出错误。

测试结束后，重达 17 吨的激光器会被拆卸下来，经过人工清洁后运往芯片工厂，放入附属制造区，再通过潜望镜与光刻机相连，最终开始喷射液滴。通快与西盟公司和 ASML 一起，花了数年时间才做出符合 EUV 光刻机要求的激光器。但是，艰苦的努力得到了回报：在迪琴根有 1,500 人从事 ASML 激光器的制造工作，他们每年创造 8 亿欧元的收入，这足够将这座工厂改造升级成一座现代建筑杰作。

EUV 激光器的功能超乎想象。但为什么要止步于此？在迪琴根的无尘室里，德国人充分利用每一盎司的能量。一种能更好利用能量的方法是使用单独的固态激光器来柔和地触发第一次打击。这一方法不再消耗气体，从而为后面更猛烈的打击留出额外的能量。

节约能源是必须的。通快算了一笔账：2022 年，迪琴根将为 ASML 提供 70 多台激光器。这些激光器满负荷运转一年消耗的能源，相当于斯图加特 63 万居民一年消耗的能源总和。

这可不是一件值得骄傲的事情。据绿色和平组织（Greenpeace）估计，到 2030 年，全球芯片行业的能耗将增至 237 太瓦时（相当于 23,700 万度电），是 2021 年的 2 倍。这相当于澳大利亚全年的使用量。绿色和平组织还估计，全球最大的芯片制造商台积电的能耗将在同期增加两倍。这给台湾岛也带来了麻烦，因为芯片产业已经给当地的基础设施造成了沉重负担。台积电消耗了全岛能源的 6%，而在其他地区的工厂使用了可用水总量的10%用于冷却。

不过，虽然EUV机器耗电巨大，但其生产的芯片却比上一代产品更加节能。总体而言，从长远来看，可以为全球节约能源。不过，正如通快公司所说，通过提高液滴的频率，可以使产生的极紫外线效率更高。激光系统产生的大量热量也会被水冷却，这些热量可以用来为该地区的家庭和社区供暖。台积电和英特尔对此类能将余热转化为可用能源的方法均表示欢迎，他们非常希望能减少对环境的影响，而客户需要什么，ASML就必须提供什么。

通快公司正在着手进行一项新设计，要将激光系统冷却到适合家庭使用的温度。作为区域供热领域的前专家，这是马丁个人的使命。又一个新的目标出现了，那就是要利用EUV光产生的废热。这是他留给ASML的又一笔财富。

40. 别坐右边

在 ASML 工作了 40 年，范登布林克成为一个传奇人物。这家公司如此专注于机器，以至于机器之外的一切似乎都被淡忘了。他经常被拿来与苹果公司创始人史蒂夫·乔布斯（Steve Jobs）相提并论：他们有着相同的气质和战略眼光，还有对细节和巧妙营销的敏锐洞察力。和乔布斯一样，范登布林克不仅满足客户的要求，还明确知晓他们需要什么，客户们也很信任他。你可以在 ASML 的战略中找到苹果公司的影子：硬件、软件和服务的全面整合，还有布拉班特的天才吧。

"胡说八道，"马丁抱怨道，"这家公司的兴衰并不取决于一个人。"在他看来，他对 ASML 的影响完全是因为机缘巧合。他有幸能在飞利浦先驱们的发明基础上更上一层楼：在马丁看来，ASML 的历史不只 40 年，还包括正式成立前在飞利浦的 10 年。此外，他是管理层中最后一个曾与光刻机"共事"过的人。自然而然，这意味着他要承担更多的职责。马丁监督研发和知识产权，与芯片制造商进行讨论，还要在闲暇时构思新发明。2022 年，范登布林克注册了一项机器学习专利——这是他对 ASML 从硅谷引进的 voodoo 软件的贡献。尽管 ASML 的技术实力涉及面广泛，跟上发展的步伐是他们的一大挑战，但他仍渴望去攻克最复杂的技术。在共同掌舵 8 年后，彼得·温宁克和范登布林克在 2022 年续签了 2 年的合同。因为 ASML 的爆炸式增长、新冠疫情、物流噩梦以及地缘政治等危机同时来袭，两人都不能在这个关键时刻退居二线，否则会让 ASML 陷入困境。正如温宁克描述的那样："这就像一列不知道从哪冒出来的货运火车，横冲直撞，摧毁了沿途的一切。"

当两人结束人生的这一阶段后会发生什么？谁能挺身而出，填补空白？

在过去的几年里，ASML 培养了新一代的管理者。首席财务官达森接替了温宁克的一些工作，代表智慧港地区与荷兰政界人士周旋。当荷兰国王和比利时国王访问鲁汶的 IMEC 微电子研究中心时，达森代表 ASML 出席。他现在已经不只是一个吉祥物：2021 年，达森与负责 EUV 产品线的法国董事会成员克里斯托弗·富凯（Christophe Fouquet）一起领导了与蔡司的商业谈判。富凯于 2008 年加入 ASML，此前曾在应用材料公司和科磊工作。

除了温宁克，范登布林克现在还带着其他高管一起散步。这样他能不受干扰地分享知识和交流思想。而福凯则是在早上七点钟冒着瓢泼大雨跋涉 2 个小时。外界也开始了解这位法国人：2023 年 6 月，《日经亚洲》和《金融时报》都发表了他的专访，他在专访中表示全球芯片业"不可能"脱钩。

但是，ASML 没有第二个马丁。赫尔曼·布姆说，ASML 将需要一批人来接替他的职责。布姆曾领导开发部门，后来又领导了 DUV 产品线，他被同事们称为"迷你马丁"，他也确实是马丁领导风格的粉丝。"我发现他从不会告诉你该做什么。他只会确保你自己觉得有必要去做。"

桑妮·斯塔内克觉得，范登布林克的说服力在于他孩子般的热情。"就像某种现实扭曲力场。马丁会影响你的观点，直到你相信自己可以把不可能变为可能。正是因为他，我才在这儿坚持了30年。"

斯塔内克认为，这种热情还体现在身体上。永远不要坐在马丁的右边，如果你这样做了，就要做好心理准备迎接即将要发生的事。彼得·温宁克对此颇为认同。有一次在韩国的某个酒店，他们要在桑妮的房间参加工作会议，只剩下一个空位了，那就是马丁的右边。范登布林克火力全开，开始了他的演讲，然后不小心把一个装满冰水的玻璃杯打翻在温宁克的笔记本电脑和裤子上。他小声骂了一句，然后把笔记本电脑侧翻，让水流出来。

"马丁有点笨手笨脚。"温宁克后来在办公室里说道。他模仿范登布林克，走起路来步态微微晃动，有点外八字。马丁的脚也常常给他带来麻烦。某个星期六的上午，他们在同一个汽车4S店那里碰上了（他们都在那里买了保时捷）。他们站在一起，一边喝着卡布奇诺，一边欣赏跑车，这时一辆敞篷车引起了马丁的注意。他走过去的时候脚踩到了汽车轮胎上，结果栽了个跟头，把满杯的咖啡全洒在真皮内饰上了。他当时还喃喃自语道："该死。"

每隔4年，范登布林克就会置换掉他那辆满是凹痕的保时捷卡宴。"事实上，他这辆车太花哨了，很多同事的车也是这样。我们20年前就说过：'在公司发展不顺利的时候，开一辆华而不实的车是不明智的。'"

然而，汽车却是ASML高层最喜欢的玩具。彼得·温宁克不喜欢炫耀他珍藏的保时捷跑车，但罗杰·达森对意大利跑车的喜爱却是众所周知的。范登布林克说："达森先生在这方面的爱好比较坦率。"说完他顿了一下，考虑后面如何措辞，"但这只是个人生活的一个方面。你们应该欣赏彼此的相似之处，而不是对别人做的事情妄加评论。"

他不想说教，但他认为 ASML 员工应该既谦虚又乐于助人。在这样的时刻，范登布林克的成长经历仍然熠熠生辉。虽然他已经不再信教，但在荷兰圣经地带长大的经历会给人留下永久的印记。将自己的财富与这种加尔文主义的天性相协调并非易事。ASML 高管的薪酬与国际科技公司看齐，每年达数百万欧元。范登布林克知道这是一笔巨额薪酬。自 1995 年以来，他的股票投资组合只涨不跌。"我从来不觉得这个参数有趣。我知道，有这样的问题是一种奢侈。"

富有并不可耻，但炫富则有失风度。因此范登布林克不愿意为 2001 年的员工杂志拍摄他与马的合影。"骑马很贵！我该怎么向别人解释我富裕的生活？别人会认为我自以为是，并且认为比起公司来说，我更关心自己的成功。"

经济上的成功很容易让 ASML 员工的头脑发热。每年 3 月的利润分配期，布拉班特的商店都会发见证 ASML 员工的收入提高了数万欧元的盛况。除此之外，还有短期和长期奖金。正是因为高薪，ASML 的员工才称其为"金笼子"。仅外观上看不出来，因为看似 ASML 简朴笔直、棱角分明，只有广场餐厅的设计还有点趣味性——某些地方还是需要吸引人的。多年来，总裁办公室里也一直挂着一件同样的艺术品，但似乎没人在意。

对于 ASML 的出差人员来说，他们要乘飞机满世界飞。你只需要保证行程规划合理，仅此而已。工程师们乘坐的是高级经济舱，如果在国外逗留时间较长，每天可领取 60-100 欧元的津贴。副总裁乘坐商务舱，而其他员工只有在洲际旅行间隔少于 60 天的情况下才能升舱。下了飞机，就得开始工作。如果你必须在孤独的隔离酒店里被强制隔离一两周呢？忍一忍吧，这只是工作的一部分。监事会和执行委员会也是如此。当他们一起去美国拜访客户时,住的酒店通常非常普通,酒店里往往铺着20世纪80年代的地毯,天花板也很低。芯片世界的核心是产量,而不是摆阔。这种荷兰式的节俭一直是芯片设备制造商的标志。20年前,ASML拿来招待客户的只有一份奶酪三明治和一杯牛奶。他们认为,制造商是为机器,而不是为午餐而来。如今,他们奢侈了一点——多了羊角面包。

ASML诞生在河流以南的地区,但它却在北方加尔文精神的熏陶下成长。这符合它的自我定位:它不是一家只追求利益的傲慢科技公司,而是供应商们的管家,努力让芯片行业增值。

危险在于,当最具特色的文化载体离开后,这些规范和价值观会逐渐消失。范登布林克将留下一个巨大的空缺,这不仅仅是因为他身兼数职。也因为这个空缺会让他一直抑制的见解和动机蠢蠢欲动,这也是ASML最担心的,即公司中是否会引入更多的政治因素和自负的态度。范登布林克则不那么担心。他认为,从第一天起,他的公司就吸引了那些自然而然地把技术和公司看得比自己更重要的人,他们只想成为大拼图中的一块。他与彼得·温宁克所见略同,温宁克曾说:"没有重要的人,只有责任重大的职位。"如果你是一家营业额超过270亿美元的公司的老板时,这话说起来容易。当他的妻子问他,是否意识到人们对他的看法与20年前不同时,温宁克承认他很难接受。

与公司的技术人员交谈时,员工们可能会低估温宁克的作用:毕竟他缺乏技术背景,也没有范登布林克那么直言不讳。然而,温宁克的技能确保了公司里的"牛仔"们有足够的发挥空间,也让他能和最具爆发力的人一起合作。在一次谈话中,他走到办公室里一幅装裱好的漫画前,这是一位协助ASML管理层的顾问送给他的礼物。这幅漫画的署名是"Petriduct"——送给桥梁的搭建者，彼得。ASML的员工通常把工作和私人生活分得很开，公司文化就是这样，对事不对人。不过，温宁克离职后一定还会和马丁继续交往。"他很真实，也很真诚。在这个世界里，并非所有事物都是纯粹的，你常常不得不做出妥协，而他的这一点很难得。"

这正是彼得的专长——充当他人的缓冲器。马丁经常在被某事或某人惹得心烦意乱时冲进温宁克的办公室，温宁克任其咆哮。"我只是等待，等他的气出完。我想知道是什么让他如此激动——如果背后有什么根本性的原因，我就得帮助他。"

范登布林克需要这些缓冲。早年，他很幸运地拥有斯蒂夫·维特科克这个守护天使。"他是我的顾问。我经常怒气冲冲地跑来，直言不讳地说'胡说八道''完全不行'之类的话，然后斯蒂夫会让我坐一会儿。然后我就能平静下来，这让我很舒心"。

但他从来不会让自己闲太久。凡是能工作的时间，范登布林克都在工作，即使是在ASML的会议上。开会时，每个人都必须关注会议内容，但范登布林克总是一直看电脑，也没有人敢指责他。要给投资者或股东会议做汇报？很好，这是处理部分工作的绝佳时机。否则，他就会在房间里找个位置，坐在听众中间，低头研究技术图纸。他的评论总是很发散。这就是他能不断驾驭复杂材料的秘诀：埋头苦干。

在一次汇报展示结束后，一位退休的投资者问温宁克："范登布林克先生会做会议记录吗？"回忆起当时的情景，温宁克突然大笑起来，热泪盈眶。然后他的声音小了下来，"马丁对我来说是个特别的人。"他回答道，"我们感情很深。"

"他们看起来就像一对老夫老妻。"桑妮·斯塔内克笑着说道。每当马丁得意忘形或开始咆哮的时候，她就会看到彼得在会议上翻白眼。"他又来了。"彼得叹了口气，试图让他冷静下来。"马丁，马丁，马丁……"

在这个大型舞台上表演让人筋疲力尽。

"你至少要轻松一点吧？"范登布林克问他的总裁同事。

这是 2023 年的春天。两人在 ASML 的 20 楼不期而遇，当时温宁克刚从中国回来，而范登布林克刚从美国回来。温宁克对他说："我发现你比以前更忙了。"

范登布林克知道温宁克喜欢让外界看到他。但他也看出，他的同事在经历了长达 2 年的磨难后已经很疲惫了。

他也不清楚他的担忧是否传达给了温宁克。"一旦事情涉及到他自己，彼得不会那么快告诉你他在听。"他用柔和的声音补充道，"彼得很难拒绝别人，所以他很快就完全被各种承诺吞噬了。"

他们已经四周没有见面了。近年来，这种情况闻所未闻。通常他们见面的频率要高得多，尤其是现在 ASML 发展如此迅速，正在准备换新的领导班子。在这种时候，经常见面是非常必要的。他们基本不会打电话，马丁在电话中总是说得很简短，他想直视你的眼睛、当面洽谈。

温宁克总结说："我们很想对方。"去坎皮纳散步的时间到了。

这是 5 月一个星期五的傍晚，费尔德霍芬的塔楼几乎空无一人，温宁克锁上了门，秘书们也已经回家了，走廊对面的办公室也熄了灯。他提着破旧的公文包走向电梯，公文包上的 ASML 徽标几乎辨认不出了。

自 1995 年首次公开募股以来，ASML 走过了一段漫长的道路，最终成功地研制出了地球上最复杂的机器——EUV 光刻机。在这段旅程中，范登布林克和温宁克有大半都是一同经历的。他们互补而又平衡。马丁有一个遗憾：大约 10 年前，他拒绝了一位希望跟踪报道 EUV 发展的纪录片制作人。他不敢冒这个险："那时，我害怕如果 EUV 不成功，大家会嘲笑我。"

但他最终成功了。ASML 用它谱写了一个新的荷兰童话。这个故事的主角，不是用手指堵住堤坝的汉斯杰·布林克尔，而是马丁·范登布林克，他用 40 年解决了他能找到的每一个痛点。

尾声 ASML之道

在 ASML 拍摄的老照片中，工人们或跪或蹲在光刻机周围。有些人的身子一半都被光刻机吞没了，因为他们要进入机器中，将自己塞进内部金属之间。ASML 建造了一个密封的穹顶，让人们能够全神贯注，心无旁骛。他们非常珍惜费尔德霍芬的这个平行宇宙，尽管它有点与世隔绝。

从第一天起，ASML 的王牌就是持续专注于单一产品。这让荷兰人可以毫不犹豫地加快步伐，而他们的日本竞争对手根本无法跟上。毕竟，谁会供应尚未完全建好的光刻机呢？ASML 与芯片制造商的紧密合作是其能够识别并消除瑕疵的关键所在。这种团队协作确保了光刻机能够准时开始运行，大批量地生产晶圆。

美国的光刻机制造商仍旧止步不前，原因很简单，英特尔作为市场领导者，在高端芯片生产方面采取了规避风险的策略。这一战略也影响到了美国供应商，这些供应商需要和严重产能过剩的英特尔工厂保持一致。然而，美国光刻设备制造商们在设计机器时，只考虑了他们最重要的客户。他们因此失去了亚洲市场，因为亚洲的芯片制造商一直在投资更快的生产技术，这一趋势恰好正中 ASML 的下怀。早在第一台 EUV 机器开始运行之前，美国供应商的命运就已注定。

一直以来，ASML 对任何没有紧迫期限的事情都不在乎。比如"对抗性"的工作环境文化对员工的影响、捉襟见肘的物流以及脆弱的敏感数据。在组织内部重组时，ASML 充其量也只是草率行事。这种做法符合 ASML 的模式：只有真的酿成大祸后，他们才会做出一些改变。公司的"救火"文化根深蒂固。1999 年，威廉·马里斯在接受荷兰《人民报》的临别采访时说："这里每天都会有这样或那样的崩溃事件。"ASML 这种以目标为导向的做事方法不仅限于工程师，公司还为其战略决策设定了明确的目标，并通过一系列大胆的收购、深入的合作与以 10 年或 15 年为期的投资预设实现了增长。ASML 要求客户支付定金或参与投资，从而避开最大的经济陷阱，并在面对每一次收购企图和专利攻击时，都表现出更强的应变能力。

ASML 是飞利浦工程师数十年实验和工业化的结晶。ASML 工程师不懈地改进设计，确保光刻机跟上摩尔定律的步伐，不断突破性能极限而从未失败。就像一根橡皮筋，被不断拉伸到极限，但从没有断裂。

公司的创新能力延伸到了供应商网络。马丁·范登布林克将所有这些集体智慧凝聚在一起。每个进入 ASML 的人都会被他创造的"对抗性文化"所震惊。但正如 ASML 里流传的一句话："没有摩擦就没有光芒。"因此，一种自我选择机制出现了：如果你忍受不了热，就离开厨房。

ASML 的一位管理者总结道："没有马丁，一切都无从谈起。"但是，依赖这样一位魅力十足的"万事通"也有风险。ASML 正在快速发展，因此公司需要一种新的领导风格。而事实上，范登布林克从未真正领导过一家大公司。他把 ASML 当成一家新成立的公司来领导，当作一个蹒跚学步的孩子，只是被放在一个成熟的跨国公司的躯壳里。如果不是其独特的双领导制，可能就会酿成大祸。彼得·温宁克就是这样一位知道何时控制、何时后退的合格会计师。他领导的管理层能够抑制范登布林克的脾气，却不会驯化他。

ASML 的新旅程已经开始，现在就看监事会如何选择领导层了。2023 年，丹麦人尼尔斯·安德森（Nils Andersen）接任董事长一职。这一任命旨在展示 ASML 的欧洲资历。在欧洲，丹麦人与荷兰人是最亲密的。安德森曾任联合利华和阿克苏诺贝尔（AkzoNobel）的主管，对荷兰的企业文化非常熟悉。

2023年底，ASML选中克里斯托弗·富凯接替首席执行官的职位，而温宁克和范登布林克将于2024年4月底退休。虽然法国人富凯已在荷兰生活和工作了15年，但他是否能领导ASML继续保持独立和充满活力的文化还未可知。埃里克·梅莱斯担任首席执行官的经历仍历历在目。他自称为拿破仑的崇拜者，而ASML内部对服从性的缺乏让他极其紧张。

这也带来了新的风险。荷兰领导层一直对费尔德霍芬周边地区情有独钟，而如果ASML的部分业务不再适合布拉班特，来自其他国家的高层管理人员可能会毫不犹豫地将其转移到其他地方。随着ASML的发展超越国界，解决这一问题已经迫在眉睫。2023年11月，海牙的几个部委组成了一个跨部门小组，以处理ASML在全国扩张的相关问题。他们还为此取了个代号——"贝多芬"计划，预计将额外投资25亿欧元，以增强荷兰对科技公司的吸引力。

罗杰·达森是董事会成员中唯一的荷兰人，高层领导如今空前国际化。ASML融合了全球人才的文化，就像彼得·温宁克钟爱的波尔多混酿一样。如果让鉴赏家来形容，他会说AMSL混合了40%的欧洲社会资本主义、40%的亚洲纪律和20%的美国自由精神。这种独一无二的特点中交织着股东的价值观以及对创新和思想自由的关注，是一个彻头彻尾在拥抱世界贸易的国家土生土长的，且充满了荷兰人的直率风格的产物。

在某种程度上，ASML具有古老的荷兰韵味。但它的规模却又与荷兰人的习惯完全不符。印有蓝色标志的白色集装箱堆积在世界各个角落，而公司管理层眼睛都不眨一下地投资数十亿美元，获得其他大公司梦寐以求的订单。在芯片制造这个封闭的世界之外，这些交易基本上不为人所知，也很少成为头条新闻。这种相对低调是有原因的：光刻机市场的这家领导者只有少数几家客户，而且不向消费者直接销售产品。ASML 对此并不介意。它完全相信自己的潜力，任何外来干涉都是噪音，它并不理会。

了解了这一切之后，读者们可能会惊讶，ASML 竟然愿意为本书的写作敞开大门。然而，讲述这个故事也是有原因的。长期以来，该公司所从事的不寻常工作并未得到政治和社会的认可，芯片技术被认为太难、太复杂了。政治家们从未想过，荷兰作为一个严重依赖贸易和服务业的国家，是否应该更关心其制造业的发展。在荷兰政府眼中，ASML 往往是隐形的，但它需要联邦政府的支持，因为很多事情都超出了能力范围，给当地环境带来难以承受的负担，或在其竞争对手超级大国之间被挤压。尽管这家科技巨头已经从荷兰布拉班特省崛起了，但被当地政府所忽视让他们在国际舞台上处于不利地位。

只有当全世界都意识到芯片的重要性时，人们才清楚全球经济有多么依赖 ASML。它统治了半导体市场，也肩负着巨大的责任，因此，这个准垄断者对自己实行严格的规定：不论芯片制造商大小，都一视同仁，不得漫天要价。

马丁·范登布林克一心想保持谦逊。他知道，滥用公司的垄断地位将导致公司衰落。这些荷兰的芯片设备旨在为全球市场服务，推动技术进步，造福大众，盈利只是顺带的事，而非目的。

这一观点符合 ASML 的世界观。芯片被定义为科技战争中的武器，但费尔德霍芬却有不同的看法。在他们看来，技术是非政治性的。它是连接世界的一种方式，它让世界变得更好、更清洁、更健康也更高效。ASML

将自己定位为一家中立的公共事业公司,为所有芯片制造商供货。彼得·温宁克认为,这种比喻并不奇怪。"但不幸的是,这类公共事业通常受到严格监管。可究竟谁来监管我们呢?荷兰?欧洲?还是全世界?"

目前,美国已经制定了规则。在布拉班特,这是一剂难以下咽的苦药。回望过去,ASML 的崛起恰逢地缘政治利好时期。1989 年铁幕拉开后,西方资本主义似乎成为唯一可行的经济体系。只有经济逻辑和工业智慧才能决定谁能生产最好的芯片,以及用什么设备来制造芯片。冷战时期有"铁幕",而现在,科技战争有的是"硅幕"。

全球争夺技术霸主地位的战斗正在白热化,而 ASML 被夹在中间。这种持续的威胁正在重构全球格局。为了降低出口限制的风险,美国供应先进芯片制造设备的公司们,正将他们的生产和研究分散到新加坡等国。ASML 也在考虑将威尔顿和圣迭戈的部分生产复制到其他地方,这样就能继续为所有客户供货。这可能不是一个有效的举措,但这就是世界的发展方向。

在供应链分崩离析的同时,新的政策也在不断涌现。ASML 不得不根据员工的国籍对他们进行区别对待,而它却极度需要来自那 144 个国家的科技人才,以此跟上创新的步伐。

荷兰对华出口措施公布后,彼得·温宁克和罗杰·达森对有关 DUV 机器的谈判进行了事后分析。他们难以接受的是,政府中竟然没有明确的负责人来保护国家的高科技产业。名义上,马克·吕特首相——2023 年 7 月其领导的第四届内阁垮台——应对此负责。但吕特将责任转嫁给各部门的部长们,而部长们又"甩锅"给下属官员。责任被分散到各个办公室,像烫手山芋一样传来传去。到最后,没有任何一个人被追究责任。

没有统一的游戏规则。这就是政治难以捉摸的原因，对于一家习惯于以原子级精度处理事务的公司来说，尤其如此。

ASML成了荷兰政府的一张王牌，让荷兰在失去了壳牌及联合利华等跨国公司后，还能在世界舞台上有存在感。就在吕特最终于2023年1月收到乔·拜登的邀请之前，他对荷兰描述是"芯片技术的世界选手，可以平等自信地面对美国"。事实上，这种说法过度自信了。荷兰在科技领域似乎是个超级大国，是因为其拥有ASML这个"神童"。但在外交舞台上，荷兰却与其他大国相形见绌。吕特自己的地缘政治顾问团队屈指可数，而在美国人的部门及国家安全委员会中却有几十名训练有素的专家。此外，美国的经济规模是荷兰的20倍。荷兰规模太小，以至于无法在政治力量的影响下保护自己的科技巨头，也未能联合欧洲伙伴寻求更多支持。

正因如此，面对美国的强硬施压，海牙的谈判代表们应该不会感到意外。2023年10月17日，美国宣布采取单边措施来"查漏补缺"，拖缓中国芯片产业的发展速度。这些出口规则针对的是能够以2.4纳米的精度对齐芯片层的ASML机器，而荷兰设置的精度限制是1.5纳米。这些限制措施针对的是先进的工厂，意在阻碍中国芯片技术的进步，使其技术发展落后大约五代。

美国的一举一动都势在夺回其20年前自愿放弃的光刻技术控制权。将最小比例原则从25%降低到0%是让企业屈从于美国意志的最佳武器。ASML需要华盛顿的批准才能将这些机器运往中国，而美国人则不断推动荷兰政府阻止ASML为中国工厂供货。

彼得·温宁克称ASML"只是一个有影响力的公司"，但毫无疑问，它没有止步于此。它是《芯片法案》网络中的蜘蛛，是一个强大的工业公司，它代表了欧洲对美国高科技帝国主义和中国崛起理想的回应。正如温宁克急忙补充的：立场需要着眼于长远的未来。就像韩国正力求取代中国台湾成为全球最重要的芯片中心一样。韩国总统甚至熟记 ASML 的产品手册，这让温宁克惊讶不已。尽管如此，荷兰仍然低估其科技行业的重要性。温宁克曾在埃因霍温的一次演讲中讥笑荷兰人的"肥胖、愚蠢又快乐"。

2023 年 4 月，在对荷兰进行国事访问期间，法国总统埃马纽埃尔·马克龙（Emmanuel Macron）坚持要与温宁克进行单独会谈。当时，他刚刚结束对中国的访问。之后，他在《政客》杂志中表示，欧洲需要强大起来，不应卷入任何地缘政治冲突。这是一枚政治手榴弹，法国总统这样做已经不是头一回了。

在阿姆斯特丹大学科学园，马克龙和温宁克就地缘政治问题讨论了近 45 分钟。法国人很惊讶，荷兰竟然如此轻易地屈服于美国人的压力，ASML 就这样被限制住了。据他说，法国绝不会这样做。温宁克则认为，马克龙和其他法国政治家都在认真地考虑，建立一个强大的、以 ASML 为驱动力的欧洲高科技产业。终于有人听劝了。

事实证明，荷兰是一个忠实的跨大西洋盟友，但如果它能得到更强大的欧盟国家的外交支持，它可能会有不同的立场。然而，只要出口管制仍然是各国关心的问题，任何欧盟成员国都可能会优先考虑自身的利益。

法国不会放弃对本国事务的控制权。他们为此出售的武器太多了。德国亦避免因任何出口限制而令其经济受到损害——前提是 ASML 能继续高效率的生产和运转。这种盲目性让各成员国难以看到 ASML 的重要价值。因此，欧洲在技术大战中处于劣势。

在 ASML 的构想中，未来世界对芯片的需求永远只增不减，而芯片规模则越来越小。这就提出了一个生存问题：芯片行业还会依赖这家公司的技术创新多久？只要全球经济持续发展，ASML 的领先优势似乎就无法超越。就像火箭在以每小时 4 万公里的速度脱离地心引力后，再也不会遇到任何阻力。

ASML 的触角延伸进了全球各大芯片工厂。数以千计的"学习"机器组成了网络，收集大量数据，从而提高产能。ASML 的生态系统因此成为整个行业不可或缺的一部分。但这能持续多久呢？

新技术或标价更低的竞争对手可能会出现。例如，佳能公司生产的机器可利用纳米压印光刻技术在芯片表面进行图案化，但其商业价值仍未得到证实。另一方面，中国公司已经在太阳能电池板、电信网络、电池和电动汽车领域取得了巨大的市场份额，也可能在芯片制造设备市场中，成为 ASML 的主要竞争对手。ASML 对此非常关注，他们的对策是"自然法则在任何地方都是一样的"。在布拉班特取得的成就，在北京也能实现。

现在，ASML 就好像是欧洲的应用"撒手锏"——一个全世界都需要的工具。这意味着欧洲是其既得利益方，欧盟需要去保护其本土王牌企业免受不公平贸易行为和知识产权盗窃的侵害，并解决其未来增长所需的优秀工程师严重短缺的问题。确保 ASML 能持续发展是一项共同责任。如果没有德国、比利时和法国的合作伙伴，没有欧盟的激励项目，费尔德霍芬的高科技神话就永远不会发生。

欧洲在这场科技战争中的表现远远低于自己的实力，尤其是在唐纳德·特朗普再次当选美国总统的情况下。

后　记

如今，彼得·温宁克退休的日子很快就要到了，他也不如往常那么圆滑。他公开表达了对荷兰政客的失望，认为他们"缺乏远见和领导力"，限制了ASML在荷兰发展的可能性。2023年12月，当吕特与荷兰代表团一起参观美国亚利桑那州的芯片产业时，温宁克缺席了。他选择前往华盛顿与国家安全委员会和美国商务部会面，试图说服他们不要采取过激措施。这些会谈让他感觉到简直是对牛弹琴，他在2024年2月回首往事时说道："事情可能会变得更糟。"

从ASML卸任后，彼得·温宁克期待着开启新篇章。他将加入荷兰喜力啤酒（Heineken）公司的监事会，他还投资了一个法国葡萄园，满足了自己对葡萄酒的热情。退休礼物也纷纷到来，堆满了他的办公桌。一位投资者刚刚给他送去了一份谢礼：一个鲜橙色的保时捷911乐高套装。首席执行官笑着说："我有一辆真的911。"

马丁·范登布林克的心情却没有那么喜庆。在最后一次向ASML高层展望公司未来时，他明显情绪很激动。在让克里斯托弗·富凯发言之前，他沉默了很久，然后宣布："现在这是你们的路线图了。"他的同事们围拢过来，默默地注视着他。

ASML 的故事远未结束。范登布林克即将加入 ASM 的监事会。ASM 是阿瑟·德尔·普拉都于 1968 年创建的公司，40 年前，它与飞利浦一起创建了 ASML。但他在办公室也透露说，他还将继续担任 ASML 的兼职顾问。

即使如此，放手也是痛苦的。

"这很艰难，"马丁边说边抹去眼泪。他走到藏在办公室后面的咖啡机前。像往常一样，来一杯卡布奇诺，然后深吸一口气，"对我来说，这从不只是一份工作。从来不是。"

致　谢

你会如何描绘 ASML 的世界？一家位于荷兰布拉班特省乡村地区费尔德霍芬的公司，抑或是一家制造地球上最复杂机器的公司？

首先要做大量的研究。在十多年里，通过三百多次采访和报告，我终于完成了这本书。在过去的 3 年里，我得以在幕后跟踪 ASML。我前往了亚洲和美国，与 ASML 的总裁马丁·范登布林克、彼得·温宁克以及其他高管进行了多次会谈。

此外，我还拜访了 ASML 早期的创始人，访问了供应商和客户网络，并与华盛顿、布鲁塞尔和海牙的股东进行了交谈，他们帮助我从内部人士的角度，重构了围绕公司进行的地缘政治权力游戏。我非常感谢他们能向我透露这些敏感材料。

为了核对事实并正确理解所有信息，我还与不同级别的人员进行了背景谈话，他们或在 ASML 工作，或与 ASML 关系密切。为了还原事件，本书已经经过了多个独立消息来源的验证。本书的一些片段先前已由荷兰新鹿特丹商报刊登，为便于阅读，行文中仅提及外部来源。

本书是一项独立的冒险事业，部分由荷兰特别新闻项目基金（FBJP）赞助。ASML 没有提供资金支持，但在独立的人物简介方面提供了帮助。

毕竟，该公司为自己的成功感到自豪，也不惧怕任何形式的挑战和辩驳。在 ASML 的启发下，我真实地描绘了公司的内部运作和它的不同寻常。

团队成员帮助我安排了多次公司参观和采访，但没有干涉会谈内容或文字。虽然事后 ASML 协助核对了事实，但我仍要对每个错误负责。特别感谢墨尼克·摩尔斯（Monique Mols）、莱恩·杨（Ryan Young）和前董事会成员弗里茨·范霍特，他们协助我处理了 ASML 的档案工作，用更简单的语言帮助我理解复杂的技术。

感谢预览读者提出的意见和建议，感谢洛尔·文德博斯克（Roel Venderbosch）提供的信息图表，感谢 Balans 出版社的亨克·范·任森（Henk van Renssen）、伊戈尔·达蒙（Igor Damen）以及凯润·克鲁克（Karin Kreuk），感谢新鹿特丹商报的编辑们给了我这个机会，让我沉浸在这个主题中——也可以说是"专注"于此。多位同事帮助我理清了思路，因此要感谢加里·范·品科特伦（Garrie van Pinxteren）、克莱尔·范·德·威尔（Clara van de Wiel）、玛顿·新科尔（Maarten Schinkel）、迈克尔·凯伦（Michel Kerres）以及思迪金·布朗维尔（Stijn Bronzwaer）。

在英文翻译方面，我要感谢马克·惠特尔（Mark Whittle）和我的"粉红笔友"多里安·穆伊泽（Dorien Muijzer）。但是，如果没有我的死党洛特的坚定支持，我是不可能完成这个项目的。

落笔于乌得勒支市，2024 年 3 月

图书在版编目（CIP）数据

芯片制造：光刻巨头 ASML 传奇之路 /（荷）马克·海金克著；许明武译. -- 武汉：长江文艺出版社，2025. 3. -- ISBN 978-7-5702-3809-5

Ⅰ．F456.366

中国国家版本馆 CIP 数据核字第 2024KZ1850 号

Copyright © Marc Hijink
Translated from the Dutch language:
Focus
First published by Uitgeverij Balans, Amsterdam, 2023

芯片制造：光刻巨头 ASML 传奇之路
XINPIANZHIZAO：GUANGKE JÜTOU ASML CHUANQI ZHILU

总 策 划：陈俊帆			
责任编辑：雷 蕾		责任校对：程华清	
封面设计：璞茜设计 胡冰倩		责任印制：邱 莉 胡丽平	

出版：长江出版传媒 长江文艺出版社
地址：武汉市雄楚大街 268 号　　邮编：430070
发行：长江文艺出版社
http://www.cjlap.com
印刷：湖北新华印务有限公司

开本：710 毫米×970 毫米　　1/16　　印张：20.5
版次：2025 年 3 月第 1 版　　2025 年 3 月第 1 次印刷
字数：224 千字

定价：68.00 元

版权所有，盗版必究（举报电话：027—87679308　87679310）
（图书出现印装问题，本社负责调换）